CEO의이력서

Before I Was CEO:

Life Stories and Lessons from Leaders Before They Reached the Top
by Peter Vanham

Copyright © 2017 by John Wiley & Sons, Inc., All rights reserved.

This Korean edition was published by ITER in 2017 by arrangement
with John Wiley & Sons International Rights, Inc.
through KCC(Korea Copyright Center Inc.), Seoul.

이 책은 (주)한국저작권센터(KCC)를 통한
저작권자와의 독점계약으로 도서출판 이터에서 출간되었습니다.
저작권법에 의해 한국 내에서 보호를 받는 저작물이므로 무단전재와 복제를 금합니다.

BEFORE
I
WAS
CEO

마침내 최고의 자리에 오른 그들의 특별한 이야기

CEO의 이력서

피터 반햄 지음 | 김정한 옮김

이터

인생의 동반자 발레리아에게
이 책을 바칩니다.

BEFORE
I
WAS
CEO

그들은
어떻게 CEO가
되었나

어떻게 하면 기업의 최고경영자CEO가 될 수 있을까? 많은 사람들이 궁금해 하는 이 질문은 최근에도 여전히 관심이 뜨겁다. CEO라는 직함이 창안된 후 출세를 꿈꾸는 직장인들은 항상 이를 궁금하게 여기며, 경제 관련 기사에서도 이를 끊임없이 다루어왔다. 나의 경영대학원MBA 수업을 듣는 학생들은 언제나 이에 관해 큰 호기심을 보이고 있다. 기업체 임원 교육 프로그램의 간부들이나 리더십 컨퍼런스 참여자들도 마찬가지다.

우리는 지적 호기심 때문에 CEO가 되는 방법에 주목하게 된다. 피아니스트나 뉴스 앵커가 되는 방법에 자연스럽게 관심이 가는 것과 마찬가지다. 하지만 CEO가 되는 방법에 이렇듯 관심이 많은 것은 실용적인 호기심 때문이라고 생각된다. 기업체 간부들이 최고 지위에 오른 사람들에게서 그들의 개인 경로를 배울 수 있다면 이를 따라할 수 있는 입증된 로드맵을 찾을 수 있을지도 모른다. 리더십 학습 프로그램을 제공하는 나 자신처럼 CEO들의 과거를 살펴보는 것은 다음과 같은 가장 중요하면서도 가장 까다롭기도 한 직업 관련 질문들 중 하나를 조명하는 것이다. 어떻게 하면 기업을 이끄는 정확한 방법을 배울 수 있을까?

비터 반햄Peter Vanham의 《CEO의 이력서》는 바로 그에 관한 배움의 기회를 제공한다. 20명의 다양한 CEO들이 밟아온 여정을 살펴보는 것이다. CEO들 가운데 일부는 미국인들이다. 이밖에도 벨기에, 인도, 여타 지역 출신의 CEO들도 있다. 설명은 직접적이고 심층적이다. 반햄은 이 책에 실린 주요 CEO들을 일일이 개별 방문했다. 그들의 집, 사무실, 출장에서도 그들에 대해 필요한 것을 알아냈다. 암스테르담, 두바이, 워싱턴, 다보스 등 전 세계에서 그들을 따라다녔다. 장시간의 인터뷰를 통해 지극히 개인적이면서도 대단히 유익한 내용이 담긴 독특한 설명을 만들어냈다.

이 책에 소개된 CEO들 중에는 세계 최대 규모인 아데코Adeco 그룹의 패트릭 드 메세네어Patrick De Maeseneire와 미국 적십자사American Red Cross의 게일 맥거번Gail McGovern이 있다. 이들의 경로는 매우 체계적이었다. 이들은 최종 목표를 명확하게 염두에 두고, CEO의 역할을 맡으려면 보다 더 큰 책임감을 지닌 일반 경영 기술을 완수해야 한다고 내다보았다. 그들은 발전적으로 이 같은 경영 기술을 숙달해야 한다는 점을 깊이 인식하고 한 번에 한 걸음씩 차근차근 앞으로 내디뎠다.

어떤 CEO들의 이야기는 가히 파격적이었다. 그들은 우연하게 적시에 적절한 사람이 되었거나, 우연한 인간관계가 천우신조가 되었거나, 더 큰 책임을 지는 자리에 선임되었을 때 자신이 진정으로 하고 싶은 일을 하게 된 경우였다. 이러한 경로는 미리 계획된 것은 아니지만 과학자 루이 파스퇴르Louis Pasteur의 '기회는 준비된 사람을 선호한다'는 말이나 페이스북Facebook의 셰릴 샌드버그Sheryl Sandberg가 한 말인 '행운은 용감한 자를 좋아한다'는 격언에 해당된다. 정상에 오르는 법을 예측할 수 있는 방법은 없다. 행운이 따랐을 때 준비가 되어 있고 용기를 내는 것은 중요한 요소일 수 있다. 이는 우리의 통제권 밖에 있는 것들을 최대한 활용하는 것이다.

핵심 인물, 교사, 멘토, 또는 중심축이 된 보스의 힘을 보여준 경우도 있다. 가령, 크리스 고팔라크리슈난Kris Gopalakrishnan의 경우 그가 의과대학 입학에 실패했을 때 한 대학교수는 그를 발탁해 평온을 되찾아주었다. 그리고 마침내 그를 인도의 아웃소싱 전문업체인 인포시스Infosys의 고급 사무실로 데려다 줄 결정적인 경로로 이끌어주었다.

다양한 경로들 가운데서도 두 가지 공통점이 두드러져 보인다. 첫째는 대부분의 CEO들이 본사와 거리가 먼 해외에서 오랜 시간을 보냈다는 점이다. 본사에서 자리를 오래 비우면 심리적 부담감 생겨날 수도 있지만, 국제적인 경험은 본사에서 근무하지 않았다는 단점을 충분히 보완하고도 남는다. 말 그대로 모든 주요 기업들이 세계화되는 이 시대에서 국제적 경험은 필수적인 자격증을 갖추는 것이기 때문이다.

둘째는 많은 CEO들이 혹독한 직장생활 속에서도 화목한 가정생활을 유지해왔다는 점이다. 흔히 일중독에 걸린 사람들이 가정생활을 소홀이 하는 전형적인 모습은 이들 CEO들에게는 발견되지 않았다. 이들의 여정은 진정으로 잘사는 삶이란 무엇인지에 대해서도 생각해보게 만든다. 열정을 발굴하고 발전시키는 것, 열정에 맞는 직업을 찾는 것, 올바른 삶의 동반자를 만나는 것, 그러한 일생에 함께 투자하는 것 등이다.

CEO들은 또한 최종 목표와 마찬가지로 현재의 목표 달성도 중요하게 생각하라고 말한다. 그들은 현재를 즐기라고 조언한다. 목적만큼 여정도 즐기라는 것이다. 이것은 스위스 브베에 본사를 둔 세계 최대의 식품업체인 네슬레Nestle의 CEO인 폴 불케Paul Bulcke에게 배운 교훈들 중 하나이다. 그는 1980년대에 남미의 격동적인 시장에서 10년 이상을 보냈다고 밝혔다. 범죄가 만연했고, 경제 성장은 극심하게 불규칙했으며, 인플레이션은 통제 불능이었지만, 그는 매일 벌어지는 업무상의 어려움을 즐겼다고 말했다. 수년 동안 그는 브베에 있는 상관들의 감시망에서 벗어나 있었으며, 언젠가는 자신이 CEO가 될 것이라는 생각도 없었다. 하지만 그는 가장 혹독한 환경 속에서도 성과를 낼 수 있는 헌신적인 경영자로 널리 인정을 받게 되었다.

이 책에는 직장인들이 기업의 고위 경영자로 승진하는 데 도움을 준 개인적인 결정에 대한 수많은 통찰이 가득하다. 이들이 최고의 자리까지 오른 경로들은 동일한 것이 하나도 없으며, 그 경로가 단 하나만 있는 것도 아니다. 하지만 피터 반햄이 기록한 최고의 지위에 오른 사람들에게서 직접 그들의 이야기를 듣게 되면, 정상에 오르는 경로에 대한 우리의 지적인 이해는 깊어지고 정상에 오르는 방법에 대한 우리의 실용적인 인식도 더욱 높아질 것이다.

마이클 유심
펜실베이니아대학 와튼스쿨 교수

BEFORE
I
WAS
CEO

CEO의 이력,
그들의 삶에서
배운다

대규모 다국적 기업의 CEO는 우리에게 마치 록스타처럼 보인다. 그들은 엄청난 돈을 벌어들이며, 수많은 사람들에게 영향을 줄 결정을 내린다. 화려한 장식의 사무실에서 고가의 책상에 앉아 업무를 본다. 언제나 우리와는 달라 보인다. 대부분의 CEO들이 하버드, 와튼스쿨, 스탠퍼드 출신이다. 그들은 최고의 직장에 입사했고, 입사 이후에는 승진에 승진을 거듭했다. 혹은 기업가들의 경우 그들은 스물한 살에 회사를 설립했고, 스탠퍼드대를 중퇴했으며, 서른 살에 백만장자가 된 사람들이다. 전 세계의 가장 성공한 기업가들과 사업가들의 프로필을 보면 최소한 이 같은 인상을 받게 된다.

CEO들에 대한 이 같은 고전적인 이미지가 사실이라면, 우리 대부분은 기업계에서 영향력 있는 사람이 되려는 꿈을 접어야 할 것이다. 1%의 학생들만이 아이비리그 대학에 진학할 수 있기 때문이다.(특히 하버드대가 배출하는 졸업생은 매년 2,000명도 안 된다) 그런 명문대를 나온 사람이 있다면, 위에 언급한 두 가지 유형의 사람들 중 한 명이 될 수 있는 일말의 가능성은 남아 있다. 맥킨지가 채용한 수석 졸업생이거나 100만 달러짜리 벤처기업 설립 자금을 모으고 학교를 중퇴한 사람이라면 말이다. 그때부터는 판도를 바꾸기에는 너무 늦다. 사실 현재 골드만삭스Goldman Sachs나 블랙스톤Blackstone이나 구글Google에서 일하고 있는 사람이 있다면, 그는 남들이 생각하기에는 그가 생각하는 것보다 더 빠르게 성공의 경로에 올라타 있을 가능성이 높다.

하지만 우리들 대부분은 큰 꿈과 야망을 가지고 있다. 우리는 남보다 앞서 나가기를 바라고, 영향력 있는 사람이 되고 싶어 한다. 어렸을 때 우리는 위대한 음악가가 되거나, 운동선수가 되거나, 유엔 사무총장이 되기를 바랐을 것이다.(내 경우에는 교황이 되고 싶었다) 대학 시절, 우리들 중 다수는 직장 경력을 쌓기 위한 목표로 방향을 돌렸다. 하지만 20대 중반, 30대 중반, 40대 중반부터 우리는 자신이 백만장자 벤처기업가나 대기업 CEO가 될 가능성은 없다는 점을 깨닫기 시작한다.

다행스럽게도, 기업계에서 지배적인 성공에 대한 정의는 틀렸을 가능성이 있다. 2013년 나는 CEO가 자수성가한 사람들이라는 가정을 시험해보기 시작했다. 나는 CEO, 기업 회장, 여타 성공한 기업계 지도자들에게 몇 가지 질문을 담은 편지를 썼다. 그 편지에 담긴 질문들은 다음과 같다.

- 당신은 항상 인생에서 추구하는 일이 무엇인지 명확하게 알았습니까?
- 당신의 인생과 경력에서 현재의 당신을 만든 '중요한 분기점'은 언제였습니까?
- 당신은 인생에서 언제 성공적인 경영자/CEO가 되는 경로에 올라탔습니까?

내가 개인적으로 관심이 있는 부분은 바로 여기이다. 나는 이제 막 대학원을 졸업했으며, 삶의 방향을 어느 쪽으로 결정해야 할지 잘 모른다. 나는 전에는 베인앤컴퍼니Bain & Company에서 근무했고, 2년 후에는 언론인이 되기로 결정했다. 그것이 옳은 결정이었음을 확신하지만, 내 인생과 경력이 바른 길로 나아가고 있는 것은 아니었다. 나는 알고 싶었다. 이것이 정상적인 과정인지, 아니면 내가 지금 경력 쌓기 경쟁에서 영원히 멀어지고 있는 것인지 말이다.

최초의 인터뷰에서 나는 기업계에서의 성공이 초인적인 소수에게만 가능한 특권임을 확인했다. 인터뷰 대상자는 미국 위스콘신 주 밀워키에 위치한 맨파워그룹ManpowerGroup의 스웨덴 출신 요나스 프라이싱Jonas Prising 사장이었다. 이 업체는 세계에서 가장 큰 인력개발HR 컨설팅업체들 중 하나였다. 그는 할리우드 영화배우처럼 보이는 경영인이었다. 용모는 준수했고, 마치 치약 광고 모델 같은 매력적인 미소를 지니고 있었으며, 옷은 근사하고, 친절하면서도 정열적인 사람이었다. 게다가 그의 이력서를 보면 그가 언제나 성공가도를 달려온 사람임을 알 수 있었다.

그는 1989년 대학을 졸업한 후 3군데의 회사를 거치며 2~3년마다 매번 승진했다. 그는 가전업체인 일렉트로룩스Electrolux에서 영업사원으로 직장생활을 시작했으며, 글로벌 세일즈 책임자로 승진의 사다리를 올라갔다. 이후 맨파워그룹에서는 지역 매니저에서 시작해 글로벌 대표 자리까지 올랐다. 내가 2013년의 첫 만남 이후 그를 다시 만났을 때, 그는 회장 겸 CEO가 되어 있었다. 그는 성공을 만끽하고 있었다.

프라이싱으로부터 그의 직장생활 초창기 경력을 듣고 있자면 이미 그때부터 그가 마치 '초인적인 비즈니스 맨'이었던 것처럼 보였다. 그의 말에 따르면 그는 청년 시절에 학교를 휴학하고 아시아로 여행을 떠났다. 하지만 그것은 단순한 여행이 아니었다. 그의 부친은 그가 스웨덴의 다국적 가전업체인 일렉트로룩스에서 방문판매 인터사원이 되도록 도와주었다.(당시 그의 부친은 일렉트로룩스의 중역이었다) 나는 그에게 어린 나이에 혼자서 외국에서 진공청소기, 정수기, 여타 물건들을 방문판매하러 다닌 것이 어렵지 않았는지 물었다.

"그다지 어렵지는 않았습니다."

그가 대답했다. 그는 때로는 100군데의 문을 두드렸지만 하나도 못 판 경우도 있다고 말했다. 그때는 힘들었지만, 또 어떤 때는 3군데의 집들 중 두 곳이 그를 집안으로 들였다고 말했다. 중요한 점은 "순간의 실패를 미래의 실패로 여기지 않다는 것."이라고 그가 말했다. 그는 언제나 긍정적인 시각을 지닌 사람이었다. 또한 영원한 낙천주의자였으며, 충격에 대한 회복력도 강했다.

"뭔가를 진정으로 원한다면 그 기회를 잡게 될 것입니다."

그는 진정으로 세일즈 부문에서 성공하고 싶었으며, 결국 해냈다.

그와의 인터뷰 시간이 길어질수록 나는 성공을 타고난 사람은 따로 있다는 생각이 들었다. 나는 그가 이룬 성과가 존경스러웠다. 그는 자신의 일생과 경력에서 힘든 선택을 했다. 하지만 그는 적시에 옳은 결정을 내리는 사람이었다. 일렉트로룩스에서 일한 지 12년 후 그가 몸담았던 사업부가 다른 회사에 매각되었다. 그는 선택에 직면했다. 회사에 계속 머물러야 할 것인가, 떠나야 할 것인가. 여기서 그는 회사를 떠나기로 결정했고, 미래에 대한 긍정적인 생각을 유지했다.

"모든 일에서 성공할 수는 없어요. 다만 유연성을 가진다면 어디에서든 또 다른 기회를 만날 수 있습니다." 그가 말했다.

그는 다른 기회를 잡았다. 헤드헌터를 통해서 맨파워그룹에 입사했고, 이곳에서도 고속승진을 했다.

"저에게는 통하는 유형이 있었습니다. 저는 경험을 축적했고, 잘 해냈으며, 그러면 다음 기회가 찾아왔죠."

그는 자신의 목표가 CEO가 되는 것은 아니었다고 말했다. 다만 진전하고 싶을 뿐이었다고 말했다.

하지만 보다 많은 사람들과 인터뷰를 진행하다보니 프라이싱의 이야기는 예외적인 경우라는 것을 알게 되었다. 그 한 가지 예는 네슬레의 CEO인 폴 불케였다. 이 책에서 만나게 될 인물이다. 그는 서른 살이 될 때까지는 회사에서 그다지 전도유망한 사람이 아니었다. 단지 다른 사람들의 경력을 따라가기에 급급했다. 그는 아마도 내가 만난 모든 CEO들 중에서도 가장 강력한 영향력을 지닌 인물일 것이다. 그는 약 200여 군데에서 1000억 달러 이상 규모의 글로벌 식품업체의 사업 책임을 맡고 있다. 하지만 그 역시 가장 '인간적인' 이야기를 지니고 있는 인터뷰 대상자였다. 이는 성공한 경영자들 사이에 공통으로 존재하는 요소임을 나는 깨달았다. 그렇다. 그들은 결국 최고의 자리에 올랐던 것이다. 하지만 정상으로 향하는 여정은 평탄치 않았다.

이 책은 가장 큰 성공을 거둔 전 세계 기업계 인물들에 관한 이야기를 담고 있다. 그들의 이야기는 교훈을 주고 공통점도 보여준다. 하지만 CEO가 되기 이전의 삶에 관한 개인사들을 한데 엮은 것은 이 책이 최초이며, 그 방면에서 가장 앞서 나간 책일 것이다.

이 책을 엮으면서 모든 기업계 지도자들에게서 찾아낸 공통점을 만나볼 수 있다. 그들의 공통적인 특징들은 무엇일까? 우리는 어떤 사례들을 따라야 할까? 또한 우리 자신의 삶과 경력을 구축함에 있어서 어떤 목표를 최종 모습으로 겨냥해야 하는 것일까?

결론은 희망적이다. 대부분의 CEO들이나 기업계 지도자들은 경력에서 어느 시점에 도달할 때까지 대단히 전형적인 삶을 지니고 있기 때문이다. 그들은 오르고 내림의 부침을 겪었고, 성공과 실패를 두루 경험했으며, 어려울 때 의지할 사람들을 주변에 두고 있었다. 그들은 경력 후반기에 CEO가 되었으며 그전에는 CEO가 되는 일에 그다지 관심을 갖지 않았다. 그들은 '현재'의 행복을 더 선호하는 사람들이었다. 그들은 인생을 바꾼 순간들, 우연치 않게 찾아온 행운, 그리고 뜻밖의 재미 등을 성공의 비결로 꼽았다. 그들이 성공한 또 다른 이유는 인내였다. 정상에 오르기에 흠결이 없는 사람들이어서가 아니었다. 따라서 그들은 많은 사람들이 CEO가 될 가능성이 있다고 결론을 내렸다.

이 책은 이들 성공한 기업가들이 거쳐 간 경로를 바라보는 독특한 통찰을 제공한다. 그 과정에서 그들이 배운 교훈도 소개한다. 이는 독자들에게도 성공에 이르는 현실적인 단서가 될 수 있을 것이다. 아무쪼록 독자들이 자신의 동기를 발견하고 다음의 수사적인 질문에 답할 수 있게 되기를 바란다.

이제 여러분은 CEO가 되는 방법을 알게 되었다. 이것이 진정으로 당신이 추구하던 것이었나?

나에게는 이 책을 연구하고 집필하는 것이 이 질문에 대한 답을 찾는 데 도움이 되었다. 독자 여러분들도 그렇게 되기를 바란다.

피터 반햄

2016년 여름, 뉴욕에서

'시련'이라는 이름의
경력

CEO들은 보기 드물게 행운을 지니고 태어났으며 인생에서 어려움이라고는 전혀 만난 적이 없는 사람들일까? 그들은 다른 사람들처럼 인생에서 도전 과제들을 만났을까? 아니면 대부분의 사람들보다 더 많은 시련을 겪고 무리들 가운데서 우뚝 선 것일까? 1부에서는 먼저 경력 그 자체가 시련이었던 사람들을 만나보고자 한다. 그들은 역경에 순응하는 능력을 발휘하거나 심지어 시련을 호재로 바꾸어서 리더가 되었다. 하지만 결국 성공을 거둔 사람들 중에서도 시련을 다루는 것이 항상 쉬운 일은 아니었다. 우리가 배워야 할 점이 바로 여기에 있다.

Chapter 01

진정한 북극 찾기

데이비드 케니
(David Kenny)

오릿 가디쉬
(Orit Gadiesh)

베인앤컴퍼니
CEO의 이야기

가라앉는 배에서 해야 할 당신의 선택

"다른 데서 스카우트 제안이 들어왔어요." 한 남성이 컨설팅업체 베인앤컴퍼니의 보스턴 본사 회장실로 들어가며 자신의 파트너인 오릿 가디쉬에게 말했다. "이걸 받아들여야 할까요?"

지난 수개월 동안 매니저와 파트너들이 대거 회사를 떠났다. 이 전도유망한 컨설팅업체는 곤경에 빠져 있었다. 채무 부실관리, 불투명한 경영 구조, 걷잡을 수 없이 무너진 평판 등이 한데 뒤엉킨 탓이다. 당시 가디쉬는 반드시 회사를 살리겠다는 일념으로 다른 파트너들과 함께 일하고 있었다. 하지만 이제 그녀 앞에 서 있는 이 남성은 퇴사 대열에 합류할 다음 타자가 될 가능성이 있었다. 그래도 가디쉬는 그를 나무랄 수 없었다. 그와 마찬가지로 그녀 역시 다른 회사에서 받은 스카우트 조건을 본사에 이야기하던 중이었기 때문이다.

"가디쉬, 전 가라앉는 배의 마지막 승무원이 되기는 싫어요." 남성이 말했다. "모두들 저와 같은 생각일 거예요."

사무실 몇 개를 지나 아래쪽 홀에서도 한 젊은 컨설턴트가 자기 미래에 대해 비슷한 걱정을 하고 있었다. 불과 6개월 전 GMGeneral Motors의 '미래 인재 육성' 프로그램에서 이직해온 미시건 주 출신의 데이비드 케니는 베인앤컴퍼니가 자신에게 보다 많은 산업 분야를 배우게 해주고, 더 넓은 세상을 볼 기회를 제공해주기를 바랐다. 하지만 이제 GM에 있을 때보다 유일하게 더 배울 수 있는 것이라곤 파산 분야 밖에 없어 보였다.

"구조조정 같은 것에 신경 쓰지 말게나." 베인의 CEO인 미트 롬니Mitt Romney가 케니에게 말했다.

하지만 행동보다는 말이 쉬운 법이다. 사람들은 떠나고 있었으며 회사는 곤경에 빠진 상태였다. 가디쉬와 케니는 어떻게 했을까?

—

열일곱의 군인 소녀, 하버드에 가다

가디쉬는 1948년 이스라엘 하이파에서 '오릿 그룬펠드'라는 이름을 가지고 태어났다. 1948년은 이스라엘이 제1차 중동전쟁(독립전쟁)을 치르고 독립을 쟁취한 해였다. 이 전쟁에서 시온주의(유대 민족주의자) 성향의 이스라엘군은 이집트가 주도하는 아랍연합군을 물리치고 팔레스타인 지역 내에 공식적인 유대인 국가의 건설을 위한 터전을 마련했다.

모든 이스라엘 청년들과 마찬가지로 가디쉬는 고등학교 졸업 후 군에 입대해서 의무복무를 해야 했다. 그녀는 이 군복무를 통해 위기관리 능력을 배웠다고 말한다.

"제 임무는 군대 내 모든 복무자들이 받아야 하는 훈련의 일부를 제공하는 것이었습니다. 하지만 동료들 중 제가 가장 어렸죠. 열일곱 살에 고등학교를 조기 졸업하고 군 입대를 허락받았기 때문이었어요. 전 고등학교 때 우등생이었던 덕분에 장교 보좌관으로 선발되었습니다. 제법 중한 임무였지만 운 좋게도 제가 뽑힌 것이었죠."

가디쉬는 군복무 중 전쟁 수행 당시 '작전실'에 들어갔던 때가 가장 기억에 남는다고 말했다. 이스라엘군 병사들이 전쟁터에서 목숨이 위태로웠던 순간 장군들은 전략을 결정해야 했다.

"작전실이 지하벙커여서 우린 참모들과 다닥다닥 붙어 있었습니다." 가디쉬가 말했다. "모두 전시 상황에서 입대한 사람들이었죠. 저는 단지 명령을 듣기만 하는 위치였지만, 수백 킬로미터 떨어진 전장에서 벌어지는 일들을 전부 다 파악할 수 있었습니다."

가디쉬는 장군들이 종종 직책이나 계급과는 무관하게 전장에 나가 있는 병사들의 조언을 어떤 식으로 따르는지 보았다.

"이스라엘 육군에서 지휘는 선두에서 하는 것이지 뒤에서 하는 게 아닙니다. 작전실 사람들은 불완전한 정보를 기반으로 결정을 내리고 있었죠. 논쟁이 들렸고, 그런 논쟁이 어떻게 시작되는지도 보였어요. 항상 회의가 벌어졌습니다. 때때로 작전실에는 전장에 나가 있는 장군들보다 몇 계급이 더 높은 고위 장성들도 들어왔어요. 하지만 전장에서 포화를 받고 있는 장군이 '이렇게 해야 합니다'라고 말하면 장군들은 '좋소. 그리 하시오'라고 말하곤 했습니다."

가디쉬는 그곳에서 지도자가 어떻게 행동해야 하는지 배웠다.

"지도자는 부하들을 신뢰해야 합니다. 극단적인 스트레스 속에서 일하는 방법을 알아야 하고 최선의 결정을 내려 팀을 이끄는 방법도 알아야 하죠. 어린 나이에 절대로 잊지 못할 교훈이었어요."

가디쉬는 군복무를 마친 후 예루살렘에 있는 헤브루대학에 진학해 전공인 심리학과 부전공인 인문지리학으로 학사학위를 취득했다. 그녀는 최고 우등생이었고, 학계에 머물 계획이었다.

"전 예루살렘에서 교수가 되려고 했습니다." 가디쉬가 말했다.

그래서 학사학위 취득 후 가디쉬는 교수가 되고자 석사와 박사학위 취득 과정을 모색했다. 하지만 일은 다른 방향으로 전개되었다. 외국에서 박사학위를 따는 것을 알아보다가 미국에서 입학은 아주 까다롭지만 복수학위 취득이 가능한 프로그램을 하나 알게 되었다. 하버드대 경영대학원의 석·박사MBA-PhD 통합 과정이었다. "전 회계에 대해서는 하나도 몰랐습니다. 석사학위MBA도 없이 박사학위PhD를 취득한다는 것은 상상도 못했죠." 가디쉬에 따르면 MBA를 따러 미국으로 간다는 것은 한마디로 "정신 나간 짓"이었다.

"모든 경영대학원은 학부에서의 경제학 전공이 필수입니다." 그녀가 말했다. "오로지 하버드대만 예외였어요. 말 그대로 제가 지원할 수 있는 유일한 학교였습니다. 대신 리더십 과목 이수가 필수였죠. 이스라엘의 지인들 대부분은 저더러 미쳤다고 했습니다. 다만, 제 부친은 절 응원해주셨어요. '네가 하고 싶은 대로 해'라고 말씀하셨죠."

대학 시절의 뛰어난 성적 덕분에 가디쉬는 하버드대에 합격했고, 심지어 장학금도 받을 수 있었다. 장학금은 정말로 요긴했다.

"이스라엘의 물가 수준은 고공행진 중이었고 학자금 대출도 불가능했으니까요." 그녀가 말했다.

하지만 하버드대에 들어갔다는 기쁨도 잠시였다. 가디쉬는 곧 현실을 맞닥뜨리게 되었다. 화려한 학업성적에도 불구하고 헤브루어 사용자인 그녀의 영어회화 실력이 바닥이었기 때문이다. 게다가 미국 문화에 대한 이해도 거의 없는 상태였다.

"처음엔 '하이Hi'나 '헬로우Hello'나 '하우 아 유?How are you?'라는 말조차 못하는 수준이었어요." 가디쉬가 말했다. "정치학 토론은 아예 불가능했고, 책을 읽는 데도 많은 시간이 걸렸습니다."

하지만 가장 어려운 점은 그녀가 미국 문화에 문외한이라는 점이었다.

"슈퍼마켓에도 가본 적이 없었고, 시리얼도 사 먹어본 적이 없었어요."

가디쉬에 따르면 이는 심각한 문제였다.

"하버드대 경영대학원의 수업은 철두철미하게 사례연구(케이스 스터디) 중심이었습니다. 첫 번째 사례연구들 중 하나는 '켈로그가 시리얼 제품 메뉴를 하나 더 늘려야 하는가?'였습니다. 그래서 전 친구와 함께 슈퍼마켓에 다니기 시작했어요. 우리는 미국인들이 뭘 먹는지 살펴보려고 슈퍼의 복도를 누볐죠. 또 미국 문화를 이해하기 위해 친구 집에 가서 TV를 봤습니다."

수업량은 엄청났다.

"주당 최소한 3건의 사례를 연구해야 했습니다. 제 영어 수준으론 처음엔 단어 하나하나를 일일이 번역해야 했어요. 힘든 일이었죠. 단어가 문제였습니다. 생각도 못한 일이었어요. 사례 한 건을 읽는 데 6시간이 걸렸습니다. 수업에선 하고 싶은 말을 단 한마디도 못했어요. 사흘째 되던 날 특히 양이 많았던 사례를 조사하던 기억이 나네요. 자정쯤이었는데 사례를 다 못 읽은 상태였죠. 전 '이건 도저히 못 하겠어'라고 중얼거렸습니다."

가디쉬에게는 인내를 익히는 시간이었다. 난관에도 불구하고 그녀는 자기 자신을 믿어야 했다. 그리고 긍정적인 시각도 유지해야 했다.

"그날 밤, 전 그냥 잠이나 자야겠다고 결심했습니다." 그녀는 말했다. "다음 날 아침 일어나 전 생각했습니다. '난 절대 포기하지 않을 거야. 그러니까 이것도 포기하면 안 돼. 중요한 사례들을 읽고 완전히 이해할 때까지 계속 읽어야 해'라고요."

그녀는 계획을 세웠고, 거기에 매달렸다.

"교수들을 찾아가 대화했고, 스터디 그룹에도 참여했습니다. 거기서 힘을 얻었죠. 또 이해가 안 되는 게 있을 때 물어보는 것을 창피해하지 않기로 결심했습니다."

이러한 경우 단순한 인간관계나 작은 격려에서도 동기를 부여받을 수 있다.

"제가 딱한 상황에 처했다고 생각한 사람이 한 명 있었어요. 전 여자였고, 이스라엘인이었으며, 영어는 한마디도 못했으니까요. 그래서 그에게

절 좀 도와줄 수 있겠느냐고 물었죠. 그는 제 부탁을 들어줬습니다."

하지만 더딘 학습 과정은 계속해서 도전 과제를 던져줬으며, 극복하기란 쉽지 않았다. 한 교수는 가디쉬에게 세 가지의 사례들을 내주고 그중 하나를 골라 시험을 치르게 했다. 각각 40페이지가 넘는 분량이었다.

"어떤 케이스에 중점을 둬야 하는지 말해주실 수 있나요?" 그녀가 걱정스러운 목소리로 물었다

"경제학 배경이 없다면 그냥 과목을 포기하지 그러나." 교수가 대답했다. 그리고 이렇게 덧붙였다. "난 답이 긴 쪽을 원한다네."

가디쉬는 큰 충격을 받았다.

"전 낙담했습니다." 그녀는 말했다. "어쨌든 저는 그분처럼 교수가 되려고 공부를 하고 있었으니까요."

하지만 가디쉬는 최선을 다했다.

"케이스를 읽는 데 3시간 40분을 썼습니다. 답안지를 다 채우지 못할 것이라는 걸 깨달았죠. 그래서 남은 시간에 이렇게 적었습니다. '다음은 원래 작성하려고 했던 다른 답이다. 이 답에는 이런 분석들을 사용하려 했다. 이 두 가지 옵션들을 생각했을 것이다. 그리고 이것을 선택했을 것이다'라고요."

놀랍게도 시험이 끝난 후 가디쉬는 교수실로 불려가서 희소식을 들었다. 교수가 그녀에게 A학점을 주었던 것이다.

"자네는 실제로 다른 옵션들을 생각하는 데 시간을 썼더군." 교수가 설명했다. "사례를 바로 적지 않고 말이야."

"전 언어와 문화 비즈니스를 습득하는 데 많은 시간을 썼습니다." 결론적

으로 가디쉬는 이렇게 말했다. "하지만 내내 아주 재미있는 시간이었어요."

1977년 5월 MBA를 끝낼 무렵, 가디쉬의 성적은 상위 5% 내에 들었다. 마케팅 부문에서는 최고 우등상을 받았다. 하지만 곧 다른 도전 과제가 기다리고 있었다. 그녀는 MBA 2년 과정을 마치고 4년 과정의 박사학위 프로그램에 진학했다. 하지만 학계에 남고 싶지는 않았다.

"5월 모든 사람들이 이미 직장을 정했을 때 제가 원하는 게 교수직이 아니라고 결론을 내렸습니다. 취업을 결심했지만 더 이상은 채용 담당 자들이 학교로 찾아오지 않았죠. 저는 둘 중 하나를 원했습니다. 소매업 종이나 컨설팅업종이었죠. 특히 소매업에 관심이 있었습니다. 친가 쪽 이 소매업에 종사한 이력이 있기 때문이었어요. 그래서 백화점인 메이시 스Macy's와 블루밍데일즈Bloomingdales에 지원했습니다. 두 곳 모두 인원을 뽑아간 다음이었죠. 두 군데에서 모두 입사 제안을 받았습니다. 하지만 심사숙고 끝에 둘 다 거절했어요."

거절한 이유는 벤처 컨설팅업체 하나가 가디쉬의 관심을 사로잡았기 때문이었다. 베인앤컴퍼니였다. 4년 전인 1973년에 설립된 회사였다. 하 버드대 경영대학원에서 배웠던 사례 정밀분석을 좋아하게 된 그녀는 대 기업보다는 컨설팅에서 직장 경력을 시작하기로 결심했다. 당시 많은 경 영대학원 졸업생들과 의논해서 내린 결정이었다.

"컨설팅에 관심이 있었습니다. 그건 문제를 생각하고 해결책을 찾아내 는 일이었거든요."

최선의 선택은 컨설팅업계의 선도자였던 맥킨지앤컴퍼니McKinsey & Company(이하 맥킨지)나 보스턴의 강력한 경쟁업체인 BCGBoston Consulting

Group에 입사하는 것이었다. 하지만 이 당돌한 신세대는 베인을 향해 성큼성큼 다가가고 있었다. 베인은 테네시 주 출신으로 BCG의 부사장을 역임한 빌 베인Bill Bain이 설립했다. 당시 베인의 업무 방식은 컨설팅업계의 관행을 깨는 것이었다. 베인은 각 한 업계에서 한 고객사하고만 일했다. 보고서는 고객사의 CEO에게 직접 전달했다. 또한 '보고서가 아니라 성과를 낸다'는 공언을 보여주기 위해 지분이나 여타 다양한 성공 보수를 받았다. 가장 중요한 것은 컨설팅을 제공하는 데만 그친 것이 아니라 고객사가 실행하도록 도왔다는 점이다. 가디쉬는 이 같은 업무 개념에 마음을 사로잡혔다.

"빌 베인의 업무 방식이 아주 마음에 들었습니다. 또한 컨설팅업체들 중 규모가 가장 작았다는 점과 회사가 보스턴에 있다는 점도요."

결정은 신속하게 이루어졌다. 베인은 가디쉬에게 흥미로운 직위를 주었고 그녀는 하버드에 머무는 대신 베인에서 제시한 직책을 받아들였다.

사무실이 둘뿐인 소규모였지만 급성장 중이었던 베인에서 이 젊은 이스라엘 출신의 컨설턴트는 언제나 지식을 듬뿍 흡입했다. 가디쉬는 처음으로 미국을 여행했고, 심지어 아주 난처한 상황에 놓이게 될 경우에도 감사한 마음이 들었다.

"한번은 돼지 축산업자들을 방문한 적이 있습니다." 그녀가 말했다. "한 100명쯤이었죠. 전 그들의 집으로 들어가 인터뷰를 시도했어요. 마음에 드는 일이었죠. 전 미국 전역을 여행했습니다. 그리고 온갖 일들을 보고 배웠어요."

지적 호기심은 재능이었다고 가디쉬는 덧붙였다.

하지만 호기심이 언제나 화답 받은 것은 아니었다. 때때로 이 젊은 이스라엘 여성은 못마땅한 일을 겪기도 했다. 가디쉬가 초창기에 맡았던 업무 중 하나는 남성 중심 문화가 강한 한 철강회사에서의 컨설팅 일이었다. 그녀는 그곳에서의 경험을 말해줬다. 페이스북 최고운영책임자인 셰릴 샌드버그도 같은 경험을 한 바 '철강업계에는 여자가 한 명도 없다'는 이야기였다. 그녀는 그것이 일종의 시험이라고 생각했다.

"빌 베인이 저에게 공을 던지며 '받을 수 있겠소? 공이 당신에게 너무 큰가요?'라고 묻는 것 같은 기분이었죠. 전 '물론 제가 받을 겁니다'라고 대답하려고 했고요. 결국 철강업계에서 일하고 싶다는 생각이 강해졌습니다. 화덕에 직접 올라가서 무슨 일이 일어나고 있는지 보고 싶었어요."

가디쉬는 마지못해 허락을 받았다. 그녀가 몇몇 경쟁사들의 방문에 대비하고자 경영진과 가진 회의에서 이 철강회사의 최고재무책임자CFO는 "철강업계에선 여자가 들어오면 부정을 탄다는 말이 있소"라고 말했다. 직설적인 도발이었다. 이 말을 듣고 그녀가 화를 냈을까?

"아닙니다." 가디쉬는 말했다. "누군가가 이 같은 말을 했을 때 절대로 실망해선 안 됩니다. 그건 그 사람의 신조가 그렇다는 말이지 저를 두고 하는 말이 아니기 때문이다. 컨설턴트로서의 제 직업은 고객을 편안하게 해주는 일이었습니다."

그래서 가디쉬는 반박하는 대신 부친이 자신에게 자주 들려줬던 유머를 떠올렸다.

"부친은 유머 감각이 뛰어난 분이셨어요." 그녀는 말했다. "살아가면서 유머의 힘이 아주 중요하다는 점을 보여주셨죠. 스스로를 웃음거리의 소재로 삼아 말할 수 있는 것이 아주 중요하다는 점도요."

"제가 그렇게 재수가 없다면 경쟁사를 방문할 때마다 반드시 저를 팀에 넣어주셔야겠네요." 가디쉬는 이렇게 응수했다.

모두들 웃기 시작했고 어색한 분위기는 싹 날아갔다.

가디쉬의 지적 호기심을 채워준 것은 단지 회사 외부뿐만이 아니었다. 그녀의 회사 동료들도 지적 호기심을 충족시켜주었다. 베인의 설립자인 빌 베인은 또 다른 젊은 컨설턴트도 보스턴 사무실로 끌어들였다. 이 청년은 가디쉬보다 2년 먼저 하버드대 경영대학원을 졸업했다. 그리고 컨설팅회사인 BCG에서 자신의 컨설턴트 경력을 시작했다. 그는 그곳에서 많은 동료들의 관심을 끌었다. 재능과 외모 때문이었다. 그가 바로 미트 롬니다.(훗날 공화당 소속으로 매사추세츠 주지사를 지냈고, 2008년에는 대통령 선거에 출마했다-역주)

—

GM의 장학생이 컨설턴트가 되기까지

가디쉬와 롬니가 베인에서 일하기 시작했을 무렵, 경비원과 경리 담당자의 아들인 데이비드 케니는 자신의 미래에 관해 그들 못지않게 중요한 선택을 해야 했다. 가족 중 최초로 대학에 진학하는 사람이 될 것인지의 여부였다.

케니는 1961년 미시간 주 랜싱에서 태어났다. 그의 말에 따르면 랜싱은 '농업, 자동차산업, 국가정치'의 도시였다. 당시는 미국에서 큰 변화가 일어나던 시기였다. 우선 미디어 혁명이 있었다. 그가 갓난아기였던 당시 사상 처음으로 미국 가정의 약 50% 이상이 TV를 소유하게 되었다. 1964년에는 미국에서 컬러 TV 방송이 시작되었다. 과학과 기술에서도 혁명이 있었다. 1969년 당시 여덟 살이던 케니는 닐 암스트롱Neil Armstrong이 지구 역사상 최초로 달에 착륙하는 것을 보았다. 그 다음에는 자동차 혁명이 일어났다. 그가 청년기를 보내고 있던 내내 미국 가정은 점점 부유해졌고, 보다 많은 현대식 전자제품들을 갖추게 되었으며, 자동차를 소유하고 타기 시작했다. 미국 자동차산업의 심장부인 미시간 주는 이 같은 변화를 그 어느 곳보다도 생생하게 실감한 곳이었다.

어린 케니에게 이 같은 변화는 인성에 강렬한 영향을 미쳤다. 2014년 말, 두바이에서 그를 만났을 때 그는 이미 주요 TV 채널인 '더 웨더 채널The Weather Channel'에서 CEO로 일한 지 3년이 되어가고 있다. 기상 과학을 TV 프로그램으로 만드는 전문 방송국이었다. 그는 미국의 자동차 혁명을 이끈 업체들 중 하나였던 GM에서의 초기 경력도 이야기해주었다. 또한 내가 이 책을 집필할 때쯤, 그는 IBM의 인공지능AI 프로젝트인 왓슨 프로젝트Watson Project의 책임자로 임명되었다. 규모나 목표에서 지난 1950년대와 1960년대의 달 착륙 계획에 버금가는 프로젝트였다. 하지만 케니에게 있어서 대학 진학이 당장의 분명한 선택은 아니었다.

"집안에서의 삶은 풍족했습니다. 부모님 두 분이 모두 급여를 받고 있었으니까요. 하지만 제가 반드시 대학을 다녀야겠다는 생각은 없었습니다."

따라서 초등학교에서든 고등학교에서든 대학진학은 필수가 아니었다.

"전 공립 고등학교에 진학했고, 약 10%가 대학에 들어갔죠." 그가 말했다. "진로 교육이 반드시 대학 진학은 아니었습니다."

게다가 랜싱의 다른 공립 고등학교 학생들에게는 당시 성공에 이르기 위한 다른 진로도 많았다.

"대학에 진학해서 과학을 더 배우는 것이 흥미로워 보였습니다." 그럼에도 불구하고 데이비드는 말했다. "전 달 착륙에 매료됐고, 그건 제 부친도 마찬가지였습니다. 대학의 과학 교육이 새로운 문을 열어줄 수 있다고 생각했습니다. 다행스럽게도 제가 대학에 진학할 현실적인 방법이 있었죠. 전 주립학교의 장학금을 알아봤지만 받지는 못했습니다. 하지만 과학 프로젝트를 하나 진행했고, GM을 위해 일하던 인력 스카우트 담당자인 톰 쉴즈Tom Shields의 눈에 띄었어요. 그는 학교로 저를 찾아왔고, 제게 관심을 보였으며, 저를 GM으로 데리고 갔습니다."

1970년대 말 GM은 중대한 거시경제적 충격에 직면해 있었다. GM 역사의 최장 기간이자 최대 규모의 성장 기조가 끝나버릴 위험에 처했다. 이란에서는 대규모 시위가 벌어진 후 1979년의 에너지 위기가 촉발되었다. 미국의 유가는 하늘로 치솟았고 자동차산업은 직격탄을 맞았다. 그래도 GM은 여전히 새로운 인재를 필요로 했고 젊은 전문가들을 회사로 끌어들여야 했다. GM은 전쟁 전에 미시간 주 플린트에 GM 연구소GM Institute, GMI를 설립했다.(현재 이곳은 케터링대학교가 되었다) 이는 일종의 산학연계 교육기관으로 대학교육 과정과 GM의 원조 격인 플린트 공장에서의 실무를 결합한 것이었다.

케니는 다른 몇몇 학생들과 함께 GMI 입학이 허락되었다. 전액 장학금에다 비록 작은 액수이긴 했지만 급여까지 제공받는 조건이었다.

케니는 GM에서 좋은 경력을 쌓으며 1984년 GMI를 졸업했다. 그는 GM 장학생으로 선발되었고 그 덕분에 하버드대 경영대학원에서 석사학위를 취득하게 되었다. 이번에는 미국 경제가 다시 활성화되었고 유가는 정상으로 돌아왔다. 1980년대는 로널드 레이건Ronald Reagan미국 대통령과 그의 '레이건 붐'에 힘입어 금융 부문에서 규제완화가 이루어지던 시기였다. 또한 은행원들과 컨설턴트들이 새로운 업계의 총아로 부상하던 시기였다. 그는 하버드에서 바로 이 점을 깨달았다.

"경영대학원 진학은 안목을 넓힌 계기가 되었습니다." 그는 말했다. "가장 흥미로운 부분은 수업에서 배운 지식이 아니라 수업 밖에서 만난 사람들이었습니다. 은행, 컨설팅, 여타 모든 업계의 최고 실력자들이었죠. 다양한 배경과 경력을 지닌 사람들을 만나봤습니다. 하지만 어떤 면접도 하지는 않았어요. GM으로 돌아갈 예정이었거든요."

케니는 하버드대 경영대학원을 졸업한 1986년에 GM에 복귀해 업무를 시작했다. 하지만 경영대학원에서 느꼈던 흥분은 사라졌다.

"GM에서 일하는 게 약간 따분해졌습니다. 비용절감과 감원이 계속되고 있었죠. 경제 위기에 직면해 있었거든요. 저는 앞날을 이렇게 전망했습니다. '내가 정말로 일을 열심히 하면 부서장이 되든지 CEO가 되겠지'라고요. 하지만 그게 더 이상 흥미로워 보이지 않았습니다."

반면에 컨설턴트에 대한 매력은 사라지지 않았다.

1987년 봄 케니는 이직할 때라고 결심했다. 하버드에서 GM으로 복귀한지 1년이 채 안 되었을 때였다. 그해 4월, 〈포춘〉은 컨설턴트들 사이에서 오래도록 기억될 만한 특집기사를 하나 게재했다. '베인, 통제 불능의 컨설팅업체인가?'라는 제목의 기사였다.

이 기사는 공격적 성향으로 정평이 난 베인의 사업방식의 '이득'과 '위험'을 면밀하게 다루고 있었다. 창업자 겸 CEO인 빌 베인의 야망을 소개하고 베인의 주요 고객사 CEO들과 함께 베인의 업무 관행에 대해 상세하게 의구심을 제기했다. 그 내용을 보면 베인의 컨설턴트들은 거의 구속감이었다. 이 기사는 베인 내부에서도 평가가 엇갈렸다.

"제가 컨설팅업계에 처음 뛰어들었을 때 베인에 대한 화두는 '통제 불능'이었습니다." 케니가 말했다. "그 당시엔 대담했죠."

하지만 베인도 곤경에 빠져 있었고, 케니는 그것을 몰랐다. 그는 단지 자신에게 문화적으로 가장 잘 맞는 회사를 찾고 있었다.

"저는 다른 컨설팅업체도 알아보고 있었습니다." 그는 말했다. "맥킨지였죠. 좀 더 유명한 곳이었어요. GM이 고객사였죠. 하지만 엘리트들이 다니는 회사였고, 제 이력으로는 입사하기 힘들어 보였습니다."

베인이 케니에게는 더 어울리는 회사처럼 보였다. 주사위는 던져졌다. 그는 1987년 여름 베인에 합류했다. 하지만 안타깝게도 케니가 입사한 지 1년도 채 안 되어 베인은 거의 파산 지경에 이르렀다.

위기의 베인호, 탈출과 잔류의 기로에 서다

베인이 곤경에 처하게 된 정확한 정황은 구체적인 방대한 기록물로 남아 있다. 요약하자면, 세 가지 요인이 합쳐져 태풍으로 발전했다. 첫째, 베인의 '1업계 1고객' 방식이 역효과를 냈다. 직원 증원과 사무실 개설 확대를 통한 사업 확장에 승부를 건 회사가 역효과를 내는 것과 마찬가지였다. 둘째, 맥킨지나 BCG 같은 경쟁사들이 베인의 독특한 고객 접근법을 모방하기 시작했고, 더 나아가 베인의 매출을 위협했다. 셋째, 여전히 창업자들이 지배하는 베인의 조직구조와 지분이 내분의 원인으로 작용했다. 그 결과 베인은 공식적으로 파트너십 형태의 주식회사가 되었다. 파트너들이 자금 마련을 위해 지분을 매각하기 시작하자 베인은 부채가 늘었다. 이는 베인에게 부담이 되었고, 매출 압박은 더 심해졌다.

이것이 케니와 가디쉬가 처한 상황이었다. 두 사람은 인적 배경도 다르고 회사에서의 이력도 달랐지만, 각자 자신의 경력에서 가장 중요한 선택을 해야 했다. 잔류할 것이냐 이직할 것이냐 결정해야 했던 것이다.

베인에서 10년간 일해 온 가디쉬는 앞으로 어떤 일이 닥칠 것인지 잘 알고 있었다.

"베인은 획기적인 개선 방안들을 내놓았습니다. 역시 베인은 멋진 회사였어요. 하지만 투자은행의 직원들은 우리가 성공하지 못할 것이라고 말했습니다. 회사 소유자들이 회사에서 자금을 지나치게 많이 빼내갔다는 이유였죠."

그렇다고 하더라도 가디쉬는 베인의 가치와 원리는 가치가 있다고 생각했다.

"우리는 우리가 하는 일에 대한 믿음이 있었습니다. 그러한 믿음은 얼마 남아 있지 않았던 현금 잔고와는 무관한 것이었어요."

한편, 케니는 충격을 받고 있었다.

"저는 베인에 컨설턴트로 입사했습니다." 그는 말했다. "그리고 6개월 후 회사는 구조조정에 들어갔죠. 직원들은 해고되었습니다."

이어진 빡빡한 수년 동안 케니는 가디쉬 밑에서 직접 고객사를 상대로 일하기 시작했다. 두 사람은 모두 실적에 대한 보상을 받았다. 하지만 그들의 미래는 불투명했다. 그 와중에도 가디쉬는 회사의 새로운 경영진의 선임 파트너이자 중요한 직책을 맡고 있었고, 그의 밑에서 일하던 케니는 매니저로, 그 다음에는 파트너로 승진했다.

베인이 거의 파산 일보직전까지 도달했을 때 가디쉬는 자신이 폭풍의 한가운데 있음을 깨달았다. 1990년 말 회사는 여전히 존재했고, 그녀와 케니도 여전히 회사에 다니고 있었다. 하지만 아직 남아 있는 부채 때문에 회사의 미래는 점점 더 어두워졌다. 회사를 살리려는 마지막 노력으로 베인의 지도부는 롬니에게 CEO로 복귀해 달라고 요청했다. 당시 그는 베인 출신의 개인투자자로 변모해 있었다. 미트는 기꺼이 수락했다.

1991년 1월 새로운 CEO로 발표된 롬니는 베인앤컴퍼니의 우리사주제도(근로자들에게 자사주를 취득하게 하는 제도) 계획을 구조조정하려는 노력을 감독하고 재정적 투명성과 소유권을 확대하는 새로운 경영 구조를 시행했다. 그는 회사에서 지나치게 많은 자금을 회수해 간 베인과 다른 초창기 주주들을 회사로 다시 자금을 돌려놓게 만들었고, 미국연방예금보험공사FDIC를 포함한 채권자들을 설득해 대금 완납 규모 축소 요청을 관철시켰다.

회사에게 있어서나 세 사람에게 있어서 이것이 전환점이었다. 가디쉬가 전에 설명한 방식대로 군사용어를 사용해서 말하자면, 사령관인 롬니는 벙커에서 전세를 역전시키는 전략을 시행했다. 그녀는 '전방에서' 부대를 이끌었다. 케니는 전쟁터의 충성스런 소대장이었다.

"CEO가 된 미트는 대형 고객에 중점을 두기로 결정했습니다." 케니는 말했다. "저는 그중에서도 가장 큰 고객의 재정 서비스를 담당하고 있었기 때문에 롬니는 저를 주목하고 있었습니다. 우리는 수차례 만났고, 그는 언제나 '고객들에게 집중하게. 구조조정은 신경 쓰지 말고. 고객들과 자네의 팀에만 집중하라는 말이네'라고 말했죠."

가디쉬 역시 똑같은 일을 했다. 고객들에게만 집중했던 것이다. 이번 장의 시작 부분에서 그녀의 사무실로 걸어 들어간 파트너들이 외부의 스카우트 제안을 받아들일 것인지 물어본 후 그녀는 자신이 본보기로 나서야 할 때라고 결심했다.

"저는 헤드헌터들을 불러서 이렇게 말했습니다." 그녀는 말했다. "'더 이상 러브콜을 받기 싫습니다. 최소한 2년은 더 머무를 생각이에요'라고요."

가디쉬에 따르면 그런 다음 그 파트너가 그녀의 사무실로 다시 들어와 "저기요, 모든 사람이 헤드헌터와 이야기하고 있는 것은 아닙니다. 저는 아니에요. 이제 제발 다른 사람들에게 당신도 남기로 했다고 말해주세요. 직원들에게 우리가 머물기로 했다는 일을 전부 말해달라는 말입니다."라고 말했다.

가디쉬의 계획은 성공했다. 더 많은 사람들이 그녀에게 와서 "정말로 헤드헌터들과 만나지 않겠다고 말씀하셨나요?"라고 말했다.

"그럼요." 가디쉬는 말했다. 그리고 해방감을 느꼈다. "그런 형태의 리더십이 정말로 효과가 있었습니다. 우리는 계속해서 고객들에게 초점을 맞췄고, 헤드헌터들과의 접촉을 그만둔 후에 직원들은 그것이 회사의 상황에 도움이 되었음을 깨달았습니다."

1992년 하늘은 다시 맑게 개었고 재정적 위기는 사라졌다. 이후 파트너로 베인에 계속 머무른 롬니는 개인투자자의 지위로 돌아가고 회사의 지휘권을 두 사람에게 넘기기로 결정했다. 그는 회장으로서 자신의 전략 실행이 성공하도록 돕는 데 중대한 역할을 한 여성을 선택했다. 바로 오릿 가디쉬였다.

베인앤컴퍼니의 새로운 상징이 된 가디쉬는 회사의 '진북True North, 眞北'을 가리킬 나침반을 골랐다. 그것은 고객이었다.

"안개 속에서 앞이 잘 보이지 않을 때는 진북이 어디인지 알아야 합니다." 케니가 말했다. "베인에서는 우리의 진북은 바로 고객이었죠. 돈이 아니고요."

케니에 따르면 가디쉬는 이 같은 교훈을 항해가인 남편에게서 배웠다. 그녀는 케니의 말을 대체로 수긍했다.

"혹시 '진북'이라는 말을 들어보셨나요?" 그녀는 대화의 말미에 나에게 물었다.

나는 고개를 끄덕였다.

"그건 제가 만든 개념이에요." 가디쉬는 말을 이었다. "그래서 우리는 언제나 우리가 경험한 일들을 떠올리곤 합니다."

이 책에서 언급한 사람들은 비슷한 직장에서 경력을 시작했다. 경영 컨설팅업체, 대형 회계법인, 대형 다국적기업 등이다. 경력을 쌓기에는 확실한 직장이다. 가장 적극적으로 대학에서 채용 활동을 벌이는 업체들이기 때문이다. 나 역시 그런 과정을 거쳐 베인에서 직장생활을 시작했다. 다른 기업들은 진지하게 생각해보지 않았다.

하지만 여기에는 큰 장점이 있다. 나와 수차례에 걸쳐 대화를 나눈 CEO들은 이러한 형태의 직장 경력 덕분에 대단히 견고하게 구축된 방식으로 전문가가 되는 기초를 배우고 나머지 경력 전체에 적용할 수 있는 도구상자를 얻을 수 있게 되었다고 말했다. 이는 쌍무적인 상황이다. 이 기업들은 젊은 대학 졸업생들을 유치하는 데 흥미를 가지고 있다. 배우고 실행하기 위한 그들의 정열과 열정을 활용할 수 있기 때문이다. 또한 젊은 대학 졸업생들을 자기네 기업 문화에 맞추어 회사의 차기 지도자가 되게 하거나 최대 지지자가 되게 만들 수 있기 때문이다.

가디쉬와 케니는 이를 보여주는 구체적인 사례이다. 가디쉬는 베인에 계속 머물렀고, 케니는 다른 방향으로 갔다. 베인을 떠나 다른 기업들의 CEO를 역임한 것이다. 하지만 그들의 경험이 보여주는 바와 같이 베인에서의 가장 고달팠던 순간은 나머지 경력에서는 '교훈을 배운 가장 귀중한 시간'으로 작용했다.

다음은 케니와 가디쉬의 이야기에서 취할 수 있는 교훈들의 핵심을 요약한 것이다. 여러분들도 각자의 경력에 적용할 수 있을 것이다.

| 돈이나 명예가 아닌 직감에 충실하라 |

가디쉬와 케니에게 있어서 베인에서 일하는 것은 다른 여러 가지 기회들 중 하나였다. 하지만 그들이 베인을 선택한 것은 단지 돈이나 경력 전망 때문만은 아니었다. 베인이 내세우는 가치가 좋았기 때문이었다. 케니는 GM에서 실적이 좋았다. 또 원했다면 그곳에서 내내 머무를 수도 있었다. 그가 했던 말을 다시 살펴보자.

"저는 앞날을 이렇게 전망했습니다. '내가 정말로 일을 열심히 하면 부서장이 되든지 CEO가 되겠지'라고요. 하지만 그게 더 이상 흥미로워 보이지 않았습니다."

그가 CEO가 될 수 있다는 것은 헛된 말이 아니었다. 실제로 그는 디지타스와 더 웨더 컴퍼니 등 몇몇 글로벌 상장 기업들의 CEO가 되었다.

가디쉬의 경우 그녀는 처음에 자기가 원했던 것처럼 모국에 있는 히브리대학의 교수가 될 수도 있었다. 또한 가족 내력을 따라 소매업계의 전문가가 될 수도 있었다. 다시 말해서 그녀에게 주어진 조건은 대단히 현실적이며 달성이 가능한 것이었다. 그래도 그녀는 자신이 정말로 원했던 것, 즉 베인에서 일하기 위한 길을 가야 했다.

여기서 배워야 할 점은 정말로 원하는 것을 알고 있다면 일종의 편협한 시야를 발전시키고 그것을 향해 덤벼들어야 한다는 것이다. 만약 그것이 다른 제안들을 거부하는 것이라면 그렇게 해야 한다. 그것이 확실히 대안보다 낫다. 대안을 선택하면 자신이 선호하는 것이 아니라 다른 사람들이 선호하는 것을 선택하게 되기 때문이다. 오릿은 이 같은 소신에 대해 다음과 같이 느낌을 표현했다.

"저는 CEO가 되려는 목표를 가져본 적이 없습니다." 그녀는 말했다. "제가 베인에서 일하기 시작했을 때 모든 동료들은 얼마나 걸려야 파트너가 될 수 있는지 알고 싶어 했습니다. 저는 단지 최고의 컨설턴트가 되고 싶었죠. 제가 하는 업무에서 전문가가 되고 싶었어요. 각각의 업무를 만날 때마다 그 안에서 발전하는 것이 중요했습니다. 이는 회장이 된 오늘날에도 변하지 않았습니다. 우리 회사에서는 새로운 역할을 수행하기 위해서 반드시 새로운 직함을 가질 필요가 없습니다."

결론적으로, 미래에 대한 선택을 할 때는 항상 직감을 따라야 한다. 변화를 생각할 때는 현재 하고 있는 일을 여전히 즐기고 있는지 스스로에게 물어보아야 한다.

| '진북'을 찾아라 |

우리는 모두 경력에서 불확실성이나 역경에 직면할 때가 있다. 케니와 가디쉬의 경우 그들이 직업적인 꿈을 나타내는 방식으로 일하던 회사가 파산 위협을 받고 있을 때 가장 큰 불확실성의 순간이 찾아왔다. 회사가 생존할 것인지, 그들이 회사에서 생존할 것인지 여부는 두 사람 모두 알지 못했다. 하지만 케니가 말한 바와 같이 "안개가 자욱하다"고 해도 그들은 역경을 헤쳐 나갔고, 결국 회사와 함께 안개에서 빠져나왔다. 그들 두 사람에 따르면 가장 중요한 이유는 '진북'이 무엇인지, 그들이 어떤 방향을 따라가야 할지 알았기 때문이었다.

그들의 경우 '진북'은 회사 고객들을 위한 서비스의 제공이었다. 이는 그들이 하는 일이 독특하고, 따라서 고객들에게도 가치가 있다는 믿음에서 나온 것이었다. 그래서 그들은 자신들의 일을 계속해야 했다.

다른 사람들의 경우 '진북'은 '고객에게 서비스를 제공하는 일'이 아닐 수도 있다. 하지만 항상 다음과 같은 질문에 대한 답변을 포함한다. '내가 정확하게 무엇을 하려고 하는 것일까? 내가 왜 그것을 하고 있는가? 내가 잘하고 있는가? 그것이 다른 사람들에게도 가치가 있을까?' 등이다. 이 질문에 대한 답을 알고 직관적으로 이해할 수 있다면 아마도 독자 여러분도 각자의 '진북'을 발견했기 때문일 것이다. 그리고 외부의 불안정한 요인에도 불구하고 초점을 되찾고 하던 일을 계속하고 있을 것이다.

진북을 찾는 일이 성공을 위한 필수 조건이기는 하지만, 그것으로는 충분하지 않다. 진북 찾기는 회사에 머물러야 할지 또는 떠나야 할지 확신이 서지 않을 때는 확실히 도움이 된다. 하지만 피할 수 없는 일을 이를 악물고 할 것인지 포기할 것인지는 자기 자신에게 달렸다. 이는 가디쉬와 케니가 베인에서 겪은 '거의 죽을 뻔한' 경험에서 얻을 수 있는 마지막 교훈이다.

그렇다고 해서 절대로 포기하지 말라는 의미는 아니다. 이른바 '만트라mantra'에서 설명한 대로 '포기는 실패자나 하는 일'이라는 의미도 아니다. 사실, 우리가 보았듯이 가디쉬와 케니는 그들의 경력에서 최소한 한 번은 직장을 그만둔 적이 있다. 가디쉬는 박사 과정을 포기했고, 케니는 GM 연구소 프로그램에서 이탈했다.

그만두거나 유지하는 것, 그 자체가 요점은 아니라는 말이다. 중요한 것은 그 뒤에 있는 이유이다. 가디쉬가 박사학위 과정을 그만둔 것처럼 확신이 든다면 그만둬야 한다. 또는 그녀가 2년 동안 헤드헌터와 이야기를 중단했던 것처럼 직장을 유지해야 한다는 확신이 들 경우에는 퇴사하지 말고 계속 다녀야 한다.

만일 현재의 직장을 그만두려고 한다면, 자신이 앞으로 무엇을 해야 할지 정확하게 알고 있어야 한다. 그렇지 않을 경우에는 절대로 다니는 곳을 그만두면 안 된다. 구체적인 계획 없이 충동적으로 그만둔다면 반드시 실패하게 된다. 또한 옳은 일이라고 생각이 되어 그만두게 되면 항상 스스로를 격려해야 한다. 힘든 일을 겪고 있어도 일을 유지해야 할 경우에도 스스로를 격려해야 한다. 두 경우 모두 옳은 일을 하고 있는 것이다. 그것이 바로 가디쉬와 케니가 그들의 경험담을 통해 우리에게 들려준 이야기다.

Chapter 02

닷컴 위기

데이비드 케니
(David Kenny)

크리스 고팔라크리슈난
(Kris Gopalakrishnan)

라프 쿠스터만스
(Raf Keustermans)

인포시스, 디지타스, 플럼비 CEO의 이야기

물거품이 된 커리어

기술업계에 종사하는 사람들은 여전히 1999년처럼 파티 분위기에 젖어 있었다. 인터넷 혁명은 실리콘밸리에서 월가와 그 너머 다른 세상에 이르기까지, 사람들에게 신기술이 중심과 선두에서 세계를 이끌고 인터넷 기업가들이 새로운 억만장자로 행세하는 세계에 대한 꿈을 심어주었다. 이는 일종의 자기실현적 예언이었다. 기술주 중심의 나스닥산업평균지수(이하 나스닥지수)가 500% 이상 증가하는 데는 채 5년도 걸리지 않았다. 2000년 3월 10일 나스닥지수는 사상 최고치를 경신했다. 하지만 이는 종말의 시작일 뿐이었다.

크리스 고팔라크리슈난의 인포시스를 비롯한 일부 업체들에 있어서 '닷컴시대'는 수십 년의 고된 노력 끝에 이루어낸 획기적인 발전을 의미했다. IT 아웃소싱 회사인 인포시스는 1981년 7명의 엔지니어들이 모여 설립한 회사였다. 이들이 10억 달러의 매출을 발생시키는 데는 23년이 걸렸다. 하지만 이후 20억 달러를 만드는 데는 2년 밖에 걸리지 않았고, 다시 1년 만에 30억 달러의 추가 매출을 올렸다. 이 같은 성공에 힘입어 미국 뉴욕증시에 상장된 인포시스의 주가는 1999년 3월부터 1년 동안 15배나 폭등했다.

광고업체인 디지타스Digitas도 마찬가지였다. 이 업체는 1980년대 초반에 설립된 후 1990년대 중반 디지털 광고대행사로 변모했다. 디지타스는 2000년 3월 14일 기업공개(Initial Public Offering, 이하 IPO)에 나섰다. 인터넷 1.0 시대에 상장을 실시한 마지막 회사였다. IPO를 주도한 사람은 앞서 소개된 데이비드 케니였다. 그는 초기 인터넷 붐에 참여하고자 10년간 재직했던 베인을 떠났고, 1997년 디지타스의 최고경영자가 되었다. IPO를 통해 그는 비록 서류상이긴 했지만 즉시 백만장자가 되었고, 회사의 가치는 10억 달러 이상으로 평가되었다.

인터넷 붐을 맞아 보다 실용적이고 즉흥적인 벤처기업을 만든 사람들도 있었다. 벨기에 리르에 살았던 내 동네 친구인 라프 쿠스터만스가 바로 그런 경우였다. 우리는 항상 동네 근처에 있는 운동장에서 축구를 같이 했다. 내가 고등학생이었을 때 쿠스터만스는 대학 입학 첫해에 학교를 그만둔 후 인터넷 기업가로서 출발해 온라인 농담 사이트와 채팅 네트워크를 구축하기 시작했다. 그는 또 다른 친구의 삼촌으로부터 2만 5000달러의 종잣돈을 빌렸다.

2000년 여름 쿠스터만스는 나와 내 친구가 '스튜디오 17'이라고 부른 한 온라인 라디오 프로그램을 듣고 나서 나에게 "지역 뉴스 사이트를 하나 만들어주지 않겠어?"라고 말했다. 이는 '스튜디오 54'를 본뜬 것으로, 17은 내 친구 집 주소의 번지수였다.

"온라인 뉴스 사이트는 온라인 최신 트렌드가 될 거야. 우리가 그 게임에서 첫 번째 주자가 될 수 있다고."

여름 방학이 막 시작 되려고 했으므로 나는 거절할 이유가 없었다. 여름 방학이 끝날 무렵 나는 베타 사이트를 완성했고, 기쁜 마음으로 프로젝트를 추진했다.

하지만 이 프로젝트는 진행되지 못했다. 오히려 인터넷 광풍이 갑자기 끝나버렸다. 증권거래소에서는 닷컴 거품이 터졌고, 2001년 9·11 테러가 발생했을 때 인터넷 1.0 시대는 영원히 끝나버렸다. 유럽에서 쿠스터만스의 인터넷 회사는 규모가 축소되었다. 뉴욕의 케니의 디지타스는 주가가 상장 당시 약 25달러에서 2001년 10월까지 88센트로 폭락했다. 회사의 잔여 주가총액은 4000만 달러 미만으로 줄어 있었다.

인도에서는 고팔라크리슈난과 그의 동료인 공동 창업자들이 주가가 2000년 21달러에서 9·11 테러 직후 나스닥에서의 회사 가치 평가가 수십억 달러 하락하는 것을 목격했다. 주가도 9·11 테러 직전의 10% 수준으로 주저앉았다. 그는 20년 동안의 작업이 문자 그대로 말살되는 것을 지켜보았다. 그는 대학 학위도 없고, 돈도 없었으며, 회사의 가치는 거의 제로 상태였다. 케니는 가상의 재물이 허공에서 사라지는 것을 지켜보았고, 파산에 직면했다. 집에서는 그와 그의 아내가 어린 두 딸을 키워야 했다. 이들 세 남자가 이 사태를 어떻게 대처해야 했을까?

쿠스터만스처럼 수년 동안 일해 온 결과가 거의 휴지조각이나 다름없게 되었을 때 여러분이라면 어떻게 할 것인가? 케니처럼 회사의 파산을 막기 위해 정말로 힘든 시간을 보내게 된다면 여러분은 어떻게 할 것인가? 아니면 고팔라크리슈난처럼 20년 동안의 작업이 박살이 났을 때는 또 어찌할 것인가? 우리가 그들의 이야기를 통해 배울 것은 그러한 시간들이 훗날 성공은 물론 겸손의 씨앗이 될 수 있다는 것이다. 비록 그러한 순간들이 일어났을 때는 당장은 극도로 힘이 들지라도 말이다.

닷컴 버블이 터진 후 약 10년 6개월이 지난 후 쿠스터만스, 케니, 고팔라크리슈난에게 그 당시를 이야기했을 때 그들은 미소로 띠며 당시 상황을 기억할 수 있었다. 나스닥지수는 2015년에 최고치 수준을 회복했다. 쿠스터만스는 런던에 정착해 소셜 게임회사를 설립했으며, 2016년 초 경쟁사에게 회사를 매각해서 투자자들에게 수백만 파운드를 벌게 해주었다. 케니는 끝까지 디지타스에 남아서 경영을 맡았고, 수년 후 회사를 대형 광고대행사인 퍼블리시스Publicis에 매각했다. 우리가 처음 만났을 때 그는 세계 최대의 글로벌 기상정보 서비스 전문 TV 및 인터넷업체인 '더 웨더 컴퍼니'의 CEO였다. 2016년 그는 더 웨더 컴퍼니의 디지털 사업 부문을 컴퓨터업계의 공룡인 IBM에 판매하고 명성 있는 IBM '왓슨 컴퓨터' 프로젝트의 책임자가 되었다.

한편 고팔라크리슈난과 그의 동료인 공동 설립자들은 모두 인포시스에 남았고, 증시 침체에도 불구하고 계속 회사를 유지했다. 그는 현재 억만장자이며 인포시스의 부회장이다. 인포시스는 인도에 본사를 두고 있으며, 세계 최고의 IT 및 컨설팅업체들 중 하나가 되어 있다. 하지만 이들 세 사람이 경이로운 2000년과 그 후의 끔찍한 여파를 겪으며 경험한 것들은 그들을 늘 따라다녔다.

의대에 낙방한 고팔라크리슈난이 억만장자가 되기까지

크리스 고팔라크리슈난은 1955년 4월 5일 인도 케랄라 주의 수도이자 최대 도시인 트리반드룸에서 태어났다. 인도 본토의 남서부 해안에 위치하고 있으며 푸른 언덕으로 둘러싸인 트리반드룸은 마하트마 간디가 '인도의 늘 푸른 도시'로 명명한 곳이다. 하지만 모든 것이 장밋빛은 아니었다.

고팔라크리슈난은 인도가 영국에서 독립한 초창기에 고군분투하던 시기인 1960년대에 성장했다. 그는 트리반드룸의 공립 고등학교에 진학했고 공과대학에 관심이 있었지만 부모의 희망에 따라 의과대학 입시를 준비했다. 그는 합격을 확신하면서 대입시험에 응시했지만 합격 커트라인에서 불과 2점이 모자랐다.

설상가상 그는 공대에는 등록해둔 곳이 하나도 없었다. 의대 입학을 확신했기 때문이었다. 앞으로 어떻게 해야 할지 몰랐던 청년 고팔라크리슈난은 자신의 자신감이 완전히 박살나는 것을 경험했다. 그는 2014년

나에게 이 같은 자신의 인생의 전환점을 이야기했다. 그는 수십억 달러를 허공에 날린 2000~2001년의 인터넷 거품 붕괴보다 젊은 시절 의대 낙방이 더 충격적이었다.

"자신감을 되찾는 데 3년이 걸렸습니다." 그가 말했다. "교수님은 다시 시도해보라며 이번에는 자기가 직접 저를 돕겠다고 했죠."

이후 3년 동안 고팔라크리슈난은 케랄라의 한 지방대학에서 물리학을 공부하며 서서히 자립했다. 그는 당시 자신의 수학교사였던 C. C. 필립C.C. Philip 덕분에 마침내 자신감을 완전히 회복했다.

"정작 제 자신은 그러지 못했을 때 그분은 저를 보고 믿어줬습니다."

청년 고팔라크리슈난에게 필요한 것은 격려였다. 지방대에서 3년을 공부한 후 그는 마드라스에 있는 명문대인 인도공과대학IIT에 지원해 필기 입학시험에서 합격했다.

"장애물을 뛰어넘는 것은 자신감을 되찾게 된 터닝 포인트였습니다. 제가 비록 시간이 걸렸지만 성공했음을 증명해줬습니다. 성공을 위한 재능을 가지고 있다는 점도 확인시켜 주었죠."

놀랍게도, 입시 과정이 끝날 무렵 고팔라크리슈난은 전과 똑같은 상황에 직면하게 되었다. 필기시험에는 합격했지만 구술면접에서 또 고배를 마셨던 것이었다.(영어 실력이 부족했기 때문이었다) 그는 자신이 지원한 대학에서 입학 허가를 받지 못했다. 하지만 이번에는 낙방이 그에게 그다지 중요하지 않았다. 그는 차선책으로 IIT의 물리학 석사 학위 과정에 들어갔다. 고팔라크리슈난의 설명에 따르면 이는 그가 선호했던 선택은 아니었다. 하지만 그때의 공부를 통해 인도 최대의 기업인 인포시스를 공동 창업하는 문호가 열렸다.

"돌이켜보니 기회, 우연, 행운이 중요한 역할을 했습니다. 35년 후의 미래를 예견하기는 어렵습니다. 저는 지금 제가 어디에 있을지 상상할 수 없었죠."

그렇다면 고팔라크리슈난의 미래를 촉발한 것은 무엇일까?

"물리학 석사 과정을 공부할 때 저는 컴퓨터 프로그래밍을 선택 과목으로 정했습니다." 그는 말했다. "이 과목에 열정이 생겨서 저는 컴퓨터 과학으로 전공을 변경했죠. 그것은 순수한 기회였습니다. 저는 '이것이 나에게 필요한 큰 돌파구다'라고 생각하지 않았습니다. 그냥 적절한 시기에 우연히 그 자리에 있었던 것이죠."

분명히 그랬다. 고팔라크리슈난은 1977년 컴퓨터 과학을 공부하기 시작했다. 같은 해 스티브 잡스Steve Jobs, 스티브 워즈니악Steve Wozniak , 로널드 웨인Ronald Wayne이 애플을 설립했다. 1980년 그는 판티 컴퓨터 시스템즈Patni Computer Systems에서 첫 직장생활을 하고 있었다. 빌 게이츠Bill Gates가 IBM으로부터 계약을 따내 MS-DOS와 결국에는 IBM의 마이크로소프트MS 윈도우의 개발로 이어진 해이다. 1년 후인 1981년 고팔라크리슈난은 그의 동료 여섯 명과 함께 판티를 떠나 그들의 IT 회사를 설립했다. 그것이 바로 인포시스이다.

"인포시스를 시작했을 때 같은 과 동기들 중 다수는 미국으로 이주해 있었습니다. 하지만 우리는 '자, 인도에 머물고 싶어 하는 사람들은 여기 다 있어. 여기서 회사를 만들어 보자고'라고 말했습니다."

저축도 없고 집안의 돈도 없던 이들 일곱 명은 자본금 1만 루피(약 250달러)만 가지고 회사를 등록하고 푸네에 집을 빌려 거기서 회사를 경영했다.

"그 과정이 애플과 아주 흡사했습니다. 우리는 방을 공유했고, 때로는 탁자도 같이 사용했죠. 우리가 보유한 최초이자 유일한 컴퓨터를 위해 대출을 받았고 라이선스도 얻었죠. 우리는 비용을 절감하기 위해 주간에는 컴퓨터를 임대하고 밤에만 사용했습니다."

첫해에 인포시스는 3명의 직원을 고용했다. 미국의 DBCData Basics Corporation와 첫 번째 고객 계약을 체결했기 때문이었다. 이를 통해 회사는 처음부터 수익을 냈다. 하지만 매출 성장세는 둔화됐고 그들의 소득 증가세도 느려졌다.

고팔라크리슈난이 다음 번 터닝 포인트를 이야기할 때 보면 경력을 쌓는 데 있어서 시간의 중요성에 대해 우리가 근본적으로 다른 시각을 가지고 있다는 점이 분명해졌다. 나는 성공하려면 시간이 매우 중요하다고 항상 생각했다. 잃을 시간이 없다는 것이다. 나는 초기에 조기 승진의 '보트에 탑승할 기회를 놓칠 경우' 나중에 고위 임원이 될 수 없다고 우려했다. 고팔라크리슈난의 이야기를 듣고 보니 이것이 잘못된 사고방식이라는 것이 분명해졌다. 그는 경력에서 터닝 포인트를 설명하면서 약 10년의 시간은 생략했다.

"인포시스의 첫 10년의 화두는 생존이었습니다. 회사를 꾸려나갈 충분한 돈을 벌고 서서히 성장하려는 것이었죠. 우리는 일을 빨리 하는 것보다 제대로 하는 쪽에 더 신경을 썼습니다."

다음 단계를 생각하지 않고 처음 10~15년을 보낸다는 것은 나로서는 상상할 수 없는 일이었다. 하지만 고팔라크리슈난은 분명히 그렇게 했다.

"1989년까지도 우리는 여전히 보여줄 게 없었습니다. 매출은 100만 달러였고, 직원은 약 40~50명 정도였죠. 우리는 이전의 같은 과 동기들에게 이 같은 상황을 이야기했습니다. 당시 그들은 모두 차와 집을 소유하고 있었죠. 반면에 우리는 그런 것들이 하나도 없었습니다. 우리는 대학을 졸업한 지 10년이 지났고, 평범한 아파트에 살았습니다."

인도 역시 국가 전반적으로 큰 성과를 거두지 못하고 있었다. 1985년 당시 인도는 재정 수지에 문제가 있었다. 1990년에는 경제 위기에 처했다. 그 당시 인포시스의 공동 설립자들은 회사를 매각하라는 제안을 받았다. 그것은 심각한 의구심을 불러 일으켰다.

"많은 사람들이 '어쩌면 회사를 팔고 떠나는 게 맞을 수도 있다'고 말했습니다." 고팔라크리슈난은 회상했다. "하지만 우리의 회장인 나라얀 무르티Narayan Murthy는 그래야 한다면 자신이 우리의 지분을 모두 사들이고 자기 혼자 회사를 계속 꾸려나갈 것이라고 말했습니다."

그것이 터닝 포인트였다.

"그가 그렇게 말한 후 우리는 함께 머물러 회사를 계속하기로 결정했습니다." 그가 말했다. "우리는 3년 내 IPO를 목표로 하고 거기서부터 사업을 크게 확장하자고 말했습니다. 일이 그렇게 된 것입니다."

당시 인도의 거시경제적 환경을 고려할 때 고팔라크리슈난이 "적절한 시기에 적절한 위치에 있었다"고 믿는 이유가 무엇인지 쉽게 이해할 수 있다. 1991년 인도가 독립한 지 45년이 지난 후, 그리고 '힌두 성장률'이라는 고정 성장세가 이어진 후, 인도의 정치 지도자들은 마침내 세상에 인도를 개방할 때가 왔다고 결정했다. 일련의 자유화를 통해 인도는 1950년대에 시작한 중앙집권적 시장경제에서 벗어나 보다 높은 수준의 시장경제로 이동했다. 외국인 투자자들에게 자본시장도 개방했다. 이 같은 조치는 인포시스에게도 길을 열어주었다. 창업자들이 회사 매각에 저항하기로 결정한 지 정확히 4년 후인 1993년 2월, 회사는 IPO를 단행해 주당 95루피에 주식을 팔았다. 장부가치보다 75루피 높은 수준이었다.

IPO는 창업자 모두를 백만장자로 만들어주었고, 10년 넘게 보여줄 것이 없었던 그들에게 면죄부를 주었다. 그러나 IPO는 시작에 불과했다. 창립자들은 상장으로 모금한 자금 전부를 현금화하지 않고 사업에 재투자했다. 이 같은 결정에 힘입어 회사는 1990년대 중반에 시작된 닷컴 붐과 함께 실제로 동력을 얻었고, 이는 예외적인 성장 시기로 이어졌다.

"인터넷 버블로 소프트웨어 서비스에서 엄청난 수요가 생겨났습니다. 우리는 매년 100% 이상 성장했어요."

매년 2배로 늘어난 것은 단지 매출만이 아니었다. 주가도 덩달아 뛰었다. 1994년까지 인포시스의 주가는 450루피로 급등했다. 회사가 인도 증권거래소와 뉴욕 나스닥에서 거래를 시작한 1999년 3월 인포시스의 주가는 인도 증시에서 3,000루피 이상의 가격에 거래되었다. 뉴욕증시에서는 약 1.46달러에 거래를 개시했다. 1년 후, 나스닥지수가 사상 최고치에 도달했을 때, 인포시스의 주가는 약 21달러까지 폭등했다. 인도 증권거래소에서는 그보다 한 해 앞서 주당 1만 6,855루피로 최고치를 기록했다. 1981년 회사 설립 당시의 전체 자본금보다 더 많은 액수였다. 인포시스는 나스닥지수에 상장된 20대 기업들 중 하나였고, 고팔라크리슈난은 억만장자였다.

컨설턴트에서 IT CEO로, 케니의 '위험 프로필'

인포시스가 천문학적인 성장 국면을 겪고 있을 때 중계 비용 없이 생산자가 소비자에게 직접 소구하는 전략을 구사하는 다이렉트 마케팅업체 디지타스는 닷컴 붐 속에서 고유한 시장점유율을 확보하고자 온라인기업으로 재탄생되고 있었다. 이 같은 대담한 전략적 변화를 통해 회사를 이끌기 위해 회사는 앞서 소개한 한 인물에게 의존했다. 바로 데이비드 케니다. GM 매니저가 경영 컨설턴트를 거쳐 인터넷 CEO로 변화할 수 있었을까? 1997년에 디지타스로 직장을 옮긴 이유가 무엇이냐고 물었을 때 그는 이렇게 대답했다.

"무슨 일이 있었냐고요? 인터넷 기업들이 생겨났죠. AOL이 시작됐고, 야후Yahoo가 있었으며, 프랑스에서는 미니텔Minitel이 출범했습니다. 저는 생각했어요. '이것이 도약하면 엄청나게 커지겠구나'라고 말이죠."

보다 구체적으로 말하자면, 1995년 케니는 당시 야후의 CEO였던 제리 양Jerry Yang을 만났다. 야후는 당시 직원 수는 약 100명에 불과했지만 이미 고속성장 중인 회사였다.

"1년 후 인터넷 업체로 전환하기로 결정했습니다. 제 머릿속에는 인터넷이, 거기에 흥미를 느끼는 각각의 사람들에게 진정으로 도움이 될 것이라는 생각이 있었죠. 이제 아시다시피 이것이 우리의 새로운 목표입니다."

제리 양과 다른 사람들은 이미 인터넷의 가능성에 눈을 뜨기 시작한 반면, 대부분의 마케팅 회사는 여전히 현실 세계를 중시하고 있었다. 디지타스의 창업자인 마이클 브로너Michael Bronner가 바로 그런 경우였다. 이전에 컨설팅 업무를 하다가 브로넌을 알게 된 케니는 기회를 포착했다. 어느 날 밤 브로넌과 케니는 보스턴에서 저녁식사를 하고 인터넷이 어떻게 세상을 바꿀 수 있을지 이야기했다. 회사가 새로운 자극을 필요로 하는 시기일지도 몰랐다. 그것이 터닝 포인트였던 것으로 판명되었다.

"다음 날 브로넌이 저에게 전화를 걸어 업무 위임의 필요성과 인터넷 수용 확대가 필요하다는 제 말이 옳다고 말했습니다." 케니는 회상했다. "그는 '자네가 회사로 들어와서 회사를 운영해줘야겠네'라고 말했어요. 이후 수개월 동안 문자 그대로 저는 확신이 안 선다고 말했습니다. 하지만 그는 저에게 회사 경영을 맡기겠다고 최종 결정했고, 결국 우리는 계약을 체결했습니다."

케니는 10년 동안 베인에서 파트너로 일했고, 갑자기 이 경력을 포기하기에는 너무나도 큰 것이었다. 아무튼 그는 베인과 늘 함께였던 것이다.

사람들이 다른 일자리를 소개하려고 그에게 전화를 했지만 그는 그런 일들이 그다지 흥미롭지 않았다. 하지만 이제 그는 준비가 되었다.

"저의 '위험 프로필'이 옳았습니다." 그는 말했다.

케니가 당시 인생에서 어느 위치에 있었는지 이해하기 위해 잠시 시간을 내서 '위험 프로필risk profile'이 정확하게 무엇인지 살펴보기로 하자. 또한 그것이 경력 전반에 걸쳐 이직을 시도할 때 어떻게 '올바르게' 작동하는지도 알아보자. 우리가 직장생활을 막 시작했을 때는 한 직장에서 다른 직장으로 옮기는 일이 큰 위험을 수반하지는 않는다. 어릴 때는 결국 이력도 없고 부양해야 할 가족도 없으므로 잃을 것이 거의 없기 때문이다.

케니가 GM에서 베인으로 이직했을 때도 마찬가지였다. 이는 두말 할 것 없이 좋은 기회였다.

약 5~7년 후 많은 사람들에게는 변화가 시작된다. 20대 후반이나 30대 초반으로 접어들면서 결혼생활을 시작하고 가족을 부양할 가능성이 많아진다. 직장을 옮기는 일이 중대한 순간으로 보이지 않을 수도 있다. 이직 문제가 다시 수면 위로 떠오르는 것은 가족생활이 정착되고 재정이 견고해진 후의 일이다.

어떤 면에서는 케니도 예외가 아니다. 경영대학원 졸업 직후 결혼한 그는 1993년에 첫딸을 봤으며, 둘째 딸은 1996년에 태어났다.

"아이들이 생겼을 때는 이직해서 기업가 되려는 생각을 할 수가 없었어요. 아이들이 있으면 책임감의 수준이 달라지죠." 그가 말했다.

1997년이 되자 케니는 수년째 파트너로 베인에 재직 중이었고 그의 아내도 벤처 캐피탈에서 일하고 있었다. 그 때문에 그와 가족의 재정적 전망은 긍정적이었고, 개인적인 삶도 안정적이었다.

그들은 주택담보대출을 상환했고 아이들의 대학진학 자금도 모았다. 케니와 그의 아내는 경력을 변경할 적당한 시간을 만났다.

"무책임하다는 생각은 들지 않았습니다." 그는 말했다. "주택담보 대출도 없었고 저축한 돈도 있었으니까요. 우리 가족은 주로 안정을 추구하며 살았죠. 그것은 중요했습니다. 재정적 측면을 고려해서 결정을 내릴 필요가 없었거든요. 저는 저의 선호도가 무엇인지에 기초해 결정했습니다."

케니에게는 컨설팅업계를 벗어나는 것이 지적 호기심을 채울 기회도 되었다. 베인의 직접 챙기는 업무 방식에도 불구하고 CEO로 운전석에 앉아 있는 것은 여전히 다른 경험일 것이었다.

"10년간 베인에서 일했기 때문에 앞으로는 배워야 할 것이 그 정도로 많지는 않을 것이라고 생각했습니다." 그는 말했다.

케니는 컨설턴트로 일할 때보다 가족과 함께 보내는 시간이 더 많아질 것이라고 믿었다. (비록 그 같은 예측이 실현되지는 못했지만) 그는 많은 여행 계획도 세워두고 있었다. 그는 브로넌과 연봉과 지분에 관해 협상했고, CEO직을 수락하기로 아내와 함께 결정했다. 또한 그의 아내는 직장을 그만두고 살림을 맡기로 결정했다.

"오로지 가족회의를 통해 내린 결정이었기 때문에 가능한 일이었습니다. 안정적인 가정을 만드는 데 도움이 되었고, 제 아내는 저의 성공에서 큰 일부였죠. 아내는 가계 재정을 운영했고, 투자를 관리했으며, 집안 살림을 운영했습니다. 덕분에 삶을 관리할 수 있게 되었습니다. 진정한 분업이었고, 효과도 좋았습니다. 우리 부부 모두 그 결정을 마음에 들어 했기 때문이었죠."

이듬해 케니는 '황금기'를 보냈다. 그는 "우리는 진정으로 디지타스의 목표를 재설정하는 일을 했습니다."라고 말했다. 2000년 3월 14일 디지타스가 상장되었을 때 황금기는 절정에 도달했다.

"나스닥지수가 5012였고, 그건 절대 잊지 못할 겁니다. 회사의 가치는 28억 달러였습니다. 가장 부유해진 순간이었죠."

파티를 열며 배운 사업가 기질, 쿠스터만스

고팔라크리슈난과 케니가 부를 누리고 있을 때, 쿠스터만스는 성공 사례에 매력을 느끼고 그 일부가 되고 싶어 하는 사람들 중 한 명이었다. 4년 전인 열여섯 살 때 그는 동네 친구 두 명과 함께 마을 교회의 행사장에서 파티를 주최해서 파티마다 500달러의 수익을 내며 최초의 기업가적 발을 내디뎠다. 이후 몇 년 동안, 그와 그의 친구들은 리르에서 가장 큰 행사장에서 최대 1500명의 사람들이 참가할 수 있는 더 큰 파티를 주최했다. 리르는 우리가 같이 살았던 벨기에 브뤼셀에서 약 56.3km 떨어진 곳에 위치한 마을로 당시의 인구는 약 3만 명이었다. 이는 기업가 집안의 출신이 아닌 쿠스터만스에게는 흥미롭고 새로운 것이었다. 하지만 그의 부모는 이를 걱정스러워했다. 그들은 아들이 여름방학 동안 마을 햄버거 가게에서 안전한 일을 하면 더 좋겠다고 생각했다.

쿠스터만스에게 그것은 시작일 뿐이었다.

"우리가 세계 최고라는 느낌이었습니다." 그는 말했다. "첫 번째 파티를 주최해 돈을 벌자 사람들이 우리를 우러러봤죠."

고등학교를 졸업할 무렵 쿠스터만스는 6~7번의 파티를 주최해서 일부는 성공을 거두었고 다른 일부에서는 실패했다. 하지만 전체적으로는 더 큰 사업을 갈망하게 되었다.

"최초의 성공들, 사람들에게 책임자로 인식되는 일, 거기에서 얻는 평판과 자존감 등은 모두 대단히 매력적이었죠. 그것이 같은 경험을 더 원하게 만듭니다."

일단 대학에 들어가 정치학과 미디어를 공부하게 되자 쿠스터만스는 교수들의 학문적 접근과 강의실과 도서관에서 보내야 하는 많은 시간들이 매우 따분했다. 또한 그는 그런 수업들이 실생활에서 의미가 있을 것이라고도 생각지 않았다. 그는 시험을 절반만 통과했고 나머지는 여름학기로 미뤘으며, 그중에서도 또 절반은 낙제를 했다.

"대학 생활은 이상적이지 않았습니다. 저는 급속도로 흥미를 잃었고, 대학이 제가 있을 곳이라는 생각도 전혀 안 들었고, 같은 과 동기들도 거의 생각이 안 납니다."

1년 후, 쿠스터만스는 자신의 '진정한 삶'에 기회를 주고자 직장을 찾아보기로 결심했다. 우리 두 사람이 모두 알고 지내는 한 친구의 어머니는 그에게 언론계의 무급 인턴십 자리를 주선해주었다. 쿠스터만스는 대학을 그만두고 앤트워프에 위치한 한 광고대행사에 정규직으로 들어갔다. 광고대행사에서 막내였던 쿠스터만스는 온라인 광고팀에 배정되었다. '온라인'은 여전히 유럽에서 소규모 사업이었지만 케니의 경우에서 살펴보았듯이 유럽 외 지역에서는 대단히 유망한 사업이었다.

"단시간에 기획자가 되지는 못할 게 분명했습니다." 그는 말했다. "팀에서 가장 나이가 어렸기 때문에 저를 온라인 광고팀에 배치한 것은 당연해 보였죠."

쿠스터만스의 회고에 따르면 디지타스의 IPO와 같은 대서양 건너편의 이야기들이 그에게 미래에 대한 가능성을 꿈꾸게 만들었다.

"자신들의 웹사이트를 구축해서 수백만 달러에 매각했다는 학생들의 이야기를 들어보셨을 것입니다. 저는 분명 그런 성공담들을 쫓고 있었죠."

　그들과 같은 부자가 되기를 꿈꾸며 쿠스터만스는 각종 유머를 제공하는 시가네트Cyganet라는 IRC 채팅 포털을 출범시켰다. 하지만 즉각적인 성공을 거두지는 못했다. 닷컴 붐의 성공담에 똑같이 매료되어 있던 우리의 또 다른 친구의 삼촌은 시가네트에 2만 5000유로를 투자하기로 결정했다. 곧 시가네트는 급속하게 확장되었다. 하지만 직원은 단 두 명뿐이었다. 영업을 맡은 쿠스터만스와 기술을 담당한 파트너였다. 쿠스터만스가 나에게 지역 뉴스 웹 사이트를 만들어달라고 요청한 것이 바로 그 즈음이었다.

CEO의
이 력 서
에 서
배 운 것

| 고팔라크리슈난 – 자신을 믿어라 |

고팔라크리슈난은 일생의 대부분 부를 누리지 못했고, 거의 10년간 일을
한 후에야 겨우 인포시스로 작은 성공을 이루었다. 초창기의 고군분투가
있은 다음에야 비로소 회사는 10년 동안의 고도성장기를 맞았다. 인포
시스의 주가는 나스닥지수가 사상 최고치를 기록한 이후 약 90% 이상을
반납했다. 하지만 인포시스의 주가는 1999년 초 뉴욕증시에 상장된 이래
계속 상승세였고, 1993년 데뷔 당시의 장부가액보다 여전히 100배 이상
의 높았다. 고팔라크리슈난은 더 이상 억만장자는 아니었지만, 아직도 백
만장자 수준은 되었으며, 그의 회사는 다른 많은 진짜 닷컴 거품 기업들
과 비교하면 여전히 양호한 형태였다.

우리의 대화에서 고팔라크리슈난이 중요한 터닝포인트로 닷컴 추락 사태를 언급하지 않은 것은 아마 이런 이유 때문이었을 것이다. 그는 간접적으로 언급했을 뿐이다.

"인터넷 거품은 소프트웨어 서비스에 대한 커다란 수요를 창출했습니다. 우리는 이를 활용하고 매우 빠르게 성장했죠."

그가 말하고 심지어 강조하기까지 한 것은 인포시스의 초기 수년간 설립자들이 어려움을 겪고 있을 때에도 "회사가 훗날 고성장을 이룰 준비가 되어 있었다"는 점이었다.

"회사의 초장기에는 아직 규모가 중요한 게 아니었습니다. 중요한 것은 우리가 무슨 일을 하느냐였죠. 그것은 중요한 결정이었습니다. 우리가 일을 제대로 하도록 만든 결정이었기 때문이죠. 그 기간 동안 우리는 교육, 훈련, 품질 시스템에 대대적으로 투자했습니다."

'일을 올바르게' 하는 데 중점을 둔 덕분에 나중에 고팔라크리슈난과 동료 창립자들은 회사를 글로벌 차원으로 성장시키고 폭풍우가 닥쳤을 때 이를 견딜 수 있었다.

"처음에는 돈이 목적이 아니었습니다. 우리는 자랑할 만한 뭔가를 구축하고 싶었어요. 기꺼이 기다릴 수 있었죠. 기업을 하나 만드는 데는 시간이 필요합니다. 반면에 즉각적인 희열이나 돈을 원하면서 성공적인 사업체를 구축하는 일은 아주 드물죠."

결국 고팔라크리슈난과 그의 동료들은 인포시스를 글로벌 IT 동력기관으로 만들었다. 인포시스는 생존하고 번영했으며, 그것은 고팔라크리슈난도 마찬가지였다. 2007년 그는 4년간 인포시스의 CEO를 역임했으며, 회사의 수익도 약 30억 달러에서 60억 달러로 두 배로 늘렸다. 최근에는 인포시스의 부회장으로 재직 중이며 그는 다시 억만장자가 되었다. 인포시스는 1981년 7명의 창립 직원으로 시작해 현재 17만 9000명이 넘는 직원을 거느리고 있다. 미국에서는 비자 발급건수 순위가 5위 안에 드는 업체이다.

성공의 비밀이 무엇이냐고 물었을 때 고팔라크리슈난은 신중한 태도를 보였다. 그의 경력에서 굴곡이 많았다는 점에서 그는 자신의 성공 요인 중 하나를 '운'이라고 말했다. 성공에 관해 말할 때 그는 물질적인 성공이나 직위보다는 더 무형적인 것을 거론했다.

"열정과 직업이 결합된다면 성공할 수 있다고 사람들은 말합니다. 돌이켜보면 그러한 일이 바로 저한테도 일어났던 것이죠. 저는 다행스럽게도 사회를 변화시키는 사람들 중 한 명이 될 수 있었습니다. 인포시스는 기술 변화의 일부를 담당하고 있으며, 제3세계 국가에서 세계 최고의 고도성장 경제국으로 변모 중인 인도에서도 변화의 일부를 맡고 있습니다. 오늘날 인도는 소프트웨어와 관련 전문기술 등으로 매우 유명하죠. 저는 제가 이 모든 일에서 일익을 담당하고 있다는 점에 만족합니다. 또한 다시 돌이켜보며 '우리는 이렇게 삶과 사업과 국가를 변화시키고 있으며, 기존과는 다른 방법을 통해 우리가 현재 하고 있는 모든 일을 바라보는 데 도움을 줬다'고 말할 수 있다는 점도요."

내가 보기에 고팔라크리슈난의 경우가 주는 교훈은 무엇보다도 자신을 먼저 믿어야 한다는 것이다. 자신의 현재와 그 활동에서 만족감을 찾아야 한다. 그리고 마침내 성공을 이루어냈을 때 자신의 주변 환경과 다른 사람들의 역할을 인식해야 한다.

| 쿠스터만스–운과 인내의 적절한 조합 |

쿠스터만스는 기업을 구축하는 데 시간이 걸린다는 고팔라크리슈난의 말에 전적으로 동의한다.

"왕이 되기를 원하는지, 아니면 부자가 되기를 원하는지 먼저 알아야 합니다." 쿠스터만스가 자신의 경력을 돌이켜보며 말했다.

쿠스터만스는 다시 한 번 인터넷 회사를 설립하면서 '왕'이 될 목표를 가지고 있다. 부자가 되기 전에 관련성 있고 영향력 있는 회사를 만드는 것을 더 선호한다는 의미이다. 하지만 2000년대 초반 그는 부자가 되기를 갈구하는 혈기왕성한 청년이었다. 그의 닷컴 시대의 경험과 학습이 고팔라크리슈난과 크게 다른 이유는 아마도 이 때문일 것이다.

쿠스터만스와 그의 사업 파트너는 그의 시가네트에서 1년 동안 더 일했지만 그다지 큰 성공은 거두지 못한 후 2003년에 사업을 접기로 결정했다. 그 같은 결정 직후 직접적인 여파로 인해 많은 고객사들이 문을 닫았으며, 시간이 지나자 수익성 높은 고객사들도 줄었다.

"결국 우리의 회사 폐업 과정은 너무나도 복잡해서 그 과정이 모두 지나자 우리는 기쁘기까지 했습니다." 그는 큰 후회도 없이 말했다.

쿠스터만스는 회사를 경쟁자에게 매각해 투자자들의 자금 중 절반을 회수했다. 그는 성공도 거두지 못하고 대학 학위도 없이 처음부터 다시 시작해야 했다.

"저는 일보 후퇴해야만 했습니다. 시가네트를 통해 많은 것을 배웠죠. 하지만 마지막에 이익을 남겨야 했음에도 불구하고 우리는 그렇게 하지 못했습니다."

닷컴 거품 전체가 그에게 의미하는 바는 의심의 여지가 없었다. 그것은 바로 실패와 좌절이었다.

이후 쿠스터만스는 광고대행사들에서 계약직으로 일을 이어갔다.

"임시 계약직으로 일을 계속했습니다. 출산휴가를 떠난 사람들 대신 일한 것이죠."

그해에 그는 자신을 낮추고 인내하는 법을 배웠다.

"2보 전진을 위해 1보 후퇴해야 했습니다. 역경을 극복하고, 장애물을 극복하고, 다시 일어서야 합니다. 모든 일이 다 성공하는 것은 아니며 모든 일이 다 재미있을 수는 없다는 것을 이해해야 합니다."

몇 년 후, 쿠스터만스는 2보 전진할 준비가 되었다. 그는 온라인 스포츠 도박 사이트 '미스터 북메이커Mr. Bookmaker'와 일하기 시작했고, 1년 후 훨씬 더 큰 경쟁업체인 유니베트Unibet가 이 회사를 인수했을 때 그대로 남았다. 쿠스터만스는 이번에는 인터넷 사업이 거품이 되지 않을 시기에 회사에 합류했다. 유니베트와 비윈bwin 등 경쟁업체들은 유럽에서 도박 사이트로 이름을 날리게 되었다. 유럽에서 가장 규모가 큰 스포츠 팀들의 티셔츠 제작에 자금을 제공하기 시작한 것이 이름을 알리는 데 부분적으로 기여했다. 비윈은 스페인의 레알 마드리드와 이탈리아의 AC 밀란 등과 같은 유럽의 축구 거물급 팀들의 후원사가 되었다. 특히 유니베트는 엘리트 프로 사이클 팀을 만들었다. 쿠스터만스는 고속성장을 하는 회사들의 순위 내에서도 빠르게 성장했다. 그리고 다른 업체들이 그랬던 것처럼 승승장구의 조류에 올라탔다. 1년도 안 되어 그는 런던의 사무소로 자리를 옮겼고 3년 동안 5~6번의 추가 승진도 했다.

"그 당시 저는 회사가 어떻게 폭발적으로 확장될 수 있는지 봤습니다. 우리는 매월 두 자리 수로 성장했고 수익은 6개월마다 2배로 늘었습니다. 끊임없이 새로운 직원들이 충원되었고 우리가 한 모든 일은 황금으로 바뀌었죠."

쿠스터만스는 유니베트의 경험을 바탕으로 1년 6개월 동안 인터넷 게임 개발업체인 플레이피시Playfish의 마케팅 일을 했다. 당시는 매든 NFL과 FIFA 시리즈로 유명한 EAElctronic Arts가 플레이피시를 인수해서 발전을 모색하던 참이었다. EA는 그에게 모바일 게임, 가상화폐, 페이스북 등 같은 소셜 미디어를 가르쳤다.

돌이켜보면, 그는 그 연속적인 임무를 통해 기술을 익히고 네트워크도 완성했다. 플레이피시에서 일한 지 1년 6개월 후인 2011년 쿠스터만스는 다시 한 번 벤처기업을 시작할 준비를 갖추게 되었다. 플레이피시에서 만난 직장동료인 제럴드 탄Gerald Tan, 조디 모란Jodi Moran과 함께 그는 페이스북에서 슬롯게임을 전문으로 하는 소셜 카지노 회사 플럼비Plumbee를 설립했다. 제럴드와 조디는 재정과 기술의 노하우를 가져왔고 쿠스터만스는 마케팅 지식을 제공했다. 이번에는 거의 벼락 성공이나 마찬가지였다.

기술적인 면에서 볼 때 시가네트(벤처기업), 유니베트(카지노), EA(소셜 게임)에서의 10년은 최고의 수준이었다. 팀 구성적인 면에서 볼 때 이는 어느 정도는 유니베트 창업 문화를 재연한 것이었다. 유럽 전역에서 온 수십 명의 사람들이 런던에 거주하면서 일을 했다. 이들은 '열심히 일하고 열심히 놀자'는 신조로 살았다. 돈에 관해서는 책에서나 나오는 벤처 캐피털 스토리가 만들어졌다. 쿠스터만스와 그의 팀은 씨드 라운드seed round에서 140만 달러를 모았고, 2차 라운드에서 1500만 달러를 모았으며, 나중에 이익금을 회사에 계속 투자하여 규모를 계속 유지했다.

닷컴 거품 붕괴 사태에서 쿠스터만스가 배운 것은 무엇이고, 정상을 향해 먼 길을 계속 가면서 배운 것은 무엇일까?

"성공이란 행운, 성장할 수 있는 적절한 환경의 발견, 그리고 인내의 결합입니다. 물론 열심히 일하는 것은 중요한 요소이지만, 제가 걸어온 경로와 유니베트, EA, 그리고 플럼비로 저를 인도한 길을 되돌아보면, 명백한 운이 부분적으로 작용했다는 점은 인정해야만 합니다. 더 이상도 그 이하도 아닙니다. 제가 가진 행운은 '미스터 북메이커'에서 이 일을 발견한 것이었습니다. 그리고 회사가 유니베트에 매각되었을 때 런던으로 거처를 옮긴 것이었죠. 다른 삶을 살았다면 저는 벨기에서 계속 광고를 팔아왔을지도 모르고, 그냥 열심히 일만 했을지도 모르죠."

올바른 환경에 대해서 쿠스터만스는 런던의 유니베트와 EA에서 보낸 시간과 다른 누구보다도 플럼비의 공동 창립자들을 어떻게 만났는지 언급했다.

"우선, 사람들은 영감을 주는 환경에서 일하고 싶어 할 것입니다." 적절한 사람들만 있다면 어디에서든, 어느 분야에서든 일할 수 있다는 말이다. "하지만 둘째, 지리학적 요소를 과소평가하면 안 됩니다. 뉴욕, 샌프란시스코, 베를린 또는 런던에서는 지방의 마을에서보다 적합한 사람들 만날 가능성이 더 많습니다. 따라서 저처럼 대도시에서 태어나지 않았다면 대도시로 가야 하죠."

그리고 인내와 근면에 대해서 그는 "열심히 일하지 않고 인내심도 없이 성공한 사람들은 거의 없다"고 말했다. 그는 부분적으로 희생을 감수해야 한다고 덧붙였다. "저는 가족도 없고 아이들도 없기 때문에 대부분의 사람들과 삶이 다릅니다. 후회는 없습니다만, 다른 CEO들이 자녀들과 더 많은 시간을 보냈으면 좋겠다고 하는 말을 자주 듣습니다. 하지만 활동 중에는 그런 것들이 생각나지 않죠. 지금으로선 후회가 없습니다."

| 케니–실패를 운용하라 |

고팔라크리슈난은 수십 년 동안 끈기 있게 회사를 만들어갔기 때문에 닷컴 거품 붕괴 위기 때 젠Zen을 남길 수 있었다. 쿠스터만스가 막 위기를 극복했기 때문에 신속하게 움직일 수 있었다. 케니의 경우는 그 중간쯤이었다. 그는 20년간의 전문적인 경험을 축적했으며, 스스로 보여줄 수 있는 것들도 많았지만, 이 모든 것은 디지타스 상장 후 몇 달 후 무용지물이 되었다. 주가는 상장 첫날 24달러에서 9·11 테러 이후 0.88달러로 떨어졌다. 9·11 당시 케니의 회사는 존재감을 알리기 시작했고, 그와 함께 CEO로서의 명성과 투자자로서의 가치도 알리기 시작했다.(그는 12%의 지분을 가지고 있었다)

많은 사람들에게 있어서나 케니에게 있어서 9·11은 대단히 불안한 경험이었다. 아메리칸 익스프레스와 같은 디지타스의 고객사는 트윈 타워의 사무실을 임대하고 있던 회사들 중 하나였고, 케니는 9·11 테러 공격으로 친구와 동료를 잃은 사람들을 알고 있었다.(하지만 그의 지인들 중 사망자는 없었다) 그는 이 비극적인 사건이 일어났을 때 샌프란시스코에 있었고, 항공로 폐쇄로 인해 며칠 동안 집에 갈 수가 없었다.

"저는 두려웠고, 우리 가족도 두려워했고, 회사 사람들 역시 두려워했습니다. 저는 샌프란시스코에 머물러 있어야 했지만, 회사 경영은 계속해야 했죠."

물론 그 이유는 9·11 테러 사태로 인한 재정적 여파 때문이었다.

"저는 즉시 현금을 찾으러 갔습니다. 급여 지불에 필요한 충분한 현금을 확보할 필요가 있었어요. 주가는 중요하지 않았습니다. 중요한 것은 현금이었죠."

하지만 물론 주가도 중요했다. 디지타스의 기저 재정적 수치 역시 중요했다. 그리고 그것들은 끔찍했다.

"9월 12일 증시가 재개장됐을 때 모든 사람들은 디지타스가 끝났다고 생각했습니다. 피델리티Fidelity와 뱅가드Vanguard 등을 포함한 기관 투자자들은 주식 전부 또는 대부분을 매도했습니다."

회사로서는 생존의 국면이 시작되었다. 한 달 후에 가장 어려운 순간이 찾아왔다. 마흔 번째 생일을 맞이한 날 케니는 직원들 중 1/3을 해고하고 주주들에게 (정말로 형편없는) 분기 실적을 보고해야 했다.

케니에 따르면 정신적으로 그 기간을 극복하려고 집으로 돌아가 가족과 시간을 보낼 수 있어서 행복하다고 생각했다.

"아이들과 같이 있는 것이 중요했습니다. 아이들은 너무 어려서 무슨 일이 일어나고 있는지 전혀 눈치채지 못했어요. 그것이 제게는 도움이 되었습니다. 덕분에 세상을 시각으로 바라볼 수 있었거든요."

그는 건강과 체력 덕분에 그 기간을 견뎌낼 수 있었다.

"저는 매일 체육관에 갔습니다. 그리고 매일 잘 먹고 잘 마셨죠."

케니는 이미 베인이 거의 붕괴되기 직전까지 갔던 것을 목격한 경험이 있으며 오릿 가디쉬와 미트 롬니로부터 회사의 '진북'이 무엇인지 염두에 두는 것이 중요하다는 것을 알았다.

"9·11 사태가 일어났을 때 저는 침착했습니다. 물론 실망하긴 했죠. 하지만 주식시장의 변화에 따라 자신의 가치가 결정되지 않도록 주의해야 합니다."

그래서 그는 자신이 설정한 회사의 핵심 원칙(고객과 하나 되기, 전문가를 감화시키는 전문가, 최고를 지향하는 개선 등)을 유지했다. 또한 회사의 모든 사람들을 위한 에너지를 가졌다고 느꼈다.

"제가 힘든 것은 당연했어요. 다른 사람들이 망하고 있었기 때문이었죠. 저는 올바른 방향으로 가기 위해 해야 할 일이 무엇인지에 초점을 맞추었고, 한눈을 팔 새도 없었습니다."

점차 회사가 그의 발목을 잡았다. 미국 경제 전체와 특히 기술 분야가 발목을 잡힌 것과 마찬가지였다. 그 후 케니는 5년 동안 더 회사를 이끌었고, 2006년에는 회사의 주식과 함께 디지타스를 프랑스의 광고회사인 퍼블리시스에 매각했다. 그 당시까지 회사의 평가는 12억 달러로 회복되었고, 비록 상장 직후 최고가의 50% 수준이긴 했지만 9·11 직후보다는 주가가 10배를 넘었다.

케니는 자신의 경력, 특히 닷컴 시대의 경력을 통해 지금까지 배웠던 교훈에 대해 이야기하면서 가장 중요한 학습방법은 실패를 다루는 방법이라고 말했다.

"실패하더라도 태양은 내일 또 떠오릅니다. 저는 구조조정이 일어난 GM에서 이 같은 교훈을 배웠고 베인에서도 이를 다시 보았죠."

그리고 디지타스에서 그는 자신의 실패에서 이 교훈을 적용할 수 있었다. 그 경험은 "좌절을 어떻게 처리하느냐가 무엇보다도 가장 중요하다"는 확신을 더욱 강화시켰다.

"실패를 두려워하면 안 됩니다. 정말로 두려워해야 할 일은 교훈을 얻지 못하는 것입니다. 중요한 건 그거죠."

그렇다면 그의 이야기는 어떻게 되었을까? 닷컴 시대가 끝나고 케니는 퍼블리시스에 잠시 동안 머물렀다. 하지만 프랑스인이 아닌 임원이 프랑스 회사에서 CEO가 되는 것은 불가능하다는 점을 깨달고 회사를 떠났다. 그는 인터넷의 파이프와 배관을 만드는 IT 회사인 아카미Akami의 사장 자리를 제안 받고 수락했다. 그러나 얼마 지나지 않아 그는 그것이 자신이 바라는 흥미진진한 일이 아니라는 것을 깨달았다. 그래서 2010년, 이력서를 한 번도 작성해본 적이 없이 30년의 직장 경력을 쌓은 후 평생 처음으로 무직자가 되었다.

당시까지 순자산 가치는 1억 달러가 넘었고, 가장 가혹한 환경에서 CEO로 지내던 케니는 실업 상태에 그대로 노출되었다. 그는 링크드인

LinkedIn 상에 이력을 공개했고 실업 기간을 '구직 모색 대표'라고 기재했다. 그 다음으로 그가 간 곳은 모바일 및 클라우드 기반의 날씨 데이터 플랫폼 기업인 더 웨더 컴퍼니였다. 케니의 이력서에서 호기심을 자아내는 제목들을 보면서 나는 그에게 직원을 고용할 때 이력서에서 무엇을 보는지 물었다. 그는 다음의 세 가지를 중점적으로 본다고 말했다.

- 착한 사람인가? 정직하고, 호기심이 많으며, 재미있게 시간을 보내고 있는가?
- 열정이 있는가? 자신이 하는 일에 신뢰가 있는가?
- 실패한 경험이 있는가? 그 결과로 더 강해졌는가?

"저는 유복하고 순탄한 삶을 살았던 사람들은 매우 경계합니다. 이름 있는 학교에 다녔거나, 성공만 했다거나, 성공담만 이야기하는 사람들은 충분히 위험을 감수한 적이 없었다는 것입니다. 제가 아는 CEO들 중 대부분은 강한 확신을 가지고 있으며, 그들 중 대부분은 실수를 저지른 적이 있다고 말할 수 있습니다. 그런 일을 겪기 전에는 결코 조직을 이끌 수 없는 것이죠."

케니의 말에 따른 실패의 유용성과 가치에 대해 구직자들 가운데 일부는, 회사에 입사하기 위해 대단한 실패의 경험을 가져야 하는 것은 아닌지 부담스러워 하기도 한다. 하지만 대부분의 구직자들이 비교적 순탄한 삶을 살아오며, 영화적인 스토리와 같은 극적인 실패를 경험하지 않는 것을 기업에서도 알고 있다. 하지만 누구나 살면서 크고 작은 부침을 겪고, 거기서 자기만의 삶의 교훈을 터득한다. 중요한 것은 실패 자체가 아닌,

그 후에 달라진 자신의 생각과 태도라는 것이다

　한편, 케니는 4년간 CEO를 지낸 후 2016년 1월 더 웨더 컴퍼니를 IBM
에 매각했다. 약 20억 달러의 가격이었다. 10억 달러 이상의 가치를 지닌
기술회사를 의미하는 '유니콘unicorn'을 매각한 것은 그의 경력에서 두 번
째였다. IBM은 풍성한 날씨 데이터를 수집하는 더 웨더 컴퍼니를 인수하
는 데 큰 흥미를 느꼈다. 케니에게는 더 웨더 컴퍼니의 매각이 또 다른 도
약을 의미했다. 그는 IBM의 왓슨 플랫폼 비즈니스의 팀장이 되었다.

기회를 포착한
사람들

2부에서는 역경을 극복한 이야기를 살펴보기로 한다. 이는 기회를 포착했다는 의미이다. 기업에서 최고 지위에 오르는 사람들이 기회를 잘 이용한다는 것은 분명해 보인다. 하지만 이 사람들이 얼마나 적극적으로 기회를 쫓아갔을까? 단순히 자기에게 제시된 기회를 갖는 것과는 반대로 말이다. 이는 중요한 질문이다. 기회를 만들고자 부정적인 방식으로 지나치게 들이대다가는 기회주의자로 낙인찍힐 수도 있기 때문이다. 하지만 반대로, 좋은 일을 기다리는 사람들에게는 반드시 좋은 일이 생길 것이라는 말은 정말로 믿을 수 있는 말일까? 우리는 아마도 스스로 입증하려고 하지 않아도 되는 재능을 갖춘 동료를 최소한 한 명쯤은 알고 있을 것이다.

Chapter 03

아메리칸 드림의 삶

알베르토 비탈레
(Albert Vitale)

2015년 뉴욕 자택에서의 알베르토 비탈레
출처: 라 스탐파

랜덤하우스
CEO의 이야기

출판사의 CEO가 되고 싶었던 아웃사이더

반탐북스Bantam Books의 COO(최고운영책임자Chief Operating Officer)인 이탈리아 태생의 알베르토 비탈레는 1975년 이 회사에 입사했을 때부터 뛰어난 행정가로 이름을 날렸다. 그는 회사 조직을 성공적으로 발전시켰다. 회사에 디지털 시스템을 도입하고, 부채를 정리하고, 출판사의 유럽 소유주들과 우호적인 관계를 구축했다. 하지만 그렇다고 해서 그가 편집 분야에서 신뢰를 구축한 것은 아니었다. 그는 출판사의 CEO가 되고 싶었지만, 정작 출판사에서는 아웃사이더가 되었다.

물론 이 이탈리아인 회계사가 베스트셀러 출판물 아이디어를 생각해

내지 못했다면 말이다. 과연 그럴까?

"우리도 리 아이아코카Lee Iacocca 크라이슬러 CEO에게 자서전 집필을 요청해봅시다." 1982년 비탈레는 출판사에 이렇게 제안했다. 아이아코카의 이야기는 베스트셀러가 될 모든 요소들을 갖추고 있다고 그는 생각했다. 아이아코카는 미국 자동차 기업들이 1979년 파산에 직면했을 때 미국 자동차업계의 아이콘이었던 크라이슬러의 CEO를 맡고 있었다. 그는 직접 TV 광고에 출연했다. 그리고 3년 동안 크라이슬러는 회생작전은 효과를 나타내고 있는 것으로 보였다. 아이아코카에게는 스타성이 있었고, 탁월한 경영 아이디어도 지녔으며, 절망의 시기에 희망을 대변한 인물이었다.

아이아코카 자서전을 출간하자는 요구가 옳다면 비탈레는 모든 면에서 훌륭한 경영자로서의 명성을 확고히 할 수 있을 것이었다. 그렇지 않았을 경우 그는 편집 부문에서 자신을 증명할 기회를 두 번 다시 얻지 못했을 것이며, 그의 경력은 COO 수준에서 멈출 수도 있었다. 이 두 가지 가운데 어느 쪽이 실현되었을까?

박해받던 유대인이 1등석의 주인공이 되다

비탈레는 이탈리아 북부 작은 도시 베르첼리의 한 유대인 가정에서 태어났다. 비탈레가 네 살이던 1938년 무솔리니는 '인종차별 선언'을 발표했다. 이 선언은 이탈리아 유대인들에게서 시민권을 박탈하고, 공공기관 취업을 금지하며, 은행, 보험사, 학교 등에서 일하는 것도 금지했다. 이에 대응해 베르첼리와 이탈리아의 여타 많은 곳에서 유대인들이 도망친 것은 그리 놀라운 일도 아니었다.

비탈레는 여섯 살이 될 때까지는 이탈리아에서 살았지만, 1940년에는 그의 가족은 이집트로 이주했다. 그는 이후 일생 동안 수차례 이탈리아를 드나들게 되는데, 이는 그 가운데서도 최초의 이주였다. 하지만 마지막 선택은 자신이 직접 선택한 일이 아니었다. 비탈레에 따르면 그와 그의 두 남동생, 그리고 부모가 일사불란하게 이탈리아를 떠났다. 그의 가족은 일시적으로 이주할 계획이었지만, 그럼에도 불구하고 절실한 망명이었다. 이집트에서 그들은 삼촌과 합류했다. 비탈레에게는 이집트의 활기찬 수도 카이로에서 더 나은 삶이 놓여 있었다.

"이집트는 고향 같았습니다. 저는 프랑스계 고등학교로 진학했어요. 전 세계의 아이들이 다니는 국제학교였죠. 프랑스, 그리스, 미국, 레바논에서 온 아이들이 있었습니다. 이탈리아 아이들도 약간 있었고요."

비탈레의 부친은 이집트로 이주한 후 직업적으로 성공을 거두었다. 그는 공인회계사였고, 이집트에서 아주 중요한 세금 컨설팅 경력을 쌓았다.

전쟁은 아직 끝나지 않았고, 비록 어린 아이였지만 비탈레는 어렴풋이 이 같은 사실을 알고 있었다.

"이집트에서는 이탈리아와 독일의 전투기들이 폭격을 하는 일도 있었습니다." 비탈레가 말했다. "하지만 폭격이 아주 많은 것은 아니었어요."

무솔리니와 히틀러의 주축국들은 유럽에서 전쟁에 패했다. 하지만 비탈레 가족은 이집트로 즉시 돌아가지 않았다. 그들은 수년간 이집트에 더 머물렀다. 그들이 이탈리아로 돌아간 것은 이집트에서 혁명이 일어나고 비탈레가 고등학교를 졸업한 1952년이 되어서였다. 그는 이탈리아에서 대학에 진학하기 위해 귀국했다.

"그것은 자연스러운 선택이었습니다." 비탈레는 말했다.

다른 외국인들도 이집트에서 빠져나가기 딱 좋은 시기였다. 이집트는 큰 혼란의 시기에 놓여 있었다. 이집트와 수단의 지배자인 파루크 왕조는 전복되었고 이후 권력투쟁이 벌어졌다.

비탈레가 이집트를 떠났을 때 그의 부친은 처음에는 이집트에 남았다. 그는 심지어 1954년에 나세르 대통령으로부터 훈장을 받기도 했다. 이집트에서 14년 동안 머물면서 이집트의 세제를 개혁하는 데 도움을 주었기 때문이었다. 또한 카이로에서 제조업협회 의장을 지낸 점도 인정을 받았다. 하지만 이집트에서의 상황은 점점 더 비탈레 가족들과 같은 외국인들에게 불리하게 전개되었다. 이 때문에 그 역시 이집트를 빠져나왔다. 비탈레는 토리노대로 진학해 경영학을 전공했다. 토리노대 진학은 합리적인 선택이었다. 학교의 위치가 비탈레가 태어난 이탈리아 북부와 가까웠고, 이탈리아의 자동차 제조업체인 피아트와 몇몇 이탈리아 기업들의 본고장이었기 때문이다. 이 때문에 토리노는 이탈리아의 디트로이트로 알려져 있었다. 비탈레의 가족 내력을 고려할 때 경영학을 선택한 점도 역시 합리적인 선택이었다.

대학을 마칠 무렵, 비탈레는 전공 영역을 더 넓히기로 결심했다. 그는 미국으로 가고 싶었다. 미국은 유럽에서 전세를 뒤집고 자유세계의 리더로 자리매김한 국가였다. 특히 성적이 좋은 사람들에게는 미국으로 유학을 떠나기에 완벽한 시기였다.

비탈레가 풀브라이트 장학금Fulbright Program(전 세계 학생들에게 교환학생의 기회를 부여하기 위해 만든 장학금)을 받고 와튼스쿨에 진학했을 때 그의 나이는 고작 스물세 살이었다. 대부분의 사람들은 나중에라도 살아가면서 이 같은 기회를 부여받을 꿈을 꾸지 못한다. 이 책에서 소개된 다른 몇몇 CEO들도 젊은 나이에 이와 유사한 특권을 누릴 상황을 맞았다. 이를테면 오릿 가디쉬와 데이비드 케니가 바로 그 사례이다. 이들은 풀브라이트 장학생으로 하버드대 경영대학원으로 진학했던 것이다. 우리가 나중에 만나게 될 다른 많은 CEO들도 그랬다. 그러면 바로 이러한 이유 때문에 초창기부터 이들의 경력은 우리의 경력과 비교할 수 없을 정도로 달라진 것일까?

나는 그것은 아니라고 본다. 비탈레의 경우 풀브라이트 장학금 프로그램은 막 생겨난 것이었고, 그 명성도 아직 구축되지 않았을 때였다. 비탈레가 '가족을 위해서가 아니라 자신의 재능을 살리기 위해서' 풀브라이트 장학생이 되었다는 점이 더 중요하다. 풀브라이트 장학금이나 학교의 명성에 지나치게 초점을 맞추게 되면 그들의 성공을 가능하게 만든 보다 중요한 특징들이나 성공을 성취한 독창적인 방법을 간과하게 될 것이다. 이러한 리더들은 남들이 선택하지 않은 선택을 통해서 탁월한 성공을 거둔 경우가 비일비재하다. 비탈레의 인생에서 다음 터닝포인트를 듣는 순간 나는 이러한 점을 크게 깨달았다. 그것은 그가 마지막 학기에 여행 계획을 세웠다는 것이다.

와튼스쿨에서의 학기가 끝나갈 무렵 비탈레는 시간적 여유가 생겼다.

그래서 그는 단지 학문적인 면보다는 미국과 그 기업 문화를 더 많이 경험해보고 싶었다. 그는 미국 기업들과 더 많은 시간을 보내고 싶었다.

"두 학기 중간에 20일의 시간을 얻었습니다." 비탈레가 말했다. "그래서 스무 군데의 기업들을 접촉해보기로 했어요. 기업에 대해 배우고 싶다며 하루씩 일을 해도 될지 물어보기로 한 거죠."

그가 고른 기업들 중에는 IBM, 듀폰Dupont, 파이어스톤Firestone, GM, 록히드마틴Lockheed Martin과 중소 규모의 다국적기업들이 포함되어 있었다.

당시에는 구글 검색도, 이메일도 없었다. 그래서 비탈레는 학교 도서관에 가서 이들 기업에서 개인적으로 가장 만나보고 싶었던 사람들의 이름과 주소를 찾아보았다. 주로 CFO(최고재무책임자)들이었다.

"그들의 이름과 주소를 찾는 일이 쉽지는 않았습니다."

비탈레는 (와튼스쿨에 다니는 이탈리아 유학생이라며) 자신을 소개하고, (재무 담당자와 하루 일해보고 싶다며) 자신의 관심사를 알리고, (많지는 않겠지만 최소한 업무에 대한 새로운 관점과 유럽에 관한 정보를 제공하는 등) 자신이 할 수 있는 일이 무엇인지 편지에 적었다.

놀랍게도 스무 군데의 회사에서 답장이 왔다. 모두 긍정적인 답변이었다.

"도무지 믿기지 않더라고요!" 그가 말했다. "유럽에서는 한군데라도 건졌다면 다행이었을 겁니다!"

비탈레는 다음 몇 주 동안 고속버스를 타고 미국 전역을 돌아다녔다. 그는 록히드마틴의 최신형 전투기인 F104 스타파이터(이 전투기는 약 40년간 록히드의 대표 생산기종이 되었다) 조립공장을 방문했다. 그는 GM에서는 극진한 대우를 받았으며, 아메리칸 풀리 컴퍼니American Pulley Company에서는 도르래의 제작 과정을 보았다. 많은 기업들은 심지어 비탈레에게 회계 장부를 공개하고 사업 내용을 보여주기도 했다. 젊은 이탈리아 청년에게 는 눈이 번쩍 떠지는 경험이었다.

"놀라운 경험이었지요. 어떻게 해야 마음을 열고 자유로워지며 미국의 기업과 사회의 미래가 전개될 것인지 깨달았습니다. 미국의 기업들을 방문 한 후 미국 기업들이 얼마나 멀리 미래를 내다보는지 더 잘 알게 되었죠."

6개월 후 비탈레는 모험을 끝내고 다시 이탈리아로 돌아갔다. 그는 이 탈리아의 대표적인 타자기 제조업체인 올리베티Olivetti에서 일하기 시작 했다. 그는 이탈리아에 머물며 경력을 쌓기 시작했다. 하지만 일이 언제 나 계획대로 된 것은 아니었다. 올리베티의 CFO가 비탈레의 미국 경험 을 들은 후 자신을 위해 비슷한 산업시찰 출장여행을 짜고 자신의 수행 비서가 되어 달라고 요청했다. 비탈레는 당연히 이 출장에 동행하게 되었 다. 그가 나름 미국 전문가였기 때문이다. 그리하여 몇 개월 후 비탈레는 다시 한 번 미국으로 향했다. 이번에는 보다 더 근사한 출장이었다.

그가 학생 신분으로 처음 미국을 방문할 때는 배를 타고 갔으며 대서양 을 건너는 데 약 1주일이 걸렸다. 그것도 배 가장 밑바닥에 있는 5인실에 서 말이다.

"우리는 태풍을 경험했고, 그건 별로 흥미로운 일이 아니었죠."

당시는 상업 항공 여행이 막 시작된 시기였고, 비탈레와 그의 직장상 사들은 보잉의 상징인 747기 1등급 좌석의 여객들이었다.

"미국에 다시 갔을 때는 상황이 완전히 달라져 있었죠." 그가 말했다.

비탈레의 대서양 횡단 모험은 이 여행으로 끝이 아니었다. 그것은 시작에 불과했다. 이 여행 후 6개월이 지나서 올리베티는 유명한 미국의 대표적인 경쟁사 언더우드Underwood를 인수하기로 결정했다. 하지만 이 회사가 단순한 대중문화의 상징만은 아니었다. (헤밍웨이의 작품들, '앵무새 죽이기'의 책과 시나리오, '셜록 홈스: 그림자 게임'의 시나리오 등이 모두 이 회사의 타자기로 집필되었다) 언더우드는 업계에서 진정한 영향력을 지닌 기업이 었다. 전성기 때 언더우드가 생산한 타자기의 양은 미국의 나머지 모든 타자기 회사들이 생산한 타자기의 양을 합친 것과 맞먹었다. 올리베티 는 1959년 언더우드를 지배할 수 있는 지분을 매입했다. 4년 후인 1963 년에는 합병을 끝냈다. 이렇게 해서 새로 생긴 회사가 바로 올리베티-언더우드이다. 본부는 뉴욕 시에 있었다. 올리베티는 이와 함께 사내에 서 미국 경험이 있는 이탈리아인들을 물색하고 있었다. 놀랄 것도 없이 비탈레가 이번에도 이탈리아와 미국 회사 사이의 연락 담당자로 선택 되었다.

"저는 올리베티에서 유일한 미국 '전문가'였죠." 비탈레가 말했다. "저 는 1개월간 인수 마무리를 위해 미국으로 파견된 후 12년간 머물렀습 니다."

이 시점에서 여러분은 알베르토 비탈레가 실제 인물이 아니라 만화 속 주인공인 '땡땡Tintin'이나 영화 '캐치 미 이프 유 캔'에서 묘사된 실존 인 물 프랭크 애버그네일Frank Abagnale의 이탈리아판 가공인물로 생각할 수 도 있을 것이다. 이런 생각을 여러분 혼자만 하는 것이 아니다. 만화가 조 르주 레미Georges Remi가 창조한 만화책에서 땡땡은 미국으로 간다. 보잉 707기를 타고 가서 타자기 수집가로 모습을 드러낸다. 프랭크 애버그네

일의 경우는 수표를 위조하는 데 언더우드 타자기를 사용하고, 가짜 팬암 항공 파일럿으로 위장해 뉴욕으로 간다. 그리고 뉴욕 북부의 이탈리아 가정 출신으로 묘사된다.

하지만 비탈레의 이야기는 사실이다. 그리고 이 이야기의 교훈도 비록 50년도 넘은 것이기는 하지만 활용이 되풀이될 수 있다.

비록 창고 정리를 하게 될지라도

비탈레는 스물네 살의 나이에 올리베티의 미국 자회사인 언더우드와의 이탈리아 측 연락 담당자가 되었다. 당시 올리베티는 이 제조업체의 거인을 인수한 후 후반 작업을 마무리하는 중이었다. 비탈레가 맡은 역할은 결코 과소평가될 수 없었다.

"올리베티-언더우드는 글로벌 기업이었어요. 전 세계에서 수많은 직원들을 거느리고 있었지요." 비탈레가 말했다.

그는 자신이 연락 담당자 일을 맡게 된 이유를 이렇게 설명했다.

"제가 미국 경험이 있는 유일한 사람이었기 때문이죠. 영어가 가능했던 몇 안 되는 사람이기도 했고, 미국 기업들이 어떤 식으로 움직이는지에 대한 아이디어도 있었죠. 뭐 그저 아이디어 차원이었고 그 이상은 아니었어요. 하지만 그래도 대부분의 사람들보다는 많은 지식을 가지고 있었습니다."

2년 동안 새로운 올리베티가 이끄는 업무 방식으로 미국의 경영진들을 지원한 후 비탈레는 승진했고 올리베티의 최연소 임원이 되었다.

"운도 좋았지만 제가 열심히 일한 덕분이었습니다. 인생에서 절반은 자기 노력이고 나머지 절반은 운이죠. 때때로 저는 자정이 다 되어서야 퇴근을 했습니다. 하지만 가장 중요한 것은 업무의 질이었어요. 저에게는 그것이 언더우드의 통합이었습니다. 제가 모든 것을 세세한 부분까지 챙겨야 했다는 의미죠. 저의 직속상관은 언더우드의 CEO였습니다. 저는 몇 가지 임무를 맡고 있었습니다. 컨설턴트가 아니라 실무자로서요. 저에게는 특수 임무가 주어졌어요. 바로 '고충처리'였습니다."

이 특별 임무로 그는 가장 큰 명성을 얻었다. 또한 그가 얻은 행운은 부품 창고를 물리적으로나 자료 관리적 차원에서 재편하게 된 일이었다.

"끔찍해보였습니다. 창고는 다 쓰러져가는 공장의 지하에 있었어요."

비탈레에 따르면 창고는 완전히 엉망진창이었다. 다른 누군가가 창고나 정리하도록 지하로 보내졌다면 비전 없는 부서로 좌천된 것으로 여겼을 것이다. 비탈레는 그렇게 생각하지 않았다. 오히려 빛을 발할 기회로 여겼다. 그는 완전히 새로운 창고 건물을 만들기로 결정했다. 원래의 창고는 하트포드 본사에 있었지만, 이 신축 창고는 시골 지역에 있었다.

"상관이 이를 지켜보았고 제가 일을 잘했다고 생각했죠. 이는 제가 승진한 한 가지 중요한 이유가 되었습니다."

그보다 더 일반적인 이유는 비탈레가 자신이 미국의 직장 문화에 정말로 잘 맞는다고 생각했다는 점이다.

"미국 직장은 선형적 문화입니다. 성장하지 않으면 나가는 것이죠. 실적을 낸 사람들에게는 아주 좋은 문화예요. 실적만이 중요한 것이죠."

올리베티-언더우드 시절, '성장하든가, 나가든가'의 주기를 경험한 것이 비탈레 혼자만은 아니었다. 타자기업계 전체가 같은 주기를 겪고 있었다. 올리베티의 언더우드 인수는 언더우드가 거의 파산했기 때문이었다. 아울러 IBM 같은 경쟁업체들이 부상하고 있었다. 이에 올리베티는 다음 수십 년간 체질을 바꾸었어야 했을 것이다. 올리베티는 부침을 겪었다. 하지만 결국 올리베티는 IBM이나 GE 등 거대 기업들과의 기술 경쟁에서 밀려 사세가 위축되었으며, 2000년에는 이탈리아의 국영 통신기업인 텔레콤 이탈리아Telecom Itaia에 매각되고 말았다. 올리베티는 이제 더 이상 독립 기업으로는 존재하지 않는다.

그래도 1960년대에는 올리베티는 여전이 이탈리아 산업계에서 왕관의 진주 같은 존재였다. 1964년 올리베티가 증자를 실행했을 때 다른 이탈리아 재벌 기업들이 기꺼이 자금을 제공한 것도 바로 이 같은 이유에서였다. 야심찬 언더우드 인수에 뒤이은 필요한 자본 주입이었다. 이탈리아 1위의 자동차업체이며 이탈리아에서 가장 유명하고 부유한 아그넬리 가문Agnellis이 소유하고 있는 피아트Fiat가 새로운 주주가 되었다. 아그넬리 가문의 참여는 비탈레 자신의 발전에도 중요한 일이었다. 비탈레가 미국 올리베티에서 일한지 12년 후인 1971년 아그넬리 가문은 비타레와 그의 직속상관인 기안루이기 가베티Gianluigi Gabetti를 스카우트했다. 그것은 환상적인 이직이었으며, 전적으로 가베티 덕분이었다. 그가 수년간 아그넬리 가문의 수장인 기아니 아그넬리Gianni Agnelli를 알고 지냈기 때문이다.

"이탈리아에서는 한 다리만 건너면 모든 사람이 서로 다 압니다." 비탈레는 나중에 나에게 이렇게 말했다.

다시 이탈리아

비탈레가 미국 생활과 미국 기업 문화를 더 선호했음에도 1971년 이탈리아로 돌아간 이유를 이해하려면 그가 누구를 위해 그런 것인지 알아볼 필요가 있다. 바로 아그넬리가이다. 조금도 과장하지 않고 아그넬리가는 포드가, 부시가, 워런 버핏을 합친 것과 같은 이탈리아의 가문이었다. 미국의 포드 가문처럼 아그넬리가는 이탈리아에서 최대 규모의 자동차회사인 피아트를 설립했다. 1070년 피아트는 이탈리아에서 약 100만 대를 생산했으며, 10만 명을 직원을 거느리고 있었다. 부시 가문이 미국에서 세인트루이스 카디널스를 소유한 것처럼 아그넬리가는 이탈리아에서 가장 상징적인 스포츠 팀인 투린의 F.C. 유벤투스를 소유하고 있다. 이 팀은 이탈리아 내에서 32번의 리그 우승 기록을 가지고 있다. 최다 기록이다.

마침내 워런 버핏이 버크셔 해서웨이를 통해 그랬던 것처럼 아그넬리가는 엑소르 홀딩스를 통해 전 세계에서 가장 큰 기업들의 지분을 사들였다. 이는 아그넬리가를 획기적으로 이탈리아에서 가장 부유한 가문으로 만들었다. 2016년 현재 아그넬리가가 지분을 보유 중인 기업으로는 크라이슬러Chrysler, 페라리Ferrari, 케이스 뉴 홀랜드Case New Holland, 이코노미스트The Economist 등이 있으며, 지분 규모는 20% 이상이다. 1971년 엑소르Exor는 가베티에게 CEO가 되어달라고 요청했다. 비탈레에게는 '지분 감독자Direttore delle Partecipazione'가 되어 가베티의 오른팔로 활동해달라고 요청했다. 이는 비탈레가 일약 서른일곱 살의 나이에 이탈리아 내외에서 많은 기업들에 대한 중대한 책임을 가졌다는 의미였다. 비탈레는 피아트를 제외한 아그넬리가의 모든 지분을 관리하는 소장이었다. 또한 모든 투자와 책임자들을 감독했다. 그는 회사들이 바른 방향으로 나아가고 있다고 확신했다. 손익 결산 결과도 좋았고, IT도 제대로 갖추고 있었다. 회사들은 재정이 건전하고 생산성도 양호했다.

"제 경력은 정말로 꽃이 피기 시작했습니다." 이 역할에 대해 비탈레는 말했다.

비탈레가 자신이 잘할 수 있는 일을 하고 있기는 했다. 회사가 제대로 발전하고 있는 것인지를 확인하는 것이 그의 주 업무였던 것이다. 하지만 이탈리아로 돌아가는 것은 그에게 여전히 큰 문화적 충격이었다.

"제가 완전히 새로운 업무 방식을 익혀야 한다는 점이 힘들었습니다. 문화적 관습이 달랐기 때문이었죠."

비탈레가 가장 힘들었던 것은 장점에 대한 다른 접근 방식이었다. 미국에서는 장점이 사람이나 벤처기업을 판단하는 유일한 기준이었다. 비탈레는 이러한 일에 익숙했다. 그와 인터뷰를 하면서 나는 서른일곱 살이면 소장이 되기에는 어린 나이라고 언급했다가 많은 잔소리를 들었다.

"사람을 나이로 판단해서는 안 됩니다. 그건 잘못된 생각이에요! 기술, 기능, 적시성에 기초해서 판단해야 합니다. 장점은 가장 중요한 것입니다. 나머지는 모두 헛소리에요!"

하지만 이탈리아에서의 분위기는 달랐다.

"이탈리아에서는 일한 연차가 곧 경력이었습니다." 비탈레가 말했다.

아그넬리가에서는 이런 문화가 그에게 그렇게 큰 영향을 준 것은 아니었다. 비탈레에 따르면 이는 "예외"였다. 하지만 그는 그것이 아그넬리가의 주도적인 기업 문화였음을 알게 되었고, 그것은 마음에 들지 않았다.

그는 오래 기다리지 않고 또 다른 기회를 얻어 미국으로 돌아갔다. 이는 그의 경력에서는 흔한 일이었다. 이번에는 영원히 이탈리아로 돌아가지 않았다. 1975년 아그넬리가는 미국의 논픽션 전문 출판사인 반탐북스의 지배 주주가 되었다. 비탈레는 총책임자로 뉴욕으로 건너가서 반탐북스의 오스카 다이스텔Oscar Dystel CEO를 만났다. 수주 후 그는 다이스텔 CEO의 제안을 받아들였다. 그는 그의 오른팔 격인 반탐북스의 COO가 되기로 했다.

비탈레는 마흔한 살의 나이에 새롭고 매우 창조적인 산업인 출판계에서 자신을 재창조할 준비가 되었다. 다양한 산업 기업의 운영, 통제, 재정 부문에서 약 20년의 경력을 쌓은 후였다. 자동차나 타자기 등을 만드는 제조업 분야에서의 성공 여부는 만드는 제품이 결정한다. 하지만 비탈레의 설명과도 같이 출판에서는 대체로 성공 여부가 편집자와 발행인에게 달려 있다.

"좋은 책을 만들 권리를 사면 회사는 잘 될 것입니다. 그렇지 못하면 성공은 어림도 없죠."

비탈레는 출판에서는 비교적 매력이 떨어지는 분야로의 진출을 모색했다. 바로 경영이었다.

"경영은 비용, 행정, 인사, 마케팅 등을 통제하는 것입니다. 제가 가진 기술은 경영 쪽이었죠. 편집 쪽은 아니었습니다."

자신의 취약점을 잘 알았던 비탈레는 반탐에서의 처음 수년 간은 경영 쪽 업무에 집중했다. 그가 꼽은 최고의 성과는 출판사의 운영을 디지털 방식으로 바꾼 것이었다.

"제가 처음 반탐에 왔을 때 회사에는 컴퓨터가 없었습니다." 비탈레가 설명했다. "회사에서는 경쟁사들로부터의 데이터 센터를 사용하고 있었죠. 그래서 저는 우리 회사의 독자적인 데이터 센터를 확보하기로 결정했습니다. 다른 누군가에게 의존한다는 것은 아주 위험한 일이었으니까요."

디지털화 작업을 기회로 바꾸기 위해 비탈레는 DECDigital Equipment Corporation와 연락을 취했다. DEC는 컴퓨터 분야에서 전도가 유망한 업체였다. 1978년 DEC는 미니 컴퓨터 시스템인 VAX를 막 출시한 터였다. 그리고 첫 번째 고객을 필사적으로 찾고 있었다.

"저는 귀사와 기꺼이 위험을 감수하려고 합니다." 비탈레는 DEC의 CEO에게 말했다. "하지만 만약 일이 잘못되면 저를 구제해주신다고 약속해주셔야겠습니다."

DEC는 기꺼이 수락했다. 반탐은 인지도가 높은 회사였다. 회사가 확보한 베스트셀러 작가들 중에는 루이스 라무르Louis L'Amour도 있었다. DEC로서도 반탐과의 계약은 브랜드 인지도를 높일 기회였다.

처음에는 문제가 있었지만, DEC는 약속을 지켰다. 그들은 반탐이 성공작을 만들도록 지원했다. 이를 계기로 DEC는 반탐을 대중시장을 겨냥한 광고의 중심지로 삼기로 결정했다. 이어서 수개월 동안 〈타임〉, 〈포춘〉, 〈뉴스위크〉 등 미국 유수의 잡지들에는 DEC와 반탐의 공동 프로모션을 알리는 양면 광고가 게재되었다. 광고 속의 반탐 측 인물은 비탈레였다. 모두 무료로 진행되었으며 그 자신에게나 직원들에게 있어서 훌륭한 광고였다.

베스트셀러 기획자가 된 행정가

비탈레는 경영 측면에서의 성공을 바탕으로 조용히 편집 쪽의 개선을 추진했다. 그를 고용한 CEO 다이스텔은 그런 견지에선 궁극적인 멘토로 입증된 셈이다.

"그는 출판에 관한 모든 것을 제게 성심껏 가르쳐 주었습니다." 비탈레가 말했다.

〈뉴욕타임스〉가 비탈레를 소개한 글에 따르면 그는 1980년 다이스텔의 자택 부근에 집을 마련했다. 그는 '우리는 종종 같은 차를 타고 출근했습니다. 출판업계에 관한 모든 것은 바로 그때 배웠죠'라고 말했다. 경영과 금융 분야에서의 이 같은 성공과 출판업계에서의 편집 측면의 지식을 넓힌 배경 하에서 비탈레는 아이아코카의 자서전을 출간하자는 아이디어를 냈다.

"그는 환상적인 경영자였습니다. 그는 크라이슬러를 파산에서 구했고, 직접 TV 광고에 출연하기도 했죠."

그는 옳았다. 1984년 이 책이 출간되었을 때 선주문만 해도 50만 부였다. 결국 이 책은 양장본 300만 부, 페이퍼백 100만 부가 팔렸다. 그리고 전 세계에서는 모든 형태로 2000만 부가 팔렸다.

"그 책은 최초로 대량생산된 양장본 베스트셀러였습니다." 비탈레가 자랑스럽게 말했다. "그 누구도 그처럼 많이 팔린 책을 만든 적이 없었죠."

이 책은 캐나다, 영국, 남미에서도 팔렸다. 비탈레는 심지어 이 책이 중국에서도 해적판이 나왔다는 말을 들었다. 중국의 반탐 발행인은 이것이 "자랑스러워할 만한" 일인 것은 분명하다고 그에게 말했다. 이는 비탈레의 승리였다. 그가 행정가일 뿐만 아니라 편집적 판단력도 뛰어난 인물이라는 점을 입증한 것이었다. 나중에 그의 편집자들은 존 그리샴John Grisham과 대니얼 스틸Daniel Steel같은 베스트셀러 작가들과도 계약을 맺게 된다. 1993년 비탈레는 다시 한 번 베스트셀러 책을 기획했다. 그는 당시 미국 합동참모본부 의장이던 콜린 파월Colin Powell 장군에게 선인세로 600만 달러를 주고 자서전《나의 미국여행My American Journey》을 집필하게 했다. 이 도박은 성공을 거뒀다. 서점에 깔리기도 전에 125만 부가 팔려나간 것이었다.

하지만 1985년 반탐에서 CEO 자리가 공석이 되자 비탈레는 이 자리에 오를 적임자가 되었다. 그때까지 그는 최고 지위에 오르는 데 필요한 신임을 확보했다. 1978년 비탈레가 몸담았던 이탈리아의 투자사인 I.F.I가 반탐을 인수한 지 3년 만에 반탐은 지분의 대부분을 독일계 거대 미디어 기업인 베텔스만Bertelsmann에 매각했다. 새로운 사주들과 함께 비탈레는 경영적으로는 조직을 개편하고 편집적으로는 아이아코카의 경영학 도서들이 베스트셀러가 될 것이라는 예측을 적중시켜 신뢰를 구축했다.

그는 1982년 미국 시민권자가 되었다. 미국과 유럽 모두에서 유력한 인물이 된 것이다. 1985년 그는 루이스 울프Louis Wolfe 전 회장과 함께 공동 CEO에 임명되었다. 1년 후에는 단독으로 CEO가 되었다. 이후 10년 동안 비탈레는 출판업계에서 더욱 승승장구했다. 회사를 성장시키고 인수합병에서 실력을 발휘한 것이다. 첫 번째는 반탐이 아이아코카의 책과 같은 베스트셀러를 냈기 때문이었으며, 두 번째는 더블데이Doubleday 같은 경쟁업체들을 인수했기 때문이었다. 1989년에는 궁극적인 대관식이 치러졌다. 뉴하우스 미디어Newhouse media 제국의 대표인 S.I. 뉴하우스S. I. Newhouse가 반탐에서 비탈레를 스카우트해 미국 최대 출판사인 랜덤하우스Random House의 CEO에 임명한 것이다. 그는 랜덤하우스에서 10년간 군림하게 된다.

40년의 경력 속에서 비탈레는 전후 이탈리아의 대학 벤치에서 랜덤하우스 뉴욕 맨해튼 본부의 집행부로 자리를 옮겼다. 이 과정에서 비탈레는 다 축적하지도 못할 정도로 많은 교훈을 얻었다. 하지만 그의 이야기를 다 듣고 나면 세 가지의 교훈이 가장 두드러진다. 다음은 비탈레 자신의 말과 그를 관찰한 사람들의 말이다.

| 마음이 가는 대로 움직여라 |

〈뉴욕타임스〉는 1986년에 '비탈레의 배경은 그가 펴낸 책들만큼이나 다채롭다'라고 썼다. 3년 후 〈뉴욕타임스〉는 '비탈레가 출판계에 입성한 것은 거의 우연이었다'고 적었다. 비탈레는 스스로 다음과 같이 요약했다.

"끼를 따라가야 합니다. 인생을 마음이 가는 대로 맡기고 그 과정에서 기회들을 활용해야 합니다. 상황에 적응하고 또 최선을 다해야 합니다. 모든 것을 계획하려고 하거나 모든 것을 미리 시도하지 마십시오. 그냥 열심히 일하고, 똑똑하게 굴고, 들으십시오. 그러면 나머지는 자연스럽게 따라올 것입니다."

"저는 '기다리는 사람에게는 좋은 일이 생길 것이다'는 말을 믿지 않습니다. 그 반대로 사람은 적극적이어야 한다고 생각합니다. 움직여야 합니다. 멀리 내다봐야 합니다. 주변을 살펴봐야 합니다. 앉아서 기다리면 안됩니다. 일을 할 때는, 어떤 방법을 개발할 때는, 당신이 처한 상황을 활용하십시오. 그리고 그 상황이 전개되는 가운데 당신이 중요해질 수 있다는 점을 기억하십시오."

| 열심히 또 열심히! |

〈뉴욕타임스〉는 "비탈레는 대부분의 근무일에는 아침 8시에 사무실에 도착해 저녁 7시가 되어서야 퇴근한다"고 썼다.

반탐과 계약한 작가인 앨빈 토플러Alvin Toffler는 "비탈레는 아주 폭넓은 사람이며, 조직과 컴퓨터와 사회적 이슈들을 이야기합니다."라고 말했다.

다이스텔 전 CEO는 "그는 극도로 부지런하고, 근면하며 지성적입니다. 우리 회사와 직원과 경영에 대해 가장 정곡을 찌르는 질문을 던지죠."라고 말했다.

비탈레는 여기에 더해 "저는 열심히 일했습니다. 자정에 사무실에서 나간 적도 있죠. 하지만 중요한 것은 업무 양이 아니라 질입니다. 비전도 세워야 합니다. 거기에서 지식도, 배경도, 호기심도 나오거든요. 저는 일을 하며 모든 교육을 받았고, 경력 속에서 많은 일들을 했습니다."

| CEO는 지휘자와 같다 |

"회사 전체의 성공은 개별 직원들의 성공의 총합입니다." 비탈레가 나에게 말했다. "CEO는 오케스트라 지휘자와 같습니다. 지휘자는 훌륭한데 연주자가 형편없다면 연주가 잘되지 않습니다. 하지만 위대한 지휘자라면 형편없는 연주자들을 데리고 있지 않겠죠. 그가 훌륭한 연주자들을 데려올 테니까요. 같은 일이 회사에서도 일어납니다. 제가 성공한 이유는 좋은 인재들을 채용했기 때문입니다. 제 성공의 약 80%는 아마도 이 때문일 것입니다. 인재를 선발할 때는 철저하게 '사실fact'에 기초한 육감과 사람들에 대한 지식이 필요합니다."

〈뉴욕타임스〉는 비탈레의 프로필에서 그의 이미지를 연출 감독자라고 확인하며 '편집자들은 그가 회사의 다양한 요소를 종합하는 데 집중하면서 동시에 도서 구입 결정이나 책값 지불 방법을 편집자들에게 일임하는 점을 칭찬한다'고 적었다.

이 세 번째 교훈은 특히 비탈레가 문학적 소양이 부족함에도 왜 훌륭한 발행인일 수밖에 없는지를 잘 설명해준다. 그가 자인했듯이 아이아코카의 책은 이미 시중에 많이 나와 있었고, 그의 출간 아이디어도 거기서 나온 것이었다. 하지만 그는 이를 문제로 여기지 않았다.

그의 옛 동료 중 한 명인 스튜어트 애플바움Stuart Appelbaum 반탐 선임부사장은 "비탈레는 자신이 문인이라고 주장한 적은 한 번도 없다"며 "그의 일은 책을 고를 사람들을 뽑는 것이지 문학가가 되는 것이 아니었다"고 말했다.

비탈레가 성공의 비결로 꼽은 세 가지 교훈 외에도 한 가지 교훈이 더 있다.

| 사람들과 좋은 관계를 유지하다 |

비탈레의 경력에서 이직의 일부는 앞선 세 가지 교훈만으로는 설명하기 어렵다. 가령, 비탈레는 어떻게 반탐북스의 COO가 되었을까? 그는 어떻게 아그넬리가의 감독관이 되었을까? 또한 올리베티-언더우드에서 스물여섯 살의 나이로 임원이 된 비결은 무엇일까?

근면, 팀워크, "재능을 따라가는 것"은 많은 것들을 설명할 수 있지만, 인간관계가 좋지 않으면 그러한 특별한 성과는 불가능하다. 그는 실제로 사회에서 만난 인연을 매우 중시했다. 성공의 수단으로 인간관계를 이용한 것은 아니지만, 실제로 그의 성공에 많은 도움이 되기는 했다.

〈뉴욕타임스〉가 지난 1986년 논평한 바와 같이 좋은 인간관계는 비탈레와 함께 일한 사람들이 배운 교훈이다.

비탈레의 비서로 일했던 다나 란트Dana Randt는 "그가 아주 정치적인 사람이며 중요한 사람들에게 많은 정성을 쏟았습니다. 독일에 있던 회사 소유주들에게요."라고 말했다.

비탈레의 팬이나 그에게 의구심을 지닌 사람들도 모두 그가 베텔스만의 경영진과는 잘 지냈다는 점을 동의한다. 그들은 비탈레가 유럽 특유의 품위를 지니고 있다는 점과 베텔스만 경영진의 금융적 목표를 잘 이해한 덕분이라고 설명했다.

Chapter 04

뜻밖의 행운

제프리 개럿
(Geoffrey Garrett)

피터 헨리
(Peter Henry)

와튼스쿨, 스턴스쿨 학장의 이야기

우연과 지혜로 찾은, 뜻밖의 행운

세계에서 가장 역사가 깊고, 가장 권위 있는 경영대학원MBA들 중 한 곳의 학장 자리가 공석이 되었다. 과연 어떤 사람이 임명될까? 현재의 부학장일까? 아니면 내부의 명망 높은 후보들 중 한 명이 되어야 할까? 그것도 아니면 경쟁 대학원인 하버드나 스탠퍼드에서 학자를 모셔와야 할까?

모두 합리적인 선택이 되겠지만, 2014년 펜실베이니아대 경영대학원인 와튼스쿨에서는 이 가운데 어떤 선택도 실현되지 않았다. 당시 호주경영대학원의 학장이었던 제프리 개럿Geoffrey Garrett이 다른 모든 후보들을 제치고 발탁되었던 것이다.

사람들은 충격을 받았다. 유명한 MBA 뉴스 사이트인 '포에츠앤퀀츠 Poets & Quants'는 그를 "와튼의 새로운 직업, 사냥꾼 학장"이라고 불렀다. 개럿이 그전 10년 동안 강의와 행정 분야에서 다양한 일을 해왔기 때문이었다. 하지만 개럿 본인도 자신이 임명되리라고는 예상하지 못했다.

마흔 살의 나이에 뉴욕대 경영대학원인 스턴스쿨의 역대 최연소 학장이 된 피터 헨리Peter Henry의 경우는 학장이 된 과정이 훨씬 더 명확하다. 마치 대통령 포고령이 내려진 것과 거의 비슷하다. 2년 전 자메이카에서 태어난 헨리는 당시 대통령 당선인이었던 버락 오바마Barack Obama에게 선택을 받아 정권인수위원회에서 국제통화기금IMF과 세계은행WB 같은 기구들에 대한 연구조사를 이끌었다. 전혀 의도하지 않은 것은 아니었지만, 오바마의 선택은 학계에 헨리가 주목해야 할 인물이라는 강한 신호를 던지는 일이었다. 하지만 헨리가 어떻게 정권인수위원회 위원으로 임명되었는지는 아직도 의문이다. 헨리가 나중에 내게 말하기로는, 그는 그전에 단 한 번도 오바마를 만난 적이 없었다.

3장에서 우리는 알베르토 비탈레가 일을 하면서 기회들을 어떻게 활용했는지 살펴보았다. 그는 "사전대책을 강구해야 하고", "계속해서 움직여야 하고", "현실과 상황의 너머를 내다보아야 하고", "옆길을 보아야" 하며 "가만히 앉아 기다려서는 안 된다"는 원칙을 따랐다. 이번 장에서는 예상치 못한 곳에서, 예상치 못한 순간에 오는 성공을 살펴볼 예정이다. 그러기 위해 우리는 현재 가장 유명한 경영대학원 두 곳의 학장들의 이야기, 그들의 성공담을 묶어줄 뜻밖의 행운에 대해 파고들 예정이다.

'뜻밖의 행운Serendipity'이라는 말은 매우 오래된 단어이다. 중세 페르시아의 이야기인 '세렌딥의 세 왕자'에서 비롯되었다. 그 의미는 '우연과 지혜로, 찾고 있던 것이 아닌 것의 발견'이다. 단어의 어원에 대해 더 많은 이야기를 들을수록 더 매력적인 말로 들릴 것이다. 나중에 또 보게 되겠지만, 리더의 자리에 임명되는 것은 뜻밖의 행운을 통해 이뤄지는 경우가 매우 많다. 순수한 우연 또는 지혜나 능력만으로 이뤄지는 것이 아니며 보통 이 요소들의 조합으로 이루어지게 마련이다. 개럿과 헨리의 이야기로 조금 더 들어가 보면 뜻밖의 행운이 어떻게 그들의 삶을 설명하는 진정한 요소가 되는지 이해할 수 있다. 또 우리가 스스로 배울 것을 찾아낼 수도 있다.

| 세렌딥의 이야기 |

'세렌딥의 세 왕자'에서 왕자들은 아버지인 기아퍼왕의 명을 받아 세렌디포Serendippo(스리랑카라고 믿는 사람들도 있다)라는 남南아시아의 땅으로 가게 된다. 왕은 왕자들이 이 여행을 하면서 나중에 왕위를 물려받았을 때 필요하게 될 진정한 삶을 경험하길 원했던 것이다. 하지만 여행은 계획대로 진행되지 않았다. 왕자들은 낙타를 훔쳤다는 누명을 쓰고 낙타 주인에게 끌려가 그 나라의 왕 앞에 서게 되는 지경에 이르렀다. 잘못하면 오랫동안 옥에 갇혀 있어야 할 판이었다. 왕자들이 의심을 받았던 이유는 그들이 낙타 주인을 만났을 때 낙타에 대해 엄청나게 많은 것을 알고 있었다는 점 때문이었다. 낙타를 훔치지 않고서야 어떻게 그렇게 낙타에 대해 많은 것을 알 수 있냐는 말이었다.

하지만 그들의 이야기를 다시 잘 되짚어보면 진실이 모습을 드러낸다. 왕자들은 낙타를 본 적도, 훔친 적도 없다. 오히려 여행 중에 그들은 도둑맞은 낙타의 흔적 몇 개를 발견하게 된다. 그들은 지혜를 모아 그 흔적들을 조합해서 낙타 주인에게 무슨 일이 일어났는지 알게 된다. 진실이 밝혀졌을 때, 왕자들은 옥에 갇히지 않고 풀려나 이 나라 왕의 자문역이 된다. 한 나라의 왕자들이 감옥행 일보직전에 다른 나라 왕궁의 구성원이 되다니 이 얼마나 뜻밖의 행운인가?

* * *

뜻밖의 행운 자체에 대한 이야기는 역설적이게도 '뜻밖의 행운'이라는 의미로 영어라는 언어의 일부가 되었다. 원래 이 이야기는 1302년 페르시아에서 만들어졌으며 상인들을 통해 베네치아에 전해졌다. 그러다 결국 1754년 호러스 월폴Horace Walpole이 호러스 맨Horace Mann에게 쓴 편지를 통해 영어 문학권에 편입됐다. 그 후로 '뜻밖의 행운'이라는 말은 매력적인 개념으로 계속 남아 있다.

—

안락한 생활을 포기하다

제프리 개럿은 호주 캔버라의 평안한 중산층 환경에서 태어나 좋은 교육을 받고 자랐다. 어머니는 전업주부였고, 아버지는 공무원으로 근무하다 은퇴했다.

스포츠를 즐기고 친구들과 맥주를 마시고 그 지역에서 안정적인 직업을 가진 개럿 아버지의 라이프스타일은 미래의 개럿에게도 그대로 적용될 수 있는 것이었다.

"저는 캔버라에 있는 대학으로 진학했습니다. 제 인생에서 변화란 건 없을 것 같았지요."

그는 부친과 같은 스포츠를 즐기고 같은 친구들을 만나고 같은 일을 할 수도 있었다. 게다가 대학에서도 공부로 1등을 하는 데는 별로 관심이 없었다. 그의 관심은 스포츠였기 때문이다. 정치학을 공부했지만 그의 진짜 열정의 대상은 스포츠였다.

"참 많은 운동을 했죠." 그는 말했다. "공과 스틱으로 하는 건 무엇이든요. 크리켓, 필드하키, 테니스 등을 했습니다. 당구도 잘 쳤고요. 저는 호주 대학 하키 대표 선수였고, 테니스로는 학교에서 거의 최고였어요. 그리고 크리켓도 잘했지만 아주 뛰어나지는 않았죠. 전 모든 스포츠를 다 해보고 싶었습니다."

호주에서의 삶은 정말 끝내줬다. 다만 겉으로 잘 드러내지는 않았지만, 한 가지 문제가 있었다.

"호주는 야망으로 가득한 나라가 아닙니다." 개럿은 말했다. "사실, 어떤 분야에서도 경쟁적이 되는 것은 허용되지 않아요. 단 하나의 예외가 있는데 그것이 바로 스포츠입니다. 스포츠 분야에서는 죽을 듯이 하지 않으면 제대로 한 것이 아닌 게 되죠. 그래서 사람들은 공적으로는 호주인들이 차분하고 상냥하다고 생각합니다. 미국에서는 야심을 드러내고 자신에 대해 말하는 것이 적절한 일이지만, 호주에서는 그렇게 하다간 위험한 상황에 처하게 됩니다."

개럿은 졸업 후 지원했던 장학금 획득에 실패하자 적잖이 실망하게 된다. 하지만 좌절하지는 않았다. 그것은 영국 옥스퍼드대에서 공부할 수 있게 해주는 로도스 장학금Rhodes Scholarship이었다.

"전 항상 영국에 가고 싶었지만 로도스 장학금을 받기에는 충분한 자격을 갖추지 못했어요." 개럿은 말했다. "운동선수로서도 그렇고, 학생으로도 그랬지요."

어쨌든 주사위는 던져졌다. 개럿은 고향에 남아 평범하지만 윤택한 부모의 삶, 친구들의 삶을 살 작정이었다.

개럿이 로도스 장학금을 탈 수준이 안 됐다는 말을 듣고 나는 놀라지 않을 수 없었다. 그의 이력서를 보면 개럿은 과에서 우등으로 졸업한 것으로 적혀 있었기 때문이다. 하지만 로도스 장학금의 자격 조건은 매우 까다로웠다.

하지만 개럿은 결국 외국으로 나갈 운명이었던 것 같다. 그의 논문 지도교수인 휴이 콜린스Hugh Collins가 그에게 다른 길을 제안했다. 그는 개럿에게 "미국에 가서 박사학위 과정을 밟아 보라"고 조언했다. 하버드 출신인 콜린스는 개럿이 미국의 맛을 보는 것이 좋을 것이라고 생각했다.

별로 잃을 것이 많지 않았던 개럿은 한번 도전해 보기로 했다. 세 가지 평범한 이유 때문이었다. 첫째, 듀크대, 코넬대, 컬럼비아대(최소 이 정도였다!) 등 몇 개 대학이 입학허가를 내주었다. 둘째, 미국 대학들은 박사과정 연구에 자금을 지원했다. 호주의 대학들은 하지 않는 일이었다. 그리고 셋째, 미국 남부에서는 날씨가 좋기 때문에 하키나 테니스 같은 좋아하는 운동을 계속해서 할 수 있었다. 개럿은 노스캐럴라이나 주 더럼에 있는 듀크대에 가기로 결정했다. 거기서 유럽의 사회적 모델과 미래의 경제성장에 관한 영향을 주제로 박사학위 과정을 진행할 생각이었다.

개럿이 노스캐럴라이나로 간 이유는 그리 거창하지 않다. 또한 그는 곧 그곳에서의 삶이 그렇게 신나지는 않다는 것도 깨달았다. 외국으로 나간 호주인의 입장에서 특히 견디기 어려웠던 세 가지가 있다. 첫째, 더럼은 담배를 생산하는 마을이었다. 흡연을 싫어했던 개럿은 담배 저장 창고를 개조한 집에서 살아야 했다. 온통 담배 냄새가 났다고 개럿은 회상한다. 둘째, 더럼은 남부의 마을이었고, 보수적인 가치들은 진보적인 외국인과 크게 충돌을 할 수 밖에 없었다. 듀크대는 이런 환경에서 일종의 국외자로 대학의 정체성을 규정하고 캐롤라이나주립대, 노스캐럴라이나 채플힐대와 함께 연구의 삼각지대를 자임했다.

"그곳이 남부에 있다는 점은 명백했죠. 사람들이 총기 받침대를 실은 트럭을 몰고 다녔어요. 그건 도저히 봐줄 수 없었어요."

셋째, 개럿에 따르면 다른 대학 도시들처럼 더럼도 작은 마을이 지닌 정신적 특징을 가지고 있었다. 개럿의 눈에는 시드니나 캔버라처럼 대도시 환경을 가진 곳과는 너무나 달랐다. 개럿은 미국에서의 첫 캠퍼스 생활을 떠올렸다.

"세계의 대부분에서는 대학이 대도시 안에 있습니다." 그가 말했다. "거기에 익숙해지면 소규모 대학 마을에 가는 것이 좋은 경험은 아닐 겁니다."

그렇게 해서 이 호주 사람의 미국 체류는 시작과 거의 동시에 거의 막을 내릴 뻔했다. 개럿은 말했다. "전 이듬해 호주로 돌아가는 항공권을 샀습니다. 하지만 막상 미국에 도착했을 때, 전 가방을 싸고 곧장 귀국하는 비행기를 탈 뻔했어요. 전 그런 생각이 들었죠. '도대체 내가 여기에 있는 이유가 뭐지?'라고요."

하지만 개럿은 버텨냈다. 테니스를 치고 야구를 보고, 학생들이 가는 술집에 갔다. 더럼에서의 생활에 대한 나의 물음에 그는 "제가 짐을 싸서 돌아가지 않고 듀크대에 머물러 있게 된 이유가 뭐냐구요?"라고 되물었다. 그의 대답은 단순했다.

"제 연구 작업에 매료되었기 때문이죠. 전 제가 도대체 어디에 있는지도 몰랐어요. 연구 외에 다른 것들은 모두 잊어버렸습니다. 옥스퍼드로 가는 것에도 더 이상 관심이 없어질 정도였습니다."

그는 책상에 앉아서 OECD 통계 수치를 계산하고 결과를 펜으로 종이에 써내려갔다. 그의 목표는 어떤 유럽 국가들이 세계화 추세 속에서 가장 성장을 크게 할지를 찾아내는 것이었다. 그의 가정은 이랬다. 이탈리아, 스페인, 포르투갈, 그리스 같은 남쪽에 위치한 나라들은 국가와 공공기반의 경제 시스템 때문에 상황이 더 안 좋아지는 반면, 독일과 스칸디나비아 국가들이 포함된 북쪽 국가들은 교육과 인적 자원에 중점을 두고 있기 때문에 앞으로는 더 상황이 좋아진다는 것이었다. 30년이 지난 지금, 그가 옳았다는 것이 입증되었다. 하지만 당시에는 개럿 자신에게 생애 최초로 운동보다 공부에 더 열정적일 수 있게 만드는 무엇인가가 생겼다는 사실만으로도 충분했다.

미국 생활을 하면서 개럿은 그를 인도해준 뛰어난 멘토 한 명에게 의존할 수 있었다. 피터 랭Peter Lange이란 사람이다. 랭은 뉴요커로 하버드에서 공부했으며 개럿처럼 일종의 우연으로 듀크대에서 학업을 마친 사람이었다. 하지만 랭은 이렇게 의도하지 않은 목적지에서의 생활을 최대로 이용했다. 그는 모든 교수들 가운데 가장 인기 있는 사람이었다고 개럿은 나중에 내게 말했다. 이 말은 검증 가능한 얘기다. 개럿이 듀크대를 떠난 후에 랭은 학장의 자리에 올랐고 그 자리를 15년 동안이나 지켰다. 듀크대 역사상 최장 기간이었다.

개럿이 듀크대에 있을 때 랭은 개럿의 지도교수로서 초기 연구 결과를 공유하고 결과에 대해 매우 만족스러워했다. 동기부여가 된 개럿은 연구 결과를 〈정치학 저널Journal of Politics〉 1985년 판에 가장 중요한 논문으로 발표할 수 있게 된다. 이렇게 가장 기대되는 곳에서 가장 예상하지 못했던 방식으로 개럿은 자신의 20년간의 학문적 여정이 실제로 성과를 내는 것을 보게 된다.

—

천 송이 꽃이 피도록 놓아두라

무엇이 이 이야기를 뜻밖의 행운들 중의 하나로 만든 것일까? 미국을 향해 고향을 떠났을 때, 개럿은 주로 테니스와 하키를 즐기는 멋진 삶을 누릴 생각에 흥분했다. 하지만 그는 그 대신에 연구에 매진했고, 그 덕분에 경력을 구축할 수 있게 됐다. 개럿은 미지의 것에 대해 열려 있었고 그가 미래에 발견하게 될 것들에 대해 열정적인 태도를 가졌다. 열정이 우연하게 개럿에게 왔다는 것은 개럿 자신도 인정한다. 그는 "아침에 자고 일어나니 학문적 연구와 사랑에 빠져 있었어요"라고 말한다. 미국에 왔을 때,

그는 아직도 운동이 제일 먼저고 나머지는 그 다음이라는 생각을 가지고 있었다. 일주일 내내 테니스를 하고, 테니스를 하면서 많은 사람들을 사귀었다. 하지만 연구 주제를 찾아내자마자 그는 평생 처음으로 학문 연구를 첫 번째에 놓고 나머지 모든 것을 두 번째로 놓게 되었다.

뜻밖의 행운이라는 것은 또한 불행을 극복하는 것으로부터 오기도 한다. 또는 불행을 불행으로 보지 않고 불행이 나중에는 기회를 제공할 것이라는 믿음에서 오기도 한다. 그건 세렌딥의 세 왕자들에게도 마찬가지였다. 그들은 낙타를 훔쳤다는 누명을 쓰고 왕 앞에 불려갔을 때도 절망하지 않았다. 개럿의 경우도 그랬다. 그는 옥스퍼드에 가고 싶었지만 결국 미국 남부에 있는 대학에 가게 된 것을 개의치 않았다. 한걸음 더 나아가서, 뜻밖의 행운이라는 것은 고정된 목표를 설정하게 만들고, 목적지보다는 그 과정을 즐길 수 있게 해준다. 개럿은 자신의 연구를 사랑하게 되었고, 결국 박사학위 과정 후반에 그토록 꿈꾸던 옥스퍼드에 갈 기회를 얻게 된다.

"듀크대에서 학위를 하는 데는 조건이 하나 있었습니다." 개럿은 말했다. "박사학위 과정을 마친 후 미국을 나가야 한다는 것이었지요. 경험을 넓게 해주는 것으로 보였습니다. 옥스퍼드에 박사과정 학생으로 들어갈 수 있게 된 것이죠."

꿈이 이루어진 것이었다. 하지만 개럿은 제안을 거절했다.

"전 가고 싶지 않았습니다. 제가 여태까지 성공을 이룬 이곳을, 제가 이렇게 좋아하는 연구를 할 수 있는 곳을 제가 왜 떠나겠어요?"

하지만 개럿은 결국 갔다. 그는 "떠밀려서 갈 수 밖에 없었어요, 진짜로

요"라고 말했다. 그렇게 옥스퍼드로 가서 그는 가장 실현이 불가능할 것 같던 꿈을 이루게 되었다.

"옥스퍼드에서 어느 날 다른 대학 출신의 친구 한 명과 토요일에 점심을 먹자는 약속을 했습니다." 개럿은 말했다. "전 '잘 됐다. 와인이라도 한 잔 마셔야지'라고 생각했죠. 하지만 그 자리에서 전 일자리를 제안 받았습니다. 매우 영국적인 행동방식이었지요."

로도스 장학생으로 옥스퍼드에서 공부할 정도의 자격이 안 된다고 생각한지 5년 후, 개럿은 옥스퍼드에서 로도스 장학생들을 가르칠 수 있게 됐다.

"정말 이례적인 일이었지요." 개럿은 말했다.

개럿의 옥스퍼드 스토리는 일종의 '한 바퀴 도는' 이야기다. 어떤 것을 목표로 삼기 시작하면, 인생은 그 사람을 빙빙 돌리다가 결국 항상 원하던 곳에 도달하게 해준다는 말이다. 또한 2보 진보를 위해 1보 후퇴해야 하는 예를 보여주기도 한다. 개럿의 이야기에서 듀크대는 후퇴를 상징한다. 덜 유명한 대학이었기 때문이다. 그리고 옥스퍼드에서 가르치는 것은 2보 전진을 의미한다. 2보 중 하나는 개럿이 언제나 원했던 대학에 갔기 때문이고, 나머지 1보는 그곳에서 학생이 아닌 교수가 되었기 때문이다.

이런 방식으로, 뜻밖의 행운이라는 것은 하나의 구체적인 목표에 너무 좁게 집중해서는 안 된다는 것을 보여준다. 오히려 이는 마오쩌둥의 '천 송이 꽃이 피도록 놓아두라'라는 표현이 말이 될 수 있다는 것을 보여준다. 그중 어떤 꽃이 아름다운 꽃이 될지는 나중에 알게 될 것이다. 테니스나 야구를 하거나, 공부를 하거나, 사람을 만나거나, 외국에 나가거나, 나중이 되면 노력한 것들 중 어떤 것이 궁극적인 성공을 가져오는지 알게 될 것이다. 이런 점에서 유일하게 중요한 것은 편안한 집 같은 환경에 머물러서는 안 되며, 떨치고 나아가 주도권을 쥐고 움직여야 한다는 것이다.

개럿은 듀크와 옥스퍼드에서 얻은 교훈을 직장 생활을 하면서도 계속해서 가지고 갔다. 다양한 경우에서 그는 외부인들에게는 이상할 수도 있지만 자신에게는 옳다고 느껴지는 직업적 선택을 하려했다.

약 15년 동안 개럿은 평생 학자를 할 것처럼 보였다. 그것이 그의 유일한 열정이었으며 그것을 위해 살았다. 듀크대에서 공부하기 전 그는 아침마다 간신히 일어났다. 하지만 듀크대로 와서는 눈을 뜨자마자 연구에 달려들었다. 그렇게 매일 아침의 1초도 놓치지 않았기 때문에 그는 연구경력을 진전시킬 그 어떠한 기회도 놓치지 않았다. 개럿이 듀크대에서 박사과정을 하고 있을 때 캘리포니아 주에 있는 스탠퍼드대에서 보조 교수 자리를 맡은 적이 있었다. 그 후 10년 동안 그는 정년이 보장되는 교수가 되기 위해 최대한 빠른 길을 선택해 걸었다. 그리고 그 목표에 도달했을 때 와튼스쿨로 자리를 옮겼다. 와튼에서 2년 동안 다국적 경영학을 강의한 후 다시 예일대로 가서 다시 정치학을 가르쳤다. 불과 몇 년 동안 그는 가장 명성 있는 아이비리그 대학 중 두 군데를 그의 이력서에 더했다.

하지만 그때 그는 점점 연구에 대한 흥미를 갖기 시작했다. 아직 예일대에 있을 때, 그는 학술위원회를 설립하고, 이어서 학술 프로그램도 만들었다. 오래지 않아 그는 연구자이기보다는 행정가의 길을 걷게 됐다.

"마흔 살의 나이에 왜 연구하는 학자를 그만 두었나고요?" 그는 말했다. "더 이상 제 안에 열정이 없었기 때문이었습니다."

그것이 다였다. 거의 하룻밤 사이에 그는 어떤 연구에 기여할 수 있을까보다는 대학 운영 방식을 개선하는 방법에 대해 더 많이 고민하게 됐다. 전혀 새로운 직업의 시작이었다.

그만큼 놀라왔던 일은 아마도 그가 다음 10년 동안 고용한 사람들의 면면이었다. 2001년, 개럿은 아이비리그의 아성인 예일대를 떠나 캘리포니아에서 최고 주립대인 UCLA로 갔다. 그는 그곳의 날씨와 자리에 끌려서 갔던 것이다. 거기서 국제연구소 소장으로 임명됐다. 그 후 그는 4년 동안 소장직을 수행하게 된다. 줄곧 '소장 또는 학장'이라는 직함은 유지했지만, 롤러코스터처럼 그의 직업이 변화되기 시작한 출발점이었다. 2008년 또 하나의 '한 바퀴 도는' 이야기 속에서 개럿은 모국인 호주로 돌아오게 된다. 그 후 6년간 그는 시드니대의 새로운 연구센터의 창립 CEO로, 경영대학원 학장으로, 뉴사우스웨일스대학 경영대학원인 호주경영대학원의 학장을 맡게 된다.

"사람들은 제가 호주로 간다고 했을 때 다들 미쳤다고 했어요." 그가 말했다. "제가 예일대에서 UCLA로 갈 때도 같은 말을 했죠."

게다가 그의 마지막 두 번의 선택은 그에게 직업 사냥꾼이라는 평판을 안겨줬다. 그 두 곳에서 머문 시간이 18개월이 안 되었기 때문이다.

하지만 다시 한 번 개럿은 그런 외부의 상황은 잊어버리기 시작한다. 그가 예전에 학문연구에 가졌던 열정을 이제는 학술기관을 운영하는 데 갖고 있었기 때문이다. 개럿은 아시아인들이 많은 부분을 차지하는 호주의 대학들에서 일하면서 국제적인 경험을 쌓을 수 있었다. 학문간 영역을 넘나들며 일하는 방법을 배웠으며 정치학대학원, 국제관계연구소, 두 곳의 경영대학원을 운영했다. 그가 맡았던 대학들이 전통이나 명성이 있지는 않았기 때문에 그는 온라인 강좌 개설 같은 혁신적인 방법으로 지명도를 높였다. 그에게는 이것이 모두 말이 되는 이야기였다.

그러던 2014년, 와튼스쿨이 새로운 학장을 찾기 시작했다. 와튼스쿨은 학교의 평판에 결정적인 타격을 안겼던 재정위기 이후에 면모를 일신할 누군가를 원했다. 그들은 아시아가 떠오르는 것을 이해하는 사람, 학교를 더욱 국제적으로 만들어줄 사람을 원했다. 그들은 21세기에 걸맞도록 와튼스쿨을 온라인 학습혁명으로 이끌어줄 누군가를 원했다. 또한 그들은 그러면서도 신뢰할 만한 연구경력을 가졌으며, 가능하다면 그전에 와튼스쿨에서 가르친 경험이 있는 사람을 원했다. 한마디로 그들은 제프리 개럿을 원했다.

—

왜 미국은 부유하고 자메이카는 가난한가, 이민자 흑인 소년의 절박한 질문

개럿이 듀크대에서 그의 인생을 발견하고 있을 때, 시카고 교외에 사는 열세 살의 자메이카 소년 피터 헨리는 별로 많은 생각을 하지 않고 있었다. 그와 가족들은 윌메트에서 조용한 중산층의 삶을 4년 동안 살고 있었다. 이들은 당시 경제적으로 힘든 시기를 겪고 있었던 고향 자메이카에서 이주해왔다. 하지만 헨리가 관심 있는 것은 그의 주변 환경에 익숙해지는 것뿐이었다. 윌메트에서 학교를 다니면서 그는 자신이 남과 다르다는 것을 곧 깨달았다. 그의 말에 따르면 "차별적으로 다르다는 것이 아닌, 그냥 다르다"라고 느꼈다. 3학년이 되어서 아보카 스쿨의 교실에 처음 들어갔을 때 한 아이가 그에게 다가와서 "알로하"라고 말을 걸었다. 헨리는 그 생각을 하면서 크게 웃었다. 나쁜 의도는 아니었지만, 전부 백인 아이들만 다니는 학교에서 흑인이 세계지도에서 있는 어떤 나라에서 온 것인지를 모르는 한 아이의 반응이었다. 윌메트 출신은 아닌 것이 분명한데, 그러면 아마 하와이에서 왔을까?

하지만 헨리는 '흑인 아이'가 되지는 않았다. '알로하라고 말은 건 아이'가 그에게 인사를 하고 5분 뒤, 그들은 체육 수업을 받으러 갔다. 반 아이들과 발야구를 했는데 헨리가 홈런을 쳤다. 며칠 후에는 달리기를 했다. 헨리는 자메이카의 달리기 명성을 지키기 위해 100야드 달리기에서 1등을 했다. 헨리에 따르면 그 반향은 실로 커서 곧 그는 반에서 다른 자리를 차지하게 되었다.

"사람들은 저를 흑인으로 생각하지 않았어요." 헨리는 말했다. "그냥 빠른 아이라고 생각했지요."

그 당시에는 헨리가 모두 백인뿐인 학교 농구팀에서 유일한 흑인이라는 것이 별로 놀랄 만한 일이 아니었다. 헨리는 곧 8학년 최고의 스타 농구선수가 되었으며, 선수로 대학에 들어가는 것도 꿈꾸게 되었다.

그는 또 미국 사회에서는 '중산층'과 '빈곤층'이 있다는 점도 깨달았다. 이 생각은 1982년 그가 속해 있던 아보카 스쿨 팀이 시카고 남부의 드닌 스쿨과 경기를 할 때 처음 들었다. 경기 자체는 헨리에게 뼈아픈 깨달음을 주었다. 그의 팀이 완패했기 때문이다. 하지만 또 하나의 깨달음은 새로 이주해온 나라에서도 많은 사람들에게 경제적으로 힘든 시기가 현실이라는 점이었다. 그들은 자메이카에서보다 미국에서 더 멀리 살고 있었다. 드닌 스쿨 팀은 모두 흑인 학생들로만 구성돼 있었다. 그리고 "그 애들은 하루에 세끼를 찾아 먹기도 힘든 아이들이 대부분"이라고 말하던 헨리 팀의 감독은 헨리에게 경기 후에는 양 팀 선수들이 아보카 스쿨의 식당에서 먹을 피자를 테이블에 놓은 일을 해야 한다고 말했다. 당시 헨리는 학생회의 회장직을 맡고 있었는데도 말이다. 점점 더 의아한 생각이 들었다. 내 미래에는 무엇이 있을까? NBA 농구 선수가 될 만큼 내가 실력이 있는 걸까? 계속 중산층에 남아 있을 수 있을까? 윌메트에서라도 살아남기 위해 싸워야 하는 걸까?

이런 의문들이 시카고에서 생겨난 것들이었다. 자메이카에 있을 때는 자신에게 해보지 않은 질문들이었다. 거기서 있을 때는 상대적으로 특권을 받은 층에 속해 있었다. 헨리는 뉴욕에서 인터뷰를 위해 앉아 있을 때 내게 "엄격하게 말해서, 자메이카에 있을 때는 내내 중산층에 속해 있었다"고 말했다.

"하지만 자메이카에서 시카고 교외인 윌메트로 이주해 왔을 때는 주변이 매우 부유한 지역이었어요." 그는 회상했다. "전 상대적으로 가난하다고 느꼈지요. 이민자이기도 했고요. 이민자들이 늘 그렇듯이 저희 부모님은 학군이 가장 좋은 곳에 가장 싼 집을 구했어요. 휴일도 없었죠. 팜 스프링스에 간 적도, 스키를 타러 간 적도 없어요."

헨리는 나중에 시카고로 이사를 가서 남부의 여러 주들과 영국에서 공부를 하고 결국 뉴욕까지 오게 됐다. 하지만 헨리는 "고향은 한 곳일 수밖에 없어요"라고 말한다. 헨리에게 그곳은 자메이카다.

"저의 핵심 정체성은 그곳에서 아이 때 형성되었습니다." 그는 말했다.

"우리가 미국에 왔을 때는 거창한 아메리칸 드림 같은 건 없었어요. 부모님은 1960년에 미국에서 박사학위를 딴 후 자메이카로 돌아와 조국 건설에 도움을 줬죠. 하지만 부모님은 벽에 부딪혔어요. 자메이카의 현실은 나라가 위축되고 있다는 것이었습니다. 거기서는 기회를 만들기도, 가족을 부양하는 것도 힘들었어요. 당시에 저는 아홉 살이었는데 그 상황을 잘 이해했어요. 생각이 확고해지는 순간이었죠."

세렌딥의 왕자들처럼 헨리는 자메이카에서의 행복한 어린 시절이라는 마법 같은 왕국 밖으로 내쳐졌다. 할머니 집 현관 앞에서 백과사전을 읽고, 해변을 거닐고, 불우한 이웃들을 돕던 그 어린 시절로부터 내쳐졌다. 한순간에 헨리는 농구를 하는 또 하나의 흑인 이주민 소년, 다른 사람들보다 더 나을 것도 못할 것도 없는, 극빈층보다는 나은, 하지만 부유층보다는 가난한 신세가 되어버렸다.

그런 환경에서 중요한 것은 삶에 대한 긍정적인 전망과 시각을 유지하는 것이다. 무언가 자신에게 영감을 주고, 흥미를 끌어당기고, 추구하고 싶은 것을 찾아내야 한다. 헨리는 그런 관심사가 하나 있었다. 그는 왜 어떤 아이들은 가난하고 다른 아이들은 부자인지 이해하고 싶었다. 그것이 헨리를 앞으로 나아가게 만들었다. 헨리는 자메이카와 시카고에서의 경험 때문에 삶의 후반부에 국가들의 거시경제학적 정책에 관심을 갖게 됐다. 서로 다른 생활수준이 나타나는 이유와 과정이 헨리의 평생 관심사가 되었다.

그의 모든 지적인 호기심에도 불구하고 스포츠에 대한 열정이야말로 헨리에게는 '게임 체인저game changer(판도를 바꾸는 동력)'로 작용했다. 1987년 학문적 능력에 더해진 운동 부문에서의 성취로 다재다능한 리더로 인정받아 그는 경쟁자들을 물리치고 선망의 대상인 모어헤드Morehead 장학생에 선정돼 노스캐럴라이나 채플힐대에 진학할 수 있었다. 거기서 다시 한 번 헨리는 '선수 학생'에서 그의 말로는 '정신의 삶'을 열정적으로 추구하는 진정한 학문 연구자로 곧 전환하게 된다. 처음에 그는 의학을 전공하려 했다. 하지만 1학년 때 지역 병원들을 돌아보면서 자신의 길이 아니라는 생각을 하게 된다.

"아프거나 다친 사람들을 보고 치료하는 데는 감정이 많이 개입되는데 전 그걸 견뎌낼 정도의 배짱이 없었어요." 헨리는 말했다.

그러다 우연히 헨리는 경제학 강의를 접하고 한눈에 반해버렸다.

"경제학에 매혹을 느끼게 됐어요. 경제학은 왜 미국이 부유하고 자메이카는 가난한가에 대한 질문에 답을 줄 수 있는 열쇠를 갖고 있는 것처럼 보였습니다."

그가 느끼기에 경제학은 부와 빈곤이라는 수학문제를 푸는 것과 같았다. 그는 점점 더 경제학에 빠져들었고 성공을 거두었다. 몇 년 전에 개럿처럼 헨리도 로도스 장학금을 신청했고, 얻어냈다. 1993년 스물넷의 나이로 이 젊은 자메이카 출신 청년은 두 개의 학사학위를 따냈다. 하나는 노스캐럴라이나대에서 경제학으로, 다른 하나는 옥스퍼드대에서 수학으로 따냈다. 여기서부터 헨리의 상승세는 지속된다. 당시 노스캐럴라이나 채플힐대의 경제학 교수 윌리엄 대러티William Darity는 헨리에게 매사추세츠공과대학MIT의 박사학위 과정에 도전해 볼 것을 권했다. 대러티 교수 자신이 20년 전 도전했던 과정이었다. 헨리는 교수의 충고를 따랐고 입학 허가를 받아냈다.

오바마의 '사람'이 되기까지

연구자들에게 있어서 박사학위를 마친 대학은 나머지 경력 전체를 좌우하게 된다. 학사학위를 받는 학부과정보다는 박사학위를 받는 최종 대학이 사람의 현재 정체와 장차 가능성을 결정하게 된다. 버지니아대 교육경제학 교수인 데이비드 브린먼David Breneman은 이 점에 대해 〈뉴욕타임스〉에 대해 기고한 바 있다. 그 내용은 "순위가 높은 연구 대학의 교수진은 연구와 대학원 교육을 집중해서 고려하는 경향이 있다. 학부과정은 한참 뒤떨어지는 3순위 정도. 대학원의 질이 결국에는 더 중요한 문제가 되는 것이다"로 요약될 수 있다.

이런 의미에서 헨리는 이제 성공할 준비가 다 되어 있었다. MIT는 학문의 영역에 상관없이 최상층 대학이다. 하지만 특히 경제학은 더 뛰어나다. 요즘도 MIT를 하버드대, 프린스턴대, 시카고대와 함께 경제학 명문대학원을 보유한 대학으로 꼽고 있다. 그리고 헨리가 거기서 공부했을 때, 폴 크루그먼Paul Krugman, 피터 다이아먼드Peter Diamond, 로버트 솔로우Robert Solow 교수 등이 있었다. 논문 지도교수 면에서는 헨리는 별로 도움을 받지 못했다. 하지만 그곳에는 헨리와 동료들을 매료시킬 다른 교수들이 있었다. 스탠리 피셔Stanley Fischer, 루디거 돈부쉬Rudiger Dornbusch, 올리비에 블랑샤르Olivier Blanchard 등이 그들이다. 피셔는 1980년대 말 세계은행의 수석 이코노미스트였다. 이 점에서 그는 헨리가 숭배하는 록스타 같은 존재였다. 돈부쉬도 마찬가지다. 피셔와 함께 많은 교과서를 집필한 사람이다. 그리고 블랑샤르가 있었다. 당시 학계에서는 가장 잘 알려진 인물이기도 했지만 2015년 〈워싱턴포스트〉는 그를 "전대미문의 가장 똑똑한 경제학자"라고 불렀다. 이 세 사람 모두 헨리의 MIT 시절에서 중요한 역할을 한 사람들이다.

박사학위 1년차 때 헨리는 피셔 교수를 논문 지도교수로 삼기로 희망해 그 준비 단계로 그의 수업을 들었다. 하지만 기회를 잡을 수는 없었다. 1994년 여름 피셔는 IMF 수석 부총재로 임명됐다. 돈부쉬 교수와는 운이 좀 더 나았다. MIT 1년차 때 헨리는 이 독일 출신 교수의 문을 두드려 여름 동안 연구조교가 되고 싶다는 뜻을 전했다. 젊은 연구자 입장에서는 겁에 질릴 만한 상황이다.

"돈부쉬 교수는 워낙 카리스마가 강해 스트레스를 엄청 받았어요." 헨리가 말했다. "문을 두드리는 데는 용기가 필요했죠."

하지만 결국 헨리가 문 안으로 들어서 용기를 내 물어보았을 때 돈부쉬 교수는 바로 거절했다. 교수는 심한 독일어 억양으로 "이번 여름에 내 밑에서 일하겠다면 도서관에서 계속 있어야 할 거야"라고 말했다.

헨리가 같이 연구를 했던 피셔 교수처럼 돈부쉬 교수는 경제학자라면 밖에서 더 많은 시간을 보내야 한다고 확신하고 있었다. 헨리는 피셔 교수와 돈부쉬 교수의 철학을 알기 쉽게 설명했다. "이론과 학문적 연구는 근본적인 것이다. 하지만 현실문제에 적용해야만 한다"가 그것이다. 돈부쉬 교수는 헨리에게 연구조교 자리를 내주는 대신에 서랍을 열더니 서류를 뒤져서 케이 드와이트 베너K Dwight Venner라는 사람의 연락처를 줬다. 베너는 이스턴 카리브해 중앙은행의 총재였다. 돈부쉬 교수의 오랜 친구인기도 한 베너는 안티구아, 바르부다, 세인트키츠, 네비스를 포함한 8개 카리브해 섬들의 경제 문제에 있어서 통화정책 전문가로 인정받는 사람이었다. 이렇게 해서 몇 달 후에 헨리는 카리브해로 돌아와 베너 밑에서 일하게 됐다. 또 다른 예상치 못한 순환고리였다. 헨리는 카리브해 지역에서 본능적인 편안함을 느꼈고 섬들의 경제발전 방법 이외에도 더 깊은 흥미를 느끼게 됐다. 하지만 그의 학문적 여정이 그를 카리브해로 다시 이끌 줄은 꿈에도 생각을 못했었다. 하지만 결국 그렇게 됐다.

하지만 헨리는 그때까지도 논문 지도교수를 구하지 못하고 있었다. 그래서 블랑샤르 교수에게 부탁하기로 했다. 헨리가 '슈퍼스타'로 여기는 프랑스인 교수였다. 돈부쉬 교수처럼 블랑샤르 교수도 피셔와 함께 중요한 저작물들을 저술한 사람이다. 가장 유명한 저서로는 블랑샤르 교수와 피셔 교수가 공저한《거시경제학 강의》라는 책이 있다. 이 책은 출간 몇 년 만에 거시경제학 분야에서 국제적인 교과서로 자리매김했다. 〈경제학 저널〉은 "올리비에 블랑샤르와 스탠리 피셔가《거시경제학 강의》에서 한만큼 자신들의 목표를 성공적이고 눈부시게 성취한 저자는 거의 없다"고 표현했다. 그럴 정도의 인물이라 헨리는 이번에도 큰 희망을 갖지 않고 블랑샤르 교수 연구실 문을 두드렸다. 그러나 이번에는 걱정할 필요가 없었다. 블랑샤르 교수가 별 문제 없이 승낙을 한 것이었다.

경제학계의 슈퍼스타들과의 교류에도 불구하고 헨리가 갑작스럽게 유명해진 것은 그가 놀라울 정도로 평범한 출신인데도 불구하고 오바마 대통령의 경제자문위원 중 한 명으로 발탁되었기 때문이다. 헨리는 MIT에서 박사과정을 했기 때문에 오스턴 굴스비Austan Goolsbee 같은 사람들과 농구에 대한 열정을 공유할 수 있었다.

"MIT 1년차 때 굴스비를 처음 만났어요." 헨리는 말했다. "그는 저보다 몇 년 선배인데, 선배들과의 대화를 위한 자리에서 연설을 행하기도 했죠. 선배들은 무엇을 기대할 수 있을까를 알려주었고요."

헨리는 굴스비가 유머감각이 있다고 생각했고, 그가 경험을 바탕으로 해준 충고를 고맙게 받아들였다. 헨리는 굴스비가 연설했던 내용을 기억했다.

"대학원 공부는 집중적이고 외로운 작업이다. 사람들은 모두 대단한 아이디어를 찾아내려고 노력한다. 그래서 다른 사람들의 아이디어를 시간을 내서 들어보는 것이 중요하다. 왜냐하면 당신도 그들이 당신의 아이디어를 들어주기를 원할 테니까."

헨리는 그렇게 했다. 그는 굴스비와 연락하며 자주 같이 농구를 즐겼다. 그 경험은 일종의 환영의식이었고 유대관계를 형성하고 아이디어를 교환하는 훌륭한 방법이었다.

2008년 이 관계는 결국 황금관계였던 것이 드러났다. 굴스비는 〈뉴욕타임스〉에 정기적으로 칼럼을 연재해 명성을 얻은 상태였다. 그리고 그전에는 일리노이 주 출신 한 젊은 상원의원의 경제자문을 지내기도 했다. 그 상원의원의 이름이 바로 버락 오바마다. 이 상원의원이 미국 대통령직에 도전하기로 결정했을 때, 굴스비는 외부의 경제자문위원을 찾으러 다녔고, 그 와중에 MIT 시절의 농구 친구에게까지 생각이 미쳤다. 당시 헨리는 스탠퍼드 경영대학원에서 정년을 보장받는 교수가 되어 있었다. 헨리는 기꺼이 그 제안을 받아들였다. 측면 활동으로 괜찮을 것 같다는 판단에서였다. 1년 후 오바마 상원의원은 오바마 대통령이 되었고, 굴스비는 오바마 내각의 최연소 일원이 되었다. 그리고 헨리는 정권인수위원회에서 IMF와 세계은행 같은 국제기구 연구조사팀을 이끌게 되었다.

또 다시 1년 후, 헨리는 나이 마흔 살에 뉴욕대의 레너드 수턴 경영대학원의 역대 최연소 학장이 됐다.

**CEO의
이력서
에서
배운것**

제프리 개럿과 피터 헨리가 그들의 얘기를 하는 것을 들었을 때, 나는 그들이 그랬던 것처럼 깨달았다. 어떤 순간에, 어떤 운 좋은 상황이 아니었다면 그들은 지금의 그들이 되지 못했을 것이라는 것을 말이다. 길을 가다 보면 어딘가에서 통제를 벗어난 극도로 운 좋은 사건이 정상으로 올라가는 길에 결정적인 역할을 한다. 헨리가 농구에 그렇게 열정을 갖고 있지 않았다면 그는 굴스비를 대학 농구장에서 만나지 못했을 것이고, 굴스비도 미래의 대통령 오바마를 위한 자문위원을 찾아야 했을 때 헨리를 생각해내지 못했을 것이다. 반대로, 개럿도 할 수 있는 일이 거의 없었던 나라의 먼 학교에서 학문적 경력에 승부를 걸 기회가 없었다면 자신의 연구에 그렇게 열정적이지 못했을 것이고, 진짜로 영향력 있는 논문 지도 교수를 알게 되지 못했을 것이다.

리더들의 이야기 몇 개 더 듣고 나서 나는 확신하게 됐다. 중요한 것은 행운과는 약간 다른 요소로, 남아시아에서 기원한 것이다. 바로 뜻밖의 행운이다.

앞에서 언급한대로, 헨리나 개럿은 각각 MIT에서 농구를 할 때, 노스캐럴라이나 듀크대 연구실에 갇혀 있을 때 장대한 여정 중이 아니었다. 하지만 뜻밖의 행운이 작동하기 위해서는 일들이 우연하게 일어날 수 있는 상황에 몸을 맡겨야만 한다. 세렌딥의 왕자들은 자신들의 특혜 받은 삶을 떠나 자신들의 왕국이 아닌 곳으로 과감하게 떠나기로 결정함으로써 그렇게 했다. 700년이 지난 뒤, 헨리와 개럿이 한 일도 바로 그 일이다. 인생 초반부의 변환 경험과 직장 경력들이 나중에 일정한 패턴을 따르도록 만들었다. 헨리는 젊은 시절 농구를 하기 위해 나갔다. 그리고 박사학위 과정 학생일 때도 그렇게 했다. 그는 돈부쉬 교수의 문을 두드렸으며 그의 부모가 떠났던 곳으로 다시 여행을 했다. 그는 자원봉사 경제자문 역을 제안 받았을 때 "예스!"라고 답했다. 비슷하게 개럿도 노스캐럴라이나의 한 작은 마을로 가서 연구를 했다. 가장 좋은 대학에 가게 됐지만 지루하다고 생각해 다시 먼 대학으로 갔고, 흥분을 느꼈다. 연구를 위해 운동을 그만두었고, 행정가가 되기 위해 연구를 그만두었다. 대학생활을 떠났고, 다시 돌아왔다.

뜻밖의 행운은 우연과 지혜로 당신이 찾고 있지 않던 어떤 것을 발견하는 것이다. 또한 그러한 발견이 결국에는 쓸모가 있게 된다고 믿는 것이며, 더 좋게는, 그렇게 산다는 경험 외에는 다른 이유가 없다고 해도 그 발견들이 가치가 있다고 믿는 것이다. 그것이 이 두 사람의 여정으로부터 배울 점이다. 당신에게 좋은 일들이 일어날 가능성이 있는 상황에 몸을 던져야 한다. 하지만 마음속에 특정한 목표가 있어서는 안 된다.

미지의 세계로 떠난
사람들

3부에서는 뭔가를 극복하기보다 그것을 무시함으로써 최고의 자리에 오른 리더들의 이야기를 담았다. 이런 부류의 사람들은 어떤 직함을 추구하거나 현재보다 미래를 더 중요하게 여기지 않는다. 그들은 사람들에게 잘 알려지지 않은 곳으로 가서 그들이 소속된 기업의 본사에서 멀리 떨어져 생활한다. 이 같은 행동은 자신에게 투자할 수 있는 시간을 갖고, 그늘 속에서 배울 수 있게 하며, 궁극적으로는 균형 잡히고 역량이 향상된 개인 능력에 집중할 수 있게 만든다.

Chapter 05

빛나는 길

폴 불케
(Paul Bulcke)

네슬레 CEO의 이야기

—

조용한 강자, 폴 불케

1시간만 지나도 내용이 기억나지 않는 대화가 있는가 하면, 영원히 기억되는 대화도 있다. 8년째 네슬레를 이끌고 있으면서 최근 또 다시 CEO로 신임을 얻은 폴 불케와의 대화는 이 중 후자에 해당한다.

네슬레는 글로벌 경제의 '조용한 강자'이다. 네슬레의 제품은 모든 미국인의 일상적인 생활에서 찾아볼 수 있다. 커피(네스카페), 파스타와 피자(부이또니), 애완견 사료(프리스키) 등이 네슬레 제품이다. 그뿐이 아니다. 아이스크림(하겐다즈), 사탕(킷캣), 심지어 물(페리에)도 있다. 네슬레가 조용한 강자라고 불리는 이유는 앞서 나열한 브랜드의 이름만 가지고는 이

제품들이 네슬레 제품인지 깨닫지 못하기 때문이다. 네슬레는 미국뿐 아니라 전 세계 대부분의 나라에서 가장 큰 식품업체로 자리 잡은 기업이기도 하다.

네슬레가 세계 식품업계의 조용한 강자라면 불케는 세계적인 CEO들 중 조용한 강자다. 그는 다국적기업의 CEO처럼 보인다. 우아하지만 과시하지 않으며, 키가 크고, 낮지만 따뜻한 음색으로 대화한다. 그가 이야기를 할 때면 청중이 평사원이든 간부든 관계없이 그의 말을 듣고 웃으면서 완전히 마음이 사로잡힌다. 그는 직원 33만 5000명을 관리하지만 대학 친구처럼 편안함을 느끼게 만든다. (필자인 나도 불케와 같은 루뱅대 출신이다) 그는 분명히 영향력 있는 인물이지만 대화를 할 때는 겸손해 보이기 위해 노력한다.

이런 이유로 인해 불케와 만나는 일은 매우 특별하게 느껴졌다. 이번 장에서는 그와 나눈 두 차례의 긴 대화 내용을 가감 없이 만나볼 수 있다. 그에 대한 얘기를 하는 것보다 더 좋은 방법이라고 생각했기 때문이다. 첫 번째 대화는 그와 함께 소속돼 있던 대학 클럽 '경제Ekonomika'라는 이름의 동창회보를 통해 이미 출간한 바 있다. 두 번째 대화는 이 책에서 처음 소개하는 내용으로, 불케가 자신의 인생에 있어 분수령이 되었던 순간에 대해 이야기 한 독백이다. 이 두 가지 대화를 즐기면서 내가 그랬던 것만큼 독자 여러분도 많은 것을 얻을 수 있기를 희망한다.

자신에게 아낌없이 투자하라

루뱅대 출신의 네슬레 CEO인 불케는 놀랍게도 매우 바쁜 사람이다. 그러나 기꺼이 옛 루뱅대 사교클럽의 친구를 위해 시간을 내줬다. 나를 대신한 클럽 회장의 인터뷰 요청이 전달된 지 수주 후에 네슬레의 본사가 위치한 브베로 이동하기 위해 취리히에서 기차에 탑승했다. 당시 2개월 째 인턴 과정으로 근무하던 스위스의 경제지 〈한델스자이퉁〉의 편집국장은 내 인터뷰 소식을 믿기 어려워했다. 그는 나에 앞서 스위스 최대 기업 중 하나이자 세계를 대표하는 기업 중 하나인 네슬레의 CEO를 인터뷰하기 위해 2년이나 노력했기 때문이다.

네슬레 본사에서 불케가 모습을 나타냈다. 그는 즉시 자신의 존재감으로 방 안을 가득 채웠다. 그렇게 작은 방도 아니었는데 말이다. 악수를 하고 서로 미소를 지은 후 삶, 리더십, 그리고 그의 친구와도 같은 도시 루뱅에 대한 즐거운 대화를 준비했다.

"학생 때는 세례만 세 번 받았습니다." 불케가 자신의 학창 시절에 대해 이렇게 말했다. "저는 저희 학교의 사교클럽 멤버였을 뿐만 아니라 오스탕드와 루셀라레에서도 활동했어요. 그리고 종종 제 고향에 있는 앤트워프대의 모임에도 참여했습니다. 특정 조직이나 장애물에 얽매이지는 않았습니다. 다양한 사교 관계를 가지려고 한 편이었죠."

필자: 세계에서 가장 큰 기업의 CEO 중 한 명이 이렇게나 사교적

인 학생이었다고 상상하기가 쉽지 않군요. 사교가 대기업에서 경력을 쌓는 데 중요한 역할을 했다고 이해하면 될까요?

불케 : 그렇습니다. 폭넓은 지능을 갖출 필요가 있습니다. 사회적인 지능도 그중 일부죠. 결국 제 본업이 무엇일까요? 그것은 바로 사람입니다. 사람이 전부라고 할 수 있죠. 제가 책상이나 도서관에 앉아 있지 않고 사교적인 학생이었던 것은 확실히 제게 도움이 되었습니다. 저는 학교에 다니기 전부터 주변에는 늘 사람이 많았습니다. 대가족 속에서 자랐고 보이스카우트로도 활동했죠.

필자: 돌이켜볼 때 대학 졸업 후 수년 동안 배웠던 것들 중 가장 중요한 것은 무엇이었을까요?

불케 : 대략 서른 살이나 서른다섯 살이 될 때까지 우리가 할 수 있는 가장 중요한 것은 자기 자신에게 투자하는 것입니다. 저는 그렇게 했습니다. 자신에게 투자한다는 것, 즉 자신이 하는 일을 즐기는 것은 꼭 일류대학에서 MBA 학위를 취득하는 것을 의미하지는 않습니다. 그것은 그 자체로는 가치가 있지만, 경력을 쌓는 데 필수불가결한 것은 아닙니다.

필자: 대학 졸업 후 스코트 그래픽스Scott Graphics라는 회사에 성공적으로 취업했습니다. 그럼에도 1~2년 후에 네슬레로 자리를 옮겼죠. 왜 그런 건가요?

불케 : 아내와 저는 해외로 나가고 싶었습니다. 말하자면 그것은 제

활동 영역을 넓히는 것이죠. 아내는 벨기에령 콩고(콩고 민주공화국)에서 살았던 경험이 있었기에 해외생활을 좋아했습니다. '세계는 지구촌이다'라는 생각은 이미 그 당시부터 했었죠. 그러나 스코트 그래픽스에서는 해외로 나가기가 쉽지 않았습니다. 한 친구로부터 네슬레가 다국적인 기업 활동을 한다고 들었기 때문에 네슬레와 접촉했고 해외 지사직에 지원했습니다. 인터뷰를 하러 스위스에 왔는데 저를 고용한 후 페루로 보내더군요! 남미는 아시아와 더불어서 차세대 성장 가능 지역으로 여겨지던 곳이었죠.

필자: 요즘에 많이 얘기되는 것과 똑같은 내용이군요. 아시아와 남미가 다시 성장 시장이 됐죠. 하지만 페루행은 결정하기 어렵지 않으셨나요?

불케 : 환영을 받기는 했지만 페루는 쉽지 않은 곳이었습니다. 페루의 좌파 게릴라 조직인 '샤이닝 패스Shining Path(빛나는 길)'가 전국적으로 영향을 미치기 시작했고, 폭력 사태도 자주 일어났습니다. 피습 위험을 낮추기 위해서 출근할 때는 다른 차로 갈아타기도 했죠. 하지만 지금은 당시보다 더 어려운 상황이 됐다는 소식을 듣습니다. '전망은 늘 밝은 것은 아니다'는 말이 있지만, 네슬레와 제 가족, 그리고 저는 계속 페루에 머물렀습니다. 지금 생각해보면 그 당시는 페루의 좋은 시절이었던 것 같군요.

필자: 회사의 중심부에서 많이 떨어진, 즉 주변부인 남미에서만 10년

이상 머무셨더군요. 업무적인 동기부여는 어디서 받으신 건가요?

불케 : 지금 하는 일을 사랑하고 새로운 도전을 찾는 데서 얻었습니다. 실제로 그랬죠. 제가 내딛는 모든 발걸음은 새로운 도전이었습니다. 페루에서 5년을 보낸 후 칠레로, 또 에콰도르로 갔습니다. 다시 유럽으로 돌아와서는 포르투갈, 체코, 슬로바키아를 거쳐 마침내 독일을 관할하게 되었죠.

필자: 어떻게 매번 다가오는 도전 속에서도 성공을 거두신 건가요?

불케 : 제 야망을 제가 실현할 수 있는 것들과 긴밀히 연결시켰습니다. 그리고 그것을 제 마음속에만 담아뒀습니다. 더 큰 경력을 쌓는다는 것은 주어진 책임을 잘 다룰 수 있다는 것을 느끼게 되는 일입니다. 그렇게 되면 나머지는 자연스럽게 해결됩니다. 그리고 결코 혼자 일할 필요가 없습니다. 늘 팀이 함께 하기 때문이죠. 그리고 궁극적으로는 자기 시간을 가져야 합니다. '자기 시간을 만들기 위해서는 시간을 낭비하지 말고 그 시간을 투자해야 한다'는 말이 있습니다. 마치 그 일은 자전거 타기와 같습니다. 자전거는 움직일 때에야 비로소 균형을 잡을 수 있죠. 경력도 마찬가지입니다.

필자: 네슬레가 늘 자신과 잘 맞을 것이라는 데 대한 의심을 해본 적은 없나요? 반대로 네슬레가 의심했던 적은요?

불케 : 물론 의구심이 드는 순간이 없었던 것은 아닙니다. 4년 정도 같이 일한 동료가 직장을 떠나면 동고동락했던 사람으로서의 감

정을 가지게 되죠. 그리고 "그들이 결정을 내리거나 내가 결정을 내려야겠다"는 말을 하게 되는 순간도 찾아옵니다. 그렇지만 회사가 "얘기 좀 해봅시다"라고 말을 하고 나 자신도 그래야겠다고 생각하게 되면 새롭고 더 흥미진진한 기회를 얻게 됩니다.

필자: CEO가 되기 위한 비결로 장기적인 시각을 유지할 필요가 있다는 것을 꼽을 수 있을까요?

불케 : 경력이라는 것은 단거리가 아닌 장거리 경주입니다. 젊은 친구가 "CEO가 되고 싶어요"라고 말하는 것은 오만에 가깝죠. 사회 초년병 때는 배워야 할 게 많습니다. 매번 바로 다음 단계만 생각할 필요는 없습니다. 단기간에 직업적으로 성공을 거두려는 것은 지나치게 빠르게 달리는 엔진과도 같습니다. 과열되고 사고를 일으켜서 결국 다 불타 없어지는 것이죠.

필자: 유일한 동기가 CEO가 되는 사람들도 있을 텐데, 신경 쓰이시나요?

불케 : 종종 '지금 이 나라에서 머물고 있는 단계가 다음 지점으로 나가기 위한 디딤돌'이라고 말하는 사람들을 보곤 합니다. 그들에게 다음 단계는 또 그 다음 단계를 위한 디딤돌이 되죠. 이들은 매우 실용적인 사람들이고 의도하지 않게 자신의 경력을 복잡하게 만들곤 합니다. 어떤 기업들은 이런 현상을 선호하지만 그렇지 않은 기업들도 있습니다. 더욱 중요한 것은 25년이나 30년 후에나

찾아올 종착점에서의 행복을 벌써부터 조절하고 있다는 점입니다. 매우 미숙하고도 현명하지 못한 자세죠.

필자: 그런 말은 현재 CEO이기 때문에 하실 수 있는 것 아닌가요?

불케: 정황만 놓고 보자면 그렇다고 할 수 있겠네요. 물론 야망은 누구나 가져야 합니다. 그러나 가장 큰 야망은 내가 하고 있는 일을 사랑하고, 그것을 잘하고, 그리고 주변 사람들을 신뢰해야 합니다.

나는 첫 번째 대화를 마치고 돌아오는 길에 불케로부터 인생과 경력에 대해 1시간 30분 동안 받은 가르침이 다른 곳에서 1년 동안 얻은 것보다 더 많다는 느낌을 받았다. 그처럼 경력의 정점에 도달한 사람은 삶과 직업 모두에 있어서 특별한 시각을 가지고 있다는 것을 깨달았다. 불케처럼 그런 시각을 공유하려고 한다면 그들은 나와 같은 다음 사람들에게 굉장한 깨달음의 근원이 되어줄 수 있다.

불케로부터 유용한 수업을 받았지만, 그가 어떻게 그런 깨달음을 얻었는지를 알아보는 데 있어서는 여전히 수박 겉핥기를 벗어나지 못한다는 느낌이 강했다. 남미로 향했다는 것은 알겠지만, 그곳에서 실제로 무슨 일이 벌어졌던 것일까? 페루에서 '전망이 늘 밝은 것만은 아니다'는 말을 한 것은 무슨 의미일까? 경력을 위한 모터를 과열되게 돌릴 필요가 없지만 성과를 잘 내면 기회가 찾아온다는 것은 어떻게, 또 언제 깨달은 것일까?

이 책을 발간하기 위한 조사 작업을 마무리해갈 무렵 나는 불케의 홍보 담당자로부터 연락을 받았다. 불케가 자신의 이야기의 세부적인 내용을 알려주기 위해 나를 한 번 더 만나고 싶어 한다는 것이었다.

같은 기차를 타고 브베에 도착한 후 같은 멋진 사무실에서 같은 사람과 만나 대화를 나누면서 나는 이번 프로젝트가 다시 원점으로 돌아오고 있다는 것을 깨달았다. (결국 이 만남은 책 작업을 위한 마지막 인터뷰가 됐다) 이번에는 나의 접근 방식을 최대한 자제하고 불케에게 자신의 이야기를 자신만의 표현으로 더 보충할 수 있도록 많은 여지를 남겨뒀다. 이번 대화는 제한된 시간 아래 가장 중요한 몇몇 질문을 해야 하는 순간을 제외하고는 독백에 가깝게 진행되었다. 중요한 질문은 다음과 같다.

- 경력에서 가장 중요한 순간은 무엇이었는가?
- 결정적인 순간에 직면했을 때 어떻게 결정을 내렸는가?
- 어떻게 경험이 교훈으로 바뀌게 됐는가?

그의 이야기는 다시 한 번 나를 매료시켰다. 대화 내용은 아래와 같이 독백으로 처리했다.

—

날마다 테러의 위험에서 살다

생애 첫 직장인 스코트 그래픽스를 떠난 것은 제 경력에서 진정한 최초의 전환점이 되었습니다. 처음 페루에 도착했을 당시 현지 상황은 좋지 못했습니다. 우리가 도착한 1980년 6월 무렵은 페루가 군사독재에서 갓 벗어난 시국으로 대형 정치적 지각변동이 시작되던 때였습니다. 페르난도 벨라운데 테리Fernando Belaunde Terry 대통령이 다시 정권을 잡았죠. 그는 민주적으로 선출된 최초의 대통령이었지만 지지 기반은 약했습니다. 같은 시기에 수면 위로 부상한 공산주의 반군조직인 샤이닝 패스는 농민들에게 지지를 얻는 동시에 테러를 통해 주민들에게 공포감을 안겨주곤 했습니다. 처음에는 크게 걱정하지 않았습니다. 그들의 활동 범위가 아야쿠초 주 산악지대에 국한됐기 때문입니다.

초기 2년은 수습 기간으로 다양한 역할을 수행했습니다. 판촉, 판매, 그리고 소위 '엑스밴' 판매라는 것도 해봤습니다. 엑스밴은 말 그대로 밴 차량에 물건을 싣고 가게와 가게를 오가며 제품을 판매하는 일입니다. 리마의 슬럼가 푸에블로스 호베네스에도 가봤는데 그냥은 들어가 보기가 어려워 현지 판매사원의 소개로 간신히 들어갔던 기억이 있습니다. 판매 대상을 설정하기 위해 이른 아침부터 빈민가에 들어갔죠. 작은 상점들이 아직 현금을 가지고 있을 때 가야 합니다. 현금이 떨어진 후에 가면 물건을 판매할 수 없기 때문이죠. 현지 상황은 늘 쉽지 않았습니다. 그러나 저는 젊었고, 동기부여가 확실했으며, 잘 해냈습니다.

진짜 시련은 샤이닝 패스가 수도로 진입하면서 시작됐습니다. 그들의 등장으로 인해 앞서 납치 등을 일삼으며 도시 지역에서 활동을 했던 '투팍 아마루'보다 더 상황이 심각해졌어요. 피해자는 처음에는 모르는 기업의 모르는 사원이었습니다. 이후 거래 기업의 모르는 사원으로 바뀌더군요. 매번 점점 가까워졌습니다. 나중에는 일반 범죄와 테러가 구분이 되지 않을 지경이 됐습니다. 신호등에 빨간불이 들어와 있음에도 불구하고 누군가 창문 밖으로 모습을 나타내며 총을 겨눌 수도 있다는 공포에 사로잡혀 계속해서 운전을 해야만 할 정도였죠.

그럼에도 저는 결코 사설 경호원을 고용하지 않았습니다. 저자세를 유지하고 소란을 일으키지 않았어야 했습니다. 많은 기업들이 페루를 떠났지만 네슬레는 그러지 않았습니다. 비어가는 사무실들을 볼 때의 기분은 묘했지만 제 가족과 저는 6년이나 페루에 머물렀습니다. 한 나라에 머물기에는 꽤 긴 시간이죠. 네슬레 또한 함께했습니다. 우리의 정신력이 강한 탓도 있었지만 장기적인 안목도 있었기 때문입니다. 빠져나올 수도 있습니다. 머물다보면 좋은 시기와 나쁜 시기를 겪게 되죠. 비가 내린 후에는 해가 나옵니다. 그런 생각들을 한 것이죠.

—

악조건에서 배운 값진 경험들

서른에서 서른다섯 살까지는 동료들보다 경력이 느렸던 것으로 생각됩니다. 페루, 칠레, 에콰도르와 같은 나라는 주목받지 못하는 곳입니다. 그러나 그런 시장들은 배울 것이 많은 곳입니다. 큰 차이는 하루아침에 만들어지지 않습니다. 작지만 여러 사건들을 겪다보면 얻을 수 있게 됩니다. 큰 조직에서는 매우 빠르게 전문성을 갖출 수 있습니다. 반면 페루와 같은 작은 나라에서는 보다 다면적인 업무를 겪게 됩니다. 매우 생동적인 경험을 쌓을 수 있어요. 몇 가지 예를 들어드리죠.

페루 주민들은 서구권 국가의 주민들보다 더 많은 사람들이 길거리에서 지냅니다. 그래서 저는 전통적인 신문, 방송 광고, 매점 광고 대신 길거리 마케팅에 초점을 맞췄습니다. 우리 제품인 매기Maggi 수프를 이용한 요리 교실을 조직했고 조그만 마을들로 들어가서 영세 소매점의 정문에 매기 로고를 직접 그리는 일을 했습니다. 말 그대로 안데스 산맥에 위치한 가게 수백 곳에서 작업을 한 것입니다. 사람들은 처음에는 투입하는 노동력이 너무 크다면서 될 리가 없다는 말을 했습니다. 그러나 손에 더러운 것이 묻는 것만 크게 신경 쓰지 않는다면 일의 고됨은 문제가 되지 않았습니다.

TV 광고에서도 창의력을 발휘했습니다. 유명한 CF 감독을 고용할 수 없었기 때문에 있는 인력 내에서 할 수 있는 모든 것을 시도해봤습니다. 네스퀵 광고를 위한 스토리 라인도 스스로 찾아냈죠. 우리 아이들에게 배경 역할을 맡기는가 하면 감독이 촬영 앵글을 찾는 데도 도움을 줬습니다. 물론 결과물이 오스카 수상감은 아니었지만 진정한 팀을 이룸으로써 제한된 예산 내에서 창의적인 결과물을 얻는 데는 성공했습니다. 이후에 다른 어떤 나라에서도 그때와 같은 경험을 할 수 없었습니다.

재무와 회계에 대한 것도 그때 많이 배웠습니다. 페루와 에콰도르에 머물던 시기는 남미에 굉장한 인플레이션이 찾아온 때였습니다. 수개월 만에 물가가 1,000%나 오르기도 했죠. 마진을 맞추기 위해서 거의 매일 물건 가격을 변경해야 할 필요가 있었지만 동시에 현지 구매자들과의 연대의식도 보여줘야 했습니다. 다른 공급자들은 달러로 대금 지불을 요구했지만 우리는 늘 현지 화폐를 받았습니다. 대신 현금 결제를 요구했고 신용기간도 대폭 줄였으며 외상 거래 시 이자율 또한 크게 높였습니다.

위기로부터 많은 것을 배울 수 있습니다. 서구에서는 경험하기 힘든 것이죠. 제가 머물던 곳들에서는 세계가 무엇인지, 그리고 그 다양한 측면들을 알 수 있게 됐습니다. 페루에 머물던 1980년부터 10년, 이후 에콰도르에 머물던 또 한 번의 10년 동안의 기간은 예상하지 못했던 각도로 세계를 볼 수 있도록 제 시각을 넓게 해줬습니다. 그 시절은 정말 제 자신을 위해 투자한 시기라고 할 수 있습니다.

초기 10년이 지나가 상황이 매우 빠르게 변하기 시작했습니다. 불평을 하는 대신 성과를 냈고 매우 도전적인 과제들을 맡았기 때문이라고 생각합니다. 시작은 우연에서 비롯되었습니다. 당시 저는 에콰도르에서 마케팅을 총괄하고 있었는데 판매와 유통을 담당하는 새로운 사람이 들어왔어요. 그러나 업무가 잘 풀리지 않았고 그 사람이 떠나게 되면서 제가 그 업무까지 떠안게 됐습니다. 그 일은 하나의 전환점이 됐습니다. 이후 2년의 시간 동안 저는 마케팅은 물론 판매와 유통까지 두 가지 업무를 동시에 처리할 수 있음을 보여줬습니다. 모든 업무가 잘 진행되고 있는지 5분마다 점검을 받지는 않았습니다. 저는 손이 많이 가지 않은 직원이었고 당시 상급자는 저의 다재다능함에 감사를 표하기도 했죠.

다른 예도 하나 더 들어보겠습니다. 포장 재료가 담긴 컨테이너가 항구로 들어왔는데 세관에 발이 묶인 적이 있습니다. 그 소식을 듣고 즉시 달려가보니 세관에서는 해당 제품을 최종 포장제품으로 분류해 당초 25%이던 관세를 75%로 올리려고 했죠. 협상을 했지만 합의에 실패했고 결국 쫓겨났습니다. 돌아와서 다시 상급자에게 보고를 했고 기타 등등의 과정이 지난 후 컨테이너를 돌려받기는 했습니다. 이 이야기로 인해 배달이 두 달이나 지연됐지만 그것이 포인트는 아닙니다. 이들 나라에서 이런 사건은 언제나 일어날 수 있습니다. 중요한 것은 이슈가 무엇이든 간에 그 일을 확실하게 마무리하는 것이죠.

에콰도르에서 맡았던 추가적인 임무 덕분에 칠레에서 새로운 자리를 얻을 수 있게 되었습니다. 당시 칠레는 막 민주화 정권이양이 마무리된 시점이었지만 경제 정책에 있어서는 안정적이고 자유로운 분위기가 마련된 상태였습니다. 네슬레에는 꽤 큰 시장이었고 점점 더 커질 것으로 기대가 되었죠. 또 칠레에는 니도, 네스퀵, 네스카페, 매기 등 네슬레의 대표 제품을 판매할 수 있는 7~8개의 제조시설이 있었고 새 회사도 인수했습니다. 전 사실상 두 개의 직업을 가지고 있었습니다. 아침에는 한 시설로 출근했고 오후에는 다른 시설로 이동했어요. 그리고 효과가 있었습니다. 당시 다른 직원들이 저를 보고 "그에게는 더 많은 책임을 맡겨도 돼. 해낼 사람이야!"라고 말했습니다.

그쯤 되면 특별한 목록에 이름을 올리게 됐다는 것을 느끼게 됩니다. 네슬레가 직원을 육성하는 방식이기도 하죠. 이사회에서는 매월 재능 있는 직원들에 대해 얘기를 나누는데, 어떤 시점이 되면 그들이 저에 대해 얘기하기 시작한다는 것을 깨닫게 됩니다.

칠레에 있을 때 네슬레 그룹의 CEO가 두 차례나 방문했습니다. 그와 대화한 것은 그때가 처음이었죠. 칠레는 규모나 지리적 중요성으로 인해 어느 정도 예측이 가능한 시장이었습니다. 그때쯤 포르투갈 지사장으로 가는 것이 어떻겠느냐는 제안을 받았고 중진들이 그동안 저를 관찰했다는 것을 알게 되었습니다. 훗날 이사회에 들어갔을 때 회사가 그런 방식으로 일을 한다는 것을 알게 되었죠. 이사들은 매월 공개적으로 직원들의 성장에 대해서 대화를 나눴습니다. 1년에 한두 차례 정도는 하루 종일 얘기를 하기도 합니다. 이런 방식으로 직원들과 그들의 경력에 대한 좀 더 완성된 관점을 가지게 되는 것이죠.

적당한 시기에 적당한 장소에서, 그렇게 CEO가 되었다

남미에 이어 부임한 포르투갈은 제가 처음으로 소위 '시장'이라고 부르는 한 나라를 통째로 책임지게 된 곳입니다. 그리고 처음으로 매우 풍부할 정도로 외연적인 성장을 이끈 곳이기도 합니다. 제게는 두 가지 도전과제가 주어졌습니다. 먼저 전임자가 15년이나 일했던 곳이었기 때문에 조직을 통째로 새롭게 바꿀 필요가 있었습니다. 두 번째는 네슬레 본사가 오래된 과제였던 포르투갈과 스페인 간의 협력 증진을 요구한 것입니다. 하지만 2년 안에 통합 팀을 만들게 됐고 제 가족들도 포르투갈의 삶에 적응을 했습니다. 그 무렵 전 예기치 못한 전화를 받았습니다. 유럽 본부장이었어요. 그가 "폴, 올해 휴가 다녀왔어요?"라고 물었고 전 "아뇨, 다음 주쯤 갈 예정입니다"라고 대답했습니다.

그는 기존 휴가는 잊어버리라며 "프라하로 휴가를 보내드리죠"라고 말했습니다. 물론 그의 제안은 휴가가 아니었습니다. 목요일에 전화를 받았는데 다음 월요일에 제네바에서 당시 네슬레 CEO인 피터 브라벡-레트

마테Peter Brabeck-Letmathe와 대화를 나누게 되었습니다. 이사진은 제게 특수 임무를 맡게 될 것이라고 말했습니다. 저는 프라하로 당장 이동해야 했고 그 시장의 변화를 이끌어야 했습니다. 현지에는 네슬레가 운영하는 기업과 다농그룹과 함께 50대 50을 공동투자해서 만든 벤처기업이 있었습니다. 제 임무는 합자회사를 다시 분리해서 다른 네슬레 기업과 재합병을 하는 것이었죠.

상황은 매우 긴박했습니다. 합자회사를 이끌었고 이후 현지 네슬레를 이끌기로 했던 분이 합자회사 분할을 앞두고 갑자기 세상을 떴기 때문입니다. 그러자 제게 직접 개입해달라는 요청이 들어왔습니다. 저는 받아들였고 아이들의 학업 때문에 가족은 포르투갈에 남긴 채 바로 포르투갈에서 체코로 날아갔습니다. 전혀 예상할 수 없는 상황이었지만 꽤나 흥미로운 도전이었습니다. 제가 믿을 만한 사람으로 여겨지고 있다는 것을 느꼈기 때문이죠.

체코에서 2년 동안 머물며 일을 하자 다시 다른 곳으로 옮겨달라는 요청을 받았습니다. 이번에는 네슬레의 가장 큰 시장이자 가장 두드러진 시장 중 하나인 독일을 이끌어달라는 것이었습니다. 우리 독일 지사는 예전같지 않다는 평가를 듣고 있었기에 뭔가 참신한 변화가 필요했습니다. 이번 도전 역시 매우 솔깃하고 흥미롭게 느껴졌는데 거기에 독일어를 배워야 하는 점도 포함됐습니다. 저는 또 한 번 제 자신이 신뢰받는 인물이라는 생각을 하게 되었습니다. 아주 짜릿하고 강렬한 경험이었죠.

그런 다음에는 미주지역 총괄자로 가기 위해 브베에 있는 네슬레 본사로 들어와서 경영관리 수업을 들으라는 지시를 받았습니다. 그리고 4년이 지난 후 네슬레의 CEO가 되었으며 경의를 표하는 마음으로 이 특권을 받아들이게 됐습니다. 되돌아보면 그 기간 동안 차근차근 한 단계씩 저를 개발시켰고 이런 경험들이 지금의 상황을 이끈 것 같습니다. 지금의 제 모습은 네슬레에서 경력을 시작했을 때 기대했던 것을 훨씬 뛰어넘습니다. 대단히 매력적인 여행이라 할 수 있습니다. 그것은 무언가를 행하고 사랑하는 것에 가깝습니다. 또한 회사를 편안하면서도 매우 가치 있는 존재로 여기는 일이기도 합니다. 구체적이고 개인적인 목표를 추구하는 대신 매년 새로운 도전을 받아들이는 일이기도 하고요.

개인적인 성과가 어떻게 나올지에 대해서 조절하려고 하는 대신 앞으로 진전하는 일을 확실히 했습니다. 바로 이 부분이 저를 CEO로 만들어준 것 같습니다.

경력을 쌓고 늘어나는 책임을 감당할 수 있으려면 배우고, 경험을 늘리며, 열린 마음과 호기심을 가져야 하고, 회사의 근본적인 목적과 모든 측면에 대해 잘 알아야 하며, 가치 있는 삶을 살아야 하고, 임기응변 능력을 갖춰야 하며, 열심히 일하고, 행간을 읽을 줄 알아야 하며, 기업가 정신을 가져야 하고, 문제가 아닌 해결책의 일부가 되어야 하며, 도전을 기꺼이 받아들이고, 새로운 일을 꺼리지 않으며, 안락한 상태에서 벗어날 수 있는 마음가짐이 있어야 합니다.

사람들은 "당신은 스스로의 힘으로 CEO의 자리에 오른 것이다"라고 말하지만, 그렇지 않습니다. 단지 저는 적당한 시기에 적당한 장소에 있었을 뿐입니다. 그리고 약간의 행운이 따랐죠. 일이 그렇게 된 것입니다.

제가 CEO가 된 지 8년이 지났지만 정확히 8년 전에 시작된 글로벌 금융위기를 생각하면 결코 쉽지 않은 기간이었습니다. 그렇지만 좋은 팀들과 함께 여러 위기를 이겨내는 것은 참으로 보람된 일입니다. 결국 기대에 부응하는 일, 그리고 뭔가를 이뤄내는 일 모두 우리 자신에게 달렸습니다. 결과는 중요합니다. "위기가 클수록 영광은 더 위대하다"는 말을 기억해야 합니다.

＊ ＊ ＊

불케는 대화가 끝났음에도 "제가 더 해드려야 할 말이 있을까요?"라고 물었다. 시곗바늘은 불케가 늦어서는 안 될 전화 회의시간인 정오를 가리키고 있었다. 그의 커뮤니케이션 홍보담당 매니저는 대화의 마지막 5분까지도 인내심 있게 기다려줬고, 내가 질문을 할 수 있는 시간이 끝났다는 것을 깨달았다. 불케는 침묵하고 있는 우리 둘을 동시에 쳐다보더니 마지막 질문에 답하기 시작했다.

"제 아내 말린은 참 소중합니다." 그가 말했다. "그녀는 제 삶의 모든 단계에서 필요한 곳에 있어줬죠. 수년에 한 번씩 임지를 옮겨 다녔지만 그때마다 동행했습니다. 또한 가족들도 돌봐줬죠. 그녀가 없었더라면 이 자리에 오를 수 없었을 겁니다. 이것이야말로 진정한 팀워크가 아닐까요?"

CEO가 되기까지의 과정에서 불케가 얻은 교훈들이 이미 나의 교훈이 되었기 때문에 여기서 반복하지는 않을 것이다. 내가 불케로부터 배운 것 중 가장 중요한 것은 야망을 가지고 있다면 그 열망을 조절할 줄 알아야 한다는 것이다. 개인의 경력은 40~45년에 이를 정도로 긴 시간이기 때문에 결코 다음 단계를 향해 성급하게 달려갈 필요가 없다.

전 세계 CEO들을 대상으로 최근 실시된 한 조사에 따르면 응답자들 대부분은 50대의 나이에 CEO가 되었다. 이탈리아나 일본과 같은 나라에서는 60대에 CEO가 된 사람들이 가장 많았다. 물론 세상은 변한다. 마크 저커버그Mark Elliot Zuckerberg처럼 20대에 글로벌 기업의 CEO가 되는 기업계의 아이돌들도 있다. 그러나 일반적으로 대부분의 사람들은 인생의 후반부에 경력의 정점에 도달한다.

자신의 경력에서 원하는 직위나 과정을 향해 빠르게 나아가고 있는지를 알고 싶다면 다음 질문들을 통해 시험해볼 수 있다.

- 지금 내 삶, 내가 다니는 회사, 그리고 직면한 도전에 대해 행복함을 느끼는가?
- 현재의 직함에 개의치 않고 어느 자리에 가면 행복할 수 있는지에 대한 미래를 그려볼 수 있는가?
- 내 주변인들은 나의 미래를 걱정하는 대신 내게 자신감을 주고 있는가?

불케의 교훈은 야망을 가지지 말라는 것이 아니다. 나는 그가 자신의 경력 내내 투지와 야망을 강하게 내비쳤을 것으로 확신한다. 다만 그의 교훈은 야망을 가지고 있더라도 가장 중요한 것이 삶의 다양한 면에서 좋은 균형을 유지하도록 하는 것임을 잊지 말아야 한다는 것이다. 만일 균형이 무너진 상태라면 즉시 바로잡도록 해야 한다. 균형이 잡혀 있다면 앞으로 기회가 올 것임을 믿으면 된다. 기회가 보이면 잡을 수 있다. 그때까지는 훗날 자신을 행복하게 하고 성공하게 만들 기초적인 발판들을 마련하면 된다.

불케의 성공에는 아내의 도움이 있었다. 배우자는 내가 CEO들과 대화할 때 종종 꺼내는 주제인데, 오히려 CEO들이 훨씬 더 자주 자신의 배우자에 대해 얘기를 하기도 한다. 예외를 찾기 힘들 정도로 거의 대부분의 CEO와 리더들은 삶 속에서 균형을 잘 유지하고 있다. 그들은 인생의 동반자를 이른 시기에 만나서 그들과 함께 삶을 누리며 진실한 동반자로서 생활한다.(이와 관련한 내용은 다시 살펴볼 예정이다) 불케 또한 예외는 아니었다.

이런 면면들이 불케로 하여금 네슬레의 회장이자 CEO가 되도록 도왔다. 그리고 불케가 자신의 삶을 오랜 시간 즐길 수 있도록 돕기도 했다. 또한 그로 하여금 CEO나 회장직을 상대화하지 않도록 만들었다.

Chapter 06

대학살의 나라에서

장 프랑수아 반 복스미어
(Jean-François van Boxmeer)

하이네켄
CEO의 이야기

죽음의 도시에서 삶을 배우다

1994년 8월, 자이레 동부의 부카부에서 가장 큰 양조회사인 하이네켄 브랄리마는 맥주를 한 병도 생산하지 않았다. 대신, 수천 병의 세럼을 실은 트럭들이 회사에서 근처 도시인 고마로 향했다. 그곳에서는 대부분 후투족인 난민 수십만 명이 콩나물시루 같은 캠프촌을 이루며 살고 있었다. 그들은 같은 해 4월에 투치족에 의한 후투족 대량학살로 시작된 르완다 내전을 피해 그곳으로 왔다. 여름이 되면서 투치족 반란군은 대량학살을 통해 정권을 장악하고 후투족을 르완다 밖으로 추방해 자이레 국경을 넘을 수밖에 없게 했다.

난민캠프는 위생 상태가 위태로운데다 또 하나의 재앙이 난민들에게 일어나기 직전이었다. 치사율이 50%에 이르는 콜레라의 발발이었다. 하이네켄 자이레 지사에 총지배인으로 새로 부임한 서른두 살의 장 프랑수아 반 복스미어는 이 죽음의 행렬을 멈추는 데 도움을 줄 수 있을 것이라고 생각했다. 며칠 전, 그는 콩고의 수도 킨샤사로부터 비행기를 타고 부카부 양조공장으로 날아갔다. 양조회사를 운영하는 사람으로서 어떻게든 콜레라를 진정시키는 데 도움을 주기를 원했기 때문이다. 효과가 있었을까? 또 복스미어가 독자적으로 행동한 것을 알았을 때 하이네켄 경영진은 어떻게 반응했을까?

복스미어와 르완다와 콩고 동부 위기에 대해 얘기하게 된 것은 그로부터 거의 20년이 지난 후였다. 하지만 그의 사무실에 걸린 콩고 사람들 그림은 그가 아프리카에서 지낸 오래된 시절을 항상 상기시켜주는 듯했다. 현재 세계 3위의 양조회사인 하이네켄의 CEO가 된 이 사람은 암스테르담에서 교육생이었을 때를 제외하고 초기 10년을 아프리카에서만 보냈다. 거기서 얻은 직업적 경험과 삶의 교훈들은 그가 매우 소중하게 여기는 시간이다. 하지만 그 시간 동안 그는 극도의 어려움과 재난에 직면했으며 미래도 암담했다. 그에게 삶과 경력에 가장 많은 영향을 준 순간들에 대해 물어보았을 때 대화는 곧바로 르완다와 콩고 시절로 돌아갔다.

2014년 4월 1일, 나는 인터뷰를 위해 네덜란드 암스테르담에 위치한 하이네켄 본사에 도착했다. 글로벌 기업의 본사라고 하기엔 매우 소박한 모습의 건물이었다.

쌉싸름한 맥주 인생의 시작

복스미어는 1961년 9월 12일 벨기에 익셀에서 태어났다. 벨기에의 브뤼셀 수도 지역 중에서도 상류층 지역이다. 복스미어 가족은 이 도시에서 소수에 속하는 프랑스어를 쓰는 커뮤니티의 일원이었다. 복스미어는 자연스럽게 어릴 때부터 2개 국어를 말할 수 있게 됐다. 집에서는 프랑스어를, 학교에서는 플라망 지역 네덜란드어를 썼다.

브뤼셀에서 고등학교를 졸업한 후 복스미어는 예수회 대학의 본거지인 나무르에 있는 대학에 진학했다. 그리고 거기서 예상치 못한 순간에 그의 맥주 인생이 시작된다.

"경력을 계획한 적이 결코 없습니다." 그 시절에 대해 그는 말했다. "맥주 업계에서 일할 것을 생각한 적도 없습니다."

대학에서 경제학을 공부하면서 그는 여름 몇 달 동안 일할 인턴 자리를 찾아보게 되었다.

"다양한 분야의 회사에 30군데 지원한 것 같습니다." 그는 말했다. "하지만 한 군데만 합격했습니다. 앤하이저부시 인베브Anheuser-Busch InBev(이하 ABI)였죠. 당시는 스텔라 아르투아Stella Artois라고 불렸습니다."

현재 세계 최대의 양조회사로 버드와이저, 벡스, 브라마 등의 파워 브랜드로 유명한 스텔라 아르투아는 그 당시 벨기에에서는 큰 회사였지만 세계적으로는 아직 마이너 회사에 불과했다. 하지만 젊은 복스미어는 그해 여름을 가장 이국적인 맥주공장에서 보내게 된다. 가봉의 수도인 리브

르빌이었다. 인구가 100만 명이 약간 넘는, 중앙아프리카의 서쪽 해안에 위치한 이 나라는 최고의 모험 대상지로 들렸을 것이 분명하다. 리브르빌은 수도이자 가장 중요한 해안으로 가봉의 북부 지역에 있으며, 적도의 약간 남쪽에 위치해 있다. 1년 내내 온도가 섭씨 20~30도 사이를 유지한다. 가봉 전역에 퍼져 있는 열대 숲과 해변, 야자나무가 그림을 완벽하게 만들었다.

"졸업 후 다시 여러 회사에 지원을 했습니다. 이번에는 매니저 교육생 모집에 지원했죠. 다시 여러 번 떨어졌습니다. 유니레버Unilever의 채용 담당자는 제게 '당신은 좋은 후보입니다. 하지만 우리는 최고만 뽑습니다. 그리고 당신은 그 최고 중 한 명은 아닙니다'라고 말했어요. 결국 저는 하이네켄의 제안을 받아들였습니다. 매력적인 회사라고 생각했어요. 그 회사는 산업적이고, 상업적인데다, 기분 좋은 상품을 소비자 시장에 제공했습니다."

복스미어에게 하이네켄 교육생은 외국에서 두 번째 일하는 것이었다. 가봉보다는 약간 덜 이국적인 하이네켄 암스테르담 양조공장에서 일하는 것이기는 했지만 그는 그의 일을 매우 좋아했다. 처음 6개월은 양조장에서 보내고, 다음 6개월은 회계부서, 다시 6개월은 세일즈 부서에 배치돼 식당과 바 영업을 했다. 그리고 마지막 6개월을 외국서 보냈다. 카메룬에서 트럭을 타고 돌아다녔다.

"회사의 다양한 부문을 모두 알게 된다는 생각을 하면 좋았습니다. 특히 양조 부문이 특히 좋았습니다. 암스테르담 공장에서 양조직원 보조로 일하는 6개월 동안 양조일과 사랑에 빠지게 됐죠."

교육이 끝날 때 쯤, 일한 지 2년 밖에 지나지 않은 시점이었지만 복스미어는 3개의 다른 나라에서 살아보고 일한 경험이 있는 사람이 되어 있었다. 그는 그가 앞으로 결국 중요한 결정을 내리는 자리에 오르는 업계의 내부 사정을 알게 됐다. 하지만 그는 나중에 자신이 수많은 사람들이 사망하는 무력 갈등이 벌어지는 곳으로 모험을 하게 될 것이라고는 꿈에도 생각하지 못했다.

"카메룬에서 돌아왔을 때 군대에 입대해야 했습니다. 당시에 벨기에에서는 병역이 의무였습니다. 그때 이미 입대를 2년이나 미루고 있는 상태였기 때문에 다른 선택의 여지가 없었습니다. 예외라면 아프리카로 돌아가는 것인데, 그렇게 하면 면제를 받을 수 있었습니다. 그때가 1986년이었습니다. 전 막 결혼을 한 상태였죠. 그래서 1년 동안이나 집에서 떠나 있을 수 없었습니다. 결국 저는 아프리카로 갔습니다. 솔직하게 말하면, 저는 제가 무엇을 하려고 계약서에 사인을 했는지 몰랐습니다. 전 스물다섯 살이었고 목적지에 대해서도 더 할 말이 없었습니다. 그 나이 때는 구석 사무실에 있는 높은 사람들이 저에 대한 결정권을 쥐고 있죠. 가봉이나 앙골라, 아니면 그 중간에 있는 어떤 나라로도 갈 수 있었습니다. 결정은 르완다로 났습니다. 우리는 1987년 그곳에 도착했습니다."

—

내전의 나라, 르완다에서

아프리카 중심부에 위치한 르완다는 현재 이른바 신흥시장 중의 일부이다. 21세기가 될 무렵부터 르완다는 평균 연평균 8%의 경제 성장률을 기록하며 세계에서 가장 높은 성장률을 유지하는 나라가 되었다. 100만 명 이상이 빈곤에서 구제되었고, 1인당 GDP가 아직 매우 낮은 수준인 650달러 정도에 불과하지만 이는 역대 최고치이다. 하지만 당시 그 나라는 결코 신흥시장이라고 할 수 없었다. 그는 "침몰하는 시장이었습니다"라고 말했다.

그가 르완다에서 보낸 6년 동안, 1인당 GDP 성장률은 1.5%에 불과했다. 하지만 그건 더 격동적인 현실을 숨기고 있었다. 이 기간 동안 르완다는 두 번 크게 성장하고 여러 차례 경기후퇴에 빠졌다. 아프리카 대호수들과 브룬디, 우간다, 탄자니아, 그리고 현재의 콩고 사이에 둘러싸인 르완다는 당시 인구 600만~700만 사이의 나라였다. 그리고 자생 능력도 없었다. 르완다가 독립 후 거친 길을 걸어가는 와중에 인종 갈등은 이미 허약한 경제와 국민 전체에게 언제라도 위협이 되는 존재였다.

40년 동안 벨기에의 식민 지배를 받아온 르완다는 1962년에 독립한다. 그리고 주요 종족인 후투족과 투치족이 '1000개 언덕의 나라'를 장악하기 위해 싸움을 벌인다. 복스미어와 그의 아내는 이런 상황 속에서 르완다에 도착한 것이었다. 나중에 르완다 대통령이 되는 폴 카가메Paul Kagame가 투치족이 이끄는 르완다애국전선RPF을 결성한 때였다.

"하이네켄 르완다 지사의 영업 매니저가 됐습니다." 복스미어가 말했다. "하이네켄 월드와이드의 작은 사업부였습니다. 하지만 거기서 많은 것을 배웠죠. 상황이 어려웠음에도, 또는 상황이 어려워서, 둘 다의 이유로 말입니다. 한번은 북 르완다에서 일한 적이 있습니다. 우간다 접경 지역이죠.

RPF의 본거지였습니다. 제가 도착하고 나서 몇 달 후, 이웃 나라 우간다의 대통령이 우간다 수도인 캄팔라에서 RPF의 회의를 개최할 수 있도록 허락했습니다. RPF이 공식적으로 창립된 곳이 바로 캄팔라입니다."

르완다에서는 아프리카 근무 경험인 많은 네덜란드인 막스 보릴Max Boreel이 복스미어의 상사이자 멘토였다. 그는 오랫동안 키부호수 근처에서 대농장을 운영해오다 하이네켄 일을 막 시작한 사람이었다.

"그는 모든 것을 알고 있었습니다." 복스미어는 말했다. "이 나라에서 성공하려면 편을 가르지 않고 모든 사람들과 두루 인간관계를 맺어야 한다는 것을 알고 있었죠. 그는 '듣고, 보고, 연결해야 한다'며 '외국 회사로서 우리는 매우 조심해야 하고, 우리 스스로가 정치 상황에서 일정 역할을 하는 위험을 감수해야 한다'고 말했습니다."

복스미어가 도착하고 3년 뒤인 1990년 9월 르완다에서 바라고 바라던 일이 일어났다. '가장 많이 여행을 한 교황'으로 알려진 요한 바오로 2세의 방문이었다. 르완다 국민들에게는 수십 년 전 백인들에 의해 집단으로 신앙을 갖게 된 이후 가장 역사적이고 기념비적인 사건이었다. 하지만 위험 요소도 있었다. 교황은 후투족과 투치족 모두의 존경을 받았고 그 두 종족 사이의 긴장은 교황 방문을 기다리는 동안 누그러졌다. 보릴은 "교황이 떠나면 내전이 발발할 것"이라고 복스미어에게 말했다.

"결코 잊지 못할 예언이었습니다." 복스미어는 말했다. "정확하게 들어맞았기 때문입니다. 9월이 왔고 교황의 방문이 이뤄졌습니다."

하지만 복스미어의 멘토인 보릴이 예측한대로 평화는 오래 지속되지 않았다. 일주일 후 RPF군이 우간다-르완다 국경을 넘어 르완다 북부로 진격해 후투족을 공격하기 시작했다. 그들은 몇몇 마을과 도시를 장악했고 당시 정권을 위협했다. 복스미어는 "그 일이 일어났을 때 르완다 대통령은 프랑스에 도움을 요청했고, 그 둘은 함께 카가메를 저지했습니다"라고 말했다. 휴전이었다. 하지만 깨지기 쉽고 지속하기 힘든 것이었다.

"림보 상태가 시작됐다 점점 대학살로 변해갔습니다." 그가 말했다. "정권은 강경해졌고 반 투치족 성향으로 변해버렸습니다. 그들은 후투족과 투치족을 분리했고 효과적으로 분리된 사회가 됐습니다. 어떤 때는 후투족이 투치족으로 대해지기도 했습니다. 예를 들어, 투치족과 결혼을 하는 경우입니다."

위협의 시대가 지나는 동안, 복스미어는 르완다를 떠나 상황이 나아지면 다시 돌아오려 했다.

"카가메가 국경을 넘어 르완다로 들어왔을 때 전 그 반대로 움직였습니다." 그는 말했다. "저도 국경을 건넜지만, 차를 타고 르완다 수도 키갈리에서 동콩고(당시에는 자이레)의 고마로 이동했습니다. 거기서 킨샤사로 가는 비행기를 타고 유럽으로 들어왔죠. 상황이 진정되고 나서 르완다로 돌아왔습니다."

3년이 지난 뒤, 아직 긴장이 고조 상태였을 때, 복스미어는 승진을 해 인접국인 콩고로 발령을 받았다. 아직 영업 매니저였지만, 이번에는 르완다보다 몇 배로 큰 나라를 담당하는 매니저였다. 사업상의 결정이었다. 복스미어는 르완다에서 다음에 어떤 일이 일어날지 전혀 몰랐다.

하이네켄의 세럼으로 콜레라와 맞서다

콩고의 영토는 서아프리카의 대서양쪽 해안선의 극히 일부로부터 시작해 콩고 강 유역의 엄청난 지역까지 이어진다. 사하라 사막 이남의 아프리카에서는 가장 영토가 큰 나라다. 미국 영토의 1/4에 가까운 크기에 인구는 7900만이다. 텍사스 주와 캘리포니아 주를 합친 것보다 많다. 수도인 킨샤사의 기후는 덥고 습하며 킨샤사와 그 주변에는 열대 식물들이 자란다.

콩고는 큰 땅이고 도전적인 환경이었지만, 복스미어는 그 안에서 성공했다. 1994년 영업 매니저로 임명된 지 1년 만에 그는 회사 역사상 최연소 총지배인 중 한 명이 되었다. 그가 완벽한 성과를 낸 결과이기도 했지만, 그와 그의 동료들이 일했던 격동의 환경 때문이기도 했다. 하이네켄 콩고 지사의 전임 총지배인이 퇴사한 후 지역의 정치적, 경제적 긴장 상태 때문에 자이레로 옮겨가 사업을 총괄할 의지가 있는 선임 매니저를 내부적으로 찾기 힘들었기 때문이었다.

처음에 복스미어는 자신이 그 정도의 능력이 안 된다고 생각했다.

"저는 30대 초반이었고, 2500명의 직원이 있는 조직을 운영할 수는 없었습니다." 그는 말했다. "하지만 회사는 총지배인을 필요로 했고 아무도 콩고에 가려고 하질 않았습니다. 그래서 회사는 회계책임자, 기술책임자 아니면 저를 승진시키는 방법밖에 없었습니다. 회사는 지역에서 제가 더 성과가 좋다고 결론 내렸고 저한테 한번 맡겨본 것입니다."

거친 여정이 될 것이었다. 1993년 3월 복스미어는 당시 하이네켄 회장인 카렐 부르스틴Karel Vuursteen이 '아프리카 투어'를 할 때 몇몇 지역을 같이 간 적이 있었다. 그들이 같이 간 곳 중 한 곳이 르완다 서부의 오래된 도시 기세니다. 자이레 동부 최대 도시인 고마하고도 인접해 있다.

"마법 같은 밤이었습니다." 복스미어는 회상했다. "고마에 있는 우리 양조공장을 방문하고 나서 국경을 넘어 기세니의 키부호수 국경에서 저녁 식사를 했습니다. 르완다 국립발레단이 무용수와 톰톰 드럼 연주자들과 공연하는 것을 보았습니다. 동화 속에 살고 있는 듯한 느낌을 받았던 것이 기억이 납니다. 하지만 우리가 떠날 때, 저는 1년 전 마지막으로 르완다에 머물렀을 때 이후로 뭔가 바뀌었다는 것을 또한 느꼈습니다. 뭔가가 느껴졌어요. 설명은 못하겠지만 먹구름이 하늘에 걸려 있는 것 같았습니다.

이 젊은 총지배인이 옳았다. 가장 끔찍한 방면으로 말이다. 부르스틴과 복스미어가 르완다를 떠나고 몇 주 후 지옥이 시작됐다. 하브야리마나 대통령을 태우고 가던 비행기가 격추돼 같이 타고 가던 그의 후투족 협상자가 대통령과 동반 사망한 것이다. 누구도 공격을 했다고 나서지 않았다. 후투족 군사 지도자들은 카가메가 이끄는 투치족 반군을 비난했고, 후투족 사람들이 투치족 사람들을 모두 죽여야 한다고 부추겼다. 살육이 처음에 가장 격렬하게 일어난 지역이 기세니였다.

살육은 가차 없었고 광범위하게 일어났다. 몇 주 만에 50만 명 이상의 후투족이 죽임을 당했다. 역사에서 최악의 살육 중 하나로 기록될 것이었다. 르완다 최대 맥주회사인 하이네켄도 피해를 입었다.

"현지 직원이 많이 죽었고, 그들은 모두 내가 같이 일하고, 알고 있는 사람들이었습니다. 이제 그들은 모두 가고 없었습니다. 끔찍했어요."

북쪽에서는 폴가메와 그의 투치족 RPF가 그 어느 때보다 나라를 장악하려고 혈안이 돼 있었다. 그들은 후투족 정부와 군대를 공격하고 빠르게 성과를 냈다. 7월에는 수도인 키갈리와 기세니를 장악했다. 기세니는 처음에 살육이 가장 격렬했던 곳이다. 석 달 만에 이 끔찍한 전쟁의 판이 뒤집혔다.

투치족 RPF가 나라의 대부분을 장악한 가운데, 봄에 수십만의 투치족을 학살한 후투족은 자신들의 목숨을 걱정해야 할 지경이 됐다. 기세니 국경을 가로질러 자이레로 도망칠 수 있었던 사람들은 고마워 그 주변 임시 난민캠프를 가득 채웠다. 나중에 대호수 난민위기로 불리는 사건이다.

"우리도 도망쳐야 하는 직원들이 있었습니다. 우리는 그들에게 잠자리를 제공하고 그들의 가족을 돌보고 수입을 제공했어요. 그들이 가진 것이 아무것도 없었기 때문입니다."

더 큰 그림은 완전한 난장판이었다. 급작스러움과 엄청난 규모 때문만이 아니라 복스미어 말로는 "누가 좋은 사람이고 누가 나쁜 사람인지 알 수 없었기 때문"이기도 했다. 후투족 정권을 구하기 위해 와야 했던 프랑스군이 르완다 남서부를 카가메의 RPF에게 빼앗겼을 때 상황은 더 악화됐다. 다시 100만 명 정도의 후투족 르완다인이 자이레로 도망쳐야 했다. 이번에는 부카부로 가야 했다. 고마의 남쪽으로, 남서부 르완다와 국경을 마주하고 있는 지역이었다.

난민들이 자이레의 고마와 다른 동부 지역의 도시들을 채우기 시작한 지 한 주가 지나서는, 누가 '좋은' 난민인지, 누가 '나쁜' 난민인지 구별할 시간이 없어져 버렸다. 기초 난민캠프가 세워지는 것과 동시에 열악한 위생과 영양 상태로 콜레라, 설사 등의 질병이 발생하기 시작했다. 수천 명의 사람들이 콜레라 발발로 사망했다. 국제적인 도움은 늦거나 부족했다. 르완다에서 6년을 살았고 여러 달 동안 부카부의 양조공장, 고마의 창고를 포함해 하이네켄 자이레 지사를 운영했던 복스미어는 뭔가를 해야 한다고 느꼈다. 그것도 산속하게 말이다.

복스미어가 벨기에 집에서 르완다와 자이레 상황을 다룬 뉴스를 보고 있던 어느 여름날, 그의 처남이 아이디어 하나를 냈다.

"이웃 한 명이 식민지 시절 아프리카에서 의사를 했어요." 처남은 복스미어에게 말했다. "1950년대에 콜레라가 발생했을 때 양조공장에서 생산되는 세럼으로 콜레라하고 싸웠다고 했어요."

"가서 그 사람 만납시다!" 복스미어는 주저하지 않고 말했다.

그 사람의 집에 도착해서 복스미어는 종이와 펜을 꺼내 그가 설명해준 재료들을 적었다.

"구매부에 전화를 했습니다." 복스미어는 말했다. "필요한 물건을 사게 한 후 보잉707에 실어서 고마로 보냈습니다. 며칠 후 기술 담당자와 내가 킨샤사를 경유해 직접 고마로 날아갔습니다. 그리고 세럼을 제조하기 시작했습니다. 맥주 생산을 중단하고 병을 모두 세럼으로 채웠죠."

고마에서 그의 선택은 의심을 받았다.

"국경없는의사회가 우리 세럼을 원하지 않았습니다." 복스미어는 말했다. "그들은 세럼이 효과가 없다고 믿었습니다. 하지만 카리타스 같은 자이레에서 활동하는 다른 자선단체는 세럼이 좋은 아이디어라고 생각했습니다. 그들은 우리와 함께 세럼을 배포하는 일을 했습니다."

복스미어가 고마에 갔을 때의 상황에 대해 당시 지역 유엔 관련자는 "지옥이 다시 나타난 것"이라고 묘사했고, 빌 클린턴 미국 대통령은 "한 세대 최악의 인도주의 위기"일 것이라고 했다. 복스미어의 경험도 다르지 않았다.

"그때도 있던 프랑스군은 불도저로 거리를 밀고 다녔습니다. 시체를 치우기 위해서였습니다. 살면서 그런 광경은 처음 봤습니다. 결코 잊지 못할 겁니다. 최악은 TV로는 볼 수 없는 것이었습니다. 그건 냄새였어요. 죽음의 냄새요. 사람들이 거리에서 죽어가고 썩어갔습니다. 끔찍했습니다."

복스미어는 "우리는 거기 남아서 세럼 생산을 시작하고 우리가 줄 수 있는 도움을 줬습니다"라고 말을 이었다. 그리고 적어도 조금은 도움이 됐다. 세럼은 어떤 경우에는 감염된 사람들의 증상을 완화시켰다. 하지만 콜레라 창궐은 미군이 들어와 키부호수에 정수시설을 설치하기 전까지는 멈춰지지 않았다.

"진정한 해결책은 사람들에게 깨끗한 식수를 공급하는 것이었습니다." 그는 말했다. "난민캠프의 위생 문제 때문에 깨끗한 물을 마실 수 없었던 것입니다. 전염병이 사라지고 사람들의 죽음이 멈춘 것은 이런 해결책이 마련되고 나서였습니다."

르완다 학살은 결국 끝났다. 자이레에서 콜레라 창궐도 끝났다. 느리고 고통스러운 치유 과정이 시작될 수 있었다. RPF는 연합정부를 구성하고, 9년 후 조직적인 선거를 실시했다. 그 선거에서 카가메가 대통령으로 당선되었다. 복스미어는 콩고의 혼란에도 불구하고 자이레에 2년 더 남아

하이네켄의 생산과 수익을 기적적으로 상승시켰다.

"그 당시에 전 단순히 양조공장을 운영한 것이 아니었습니다." 복스미어는 말했다. "동시에 위기관리도 했습니다. 콩고는 1년 인플레이션이 수천%를 기록하며 내리막길로 가고 있었고, 군인들은 도시 전체에서 약탈 행위를 하면서 시민들을 쏘기도 했습니다. 하지만 제게 위기관리는 새로운 정상 상태가 되었습니다. 혼란을 통해서 양조회사를 운영하는 것보다 더 좋은 방법은 모릅니다. 다른 상황에서 양조회사를 운영해본 적이 없기 때문입니다."

콩고에 있을 때 복스미어는 하이네켄의 시장 점유율을 두 배로 늘리는 데 성공했고, 그 자신, 가족, 직원을 내전으로부터 지켜냈다. 지구상에서 가장 위험한 곳에서 살았지만, 1997년 유럽에서 급성장하고 있는 폴란드 지사를 맡으라고 소환됐을 때 복스미어는 슬펐다.

"폴란드를 싫어해서가 아니라 아프리카를 너무 사랑하게 돼서 그랬던 것입니다." 그는 말했다. "아프리카는, 사람들 표현처럼 늘 눈에 밟힙니다. 진짜 그렇습니다. 위기와 혼란에도 불구하고, 주변에서 아무도 다치지 않는다면, 가장 많이 생각나는 긍정적인 순간들이 있었고, 그 순간들은 꽤 많았습니다."

하이네켄의 최연소 CEO, 복스미어

폴란드에서 복스미어는 문화적 충격을 겪었다. 바르샤바에서 그는 약

400km 떨어진 작은 마을의 한 호텔에서 고립되다시피 살았다. 호텔에 오는 사람들은 주로 트럭 운전사들이었고 그는 폴란드어도 못했다. 힘들 었다. 가슴속 깊은 곳에서 그와 그의 아내는 아프리카를 떠나는 것을 원 치 않았다. 그곳은 기온이 높고, 사람들이 따뜻했고, 지역 사회는 그들을 환영해 주었었다. 이곳 폴란드에서는 모든 것이 차가왔다.

하지만 그는 자신이 옳은 결정을 했다는 것을 알고 있었다.

"그때 아프리카를 떠나지 않았다면 결코 못 떠났을 수도 있었습니다." 그는 말했다. "너무 이른 것일 수도 있었지만, 우리는 너무 늦을 때까지 기다릴 수도 없었습니다."

그래서 추위, 아주 다른 생활방식에도 불구하고 복스미어는 폴란드로 오기를 잘했다고 쭉 생각하고 있었다. 자주 외로웠던 첫 겨울이 지나고 그는 허리를 폈다. 언어를 배우고 동료에게 말을 걸면서 연습을 했다.

"어둡고, 외롭고, 혼자 있고, 고립되어 있었는데 어느 날 이 모든 것들이 싹 사라졌습니다. 같은 말을 하게 되면서 사람들의 신뢰를 얻게 되고, 어 떤 일이 일어나고 있다는 것을 느끼게 됩니다. 상황이 흥분되고 재미있어 집니다. 역사를 배우지만, 자신이 무언가 더 큰 것의 일부라고 느껴지죠."

복스미어는 확실히 무엇인가 더 큰 것의 일부분이었다. 1989년, 인구 3500만의 중부유럽 국가인 폴란드는 제2차 세계대전 종전 이후 최초의 자유선거를 실시했다. 공산주의 국가 폴란드를 민주주의 국가로 전환시 키는 데 도움을 준 '자유연대'의 지도자이자이며 노벨상 수상자인 레흐 바웬사Lech Walesa가 1990년 대통령으로 선출됐다. 그의 대통령 시절, 폴 란드 경제는 처음에는 붕괴했지만 곧 신흥시장으로 다시 떠올랐다.

1997년 복스미어가 도착했을 때는 폴란드 경제가 사상 최고 성장률을 기록하고 있었다.

"저는 성장은 없고 혼란만 있었던 아프리카에서 왔습니다. 하지만 폴란드는 진정으로 떠오르는 시장이었습니다. 손을 대는 것마다 황금으로 만들 수 있었죠. 그곳의 에너지는 못 믿을 정도였습니다. 인생을 통틀어서 그런 것은 한 번도 보지 못했습니다. 그리고 공산주의가 막 끝났다는 것이 흥분되기도 했습니다. 결국 그것은 정말 재미있었습니다. 그래서 그곳을 떠날 때 전 다시 눈물을 흘렸습니다. 폴란드를 사랑하게 된 것입니다."

하지만 새로운 모험이 그를 기다리고 있었다. 혼란기에 헤이네켄 자이레 지사를 이끌어 고성장을 이룬 그는 200년 마지막 테스트를 받게 된다. 잘나가는 글로벌 모범이 된 하이네켄 이탈리아 지사를 운영하는 것이었다.

"최고의 회사였습니다. 처음으로 저는 뭔가를 세울 필요가 없이 경영만 하면 됐으니까요."

그 회사의 성공은 잘 훈련된 인력, 하이네켄을 포함한 강한 브랜드들에 바탕을 둔 것이었지만 또한 인수한 지 얼마 안 된 이탈리아 맥주회사인 비라 모레티Birra Moretti, 특히 스텔라 아르투아 덕분이기도 했다. 스텔라 아르투아는 현재 하이네켄의 가장 강력한 경쟁사이지만 당시 이탈리아 시장에서는 하이네켄이 라이선스를 얻어 제품을 만들고 있었다.

개인적으로도 복스미어는 곧 편안함을 느꼈다.

"환상적인 생활방식이었어요." 그는 말했다. "사람들은 '운 파소 피유 비치노 알 파라디소Un passo piu vicino al paradiso(천국에 한 발짝 더 가까이)'라고 말했습니다."

또한 경력 면에서 복스미어는 맥주업계의 전설인 피에로 페론Piero Perron의 발자취를 밟기 시작했다. 페론은 이전에 비라 모레티를 경영했으며, 복스미어가 올 때까지 하이네켄 이탈리아 지사 전체를 경영했던 사람이다.

"잘 돌아가고 있는 것들을 바꾸지 않는 법을 배웠습니다." 복스미어는 말했다. "대신 하이네켄의 떨어져 있는 세 부분인 하이네켄, 스텔라, 모레티를 하나로 합치는 데 집중했습니다."

2001년 하이네켄 월드투어를 마치고 나서 그는 암스테르담 본사로 소환되었다. 그리고 이사회의 일원이 되었다. 2005년에는 마흔넷의 나이로 하이네켄 인터내셔널의 회장 겸 CEO로 선임되었다. 하이네켄 창립자 가족이 아닌 사람으로서는 두 번째였고 그때까지 최연소 CEO였다. 10년 지난 지금도 그는 그 자리에 있다. 창립 당시 맥주 공장이 있던 곳 바로 옆, 암스테르담 트위드 웨터링플랜트선에 있는 본사의 크고 깔끔한 구석 사무실을 차지하고 있는 것이다.

복스미어가 정상에 오르는 과정과 그동안 그가 겪은 험난한 것으로부터 우리가 끌어올 수 있는 교훈은 무엇일까? 우리가 나눈 대화로부터 두 가지의 교훈을 바로 얻을 수 있다.

| 새로운 길을 개척하라 |

많은 사람들은 런던, 뉴욕, 홍콩 같은 도시에 있는 최고의 컨설팅회사, 법무법인, 개인자산관리업체 등에서 일을 시작하는 것이 나중에 경력에서 정상에 위치를 확보할 수 있는 최선의 방법이라고 생각한다. 하지만 복스미어의 예는 사람들이 다니는 길을 벗어나도 정상에 오를 수 있다는 것을 보여준다.

"처음에는 아프리카에서 3년만 일하기로 계약했습니다. 나중에 런던, 뉴욕, 파리를 잇는 중심축에 안착하겠다는 생각을 가졌던 것입니다. 하지만 일이 다르게 풀리기 시작했고 저는 르완다, 자이레, 폴란드를 잇는 축에 10년 이상을 머물렀습니다. 그렇게 화려한 경력은 아니었지만, 나중에 생각해보니 그것 때문에 CEO가 된 것이죠."

실제로 복스미어가 서른한 살이라는 이른 나이에 총지배인이 된 것은 자이레에서였다.

"네덜란드 본사 이사회가 저를 주목한 것은 그 일을 할 때였습니다. 6~7년 정도 경력이 더 있어야 하는 일이었는데도 제가 맡게 됐고 잘해냈습니다. 제가 그 기회를 갖게 된 것은 운이 아니라 상황의 조합 때문입니다. 일을 잘해 나중에 승진했다는 것은 제가 일단 기회를 잡으면 그 일을 열심히 했기 때문이죠."

복스미어가 서유럽이나 미국에서 머물렀었다면 나중에 총지배인이 될 기회를 잡을 수 있었을까? 그럴 수도 있겠지만, 그렇게 일찍은 아니었을 것이다. CEO가 될 수 있었을까? 잘은 모르지만 그렇게 되지는 않았을 것 같다.

"자이레에서 군사적 불안이 발생하지 않았더라면 자이레 총지배인이 되지 못했을 것입니다. 겸손하려고 하는 말이 아닙니다. 현실이기 때문에 하는 말입니다."

자이레에서 총지배인이 되어서 일을 잘해낸 것은, 바꾸어 말하면 복스미어의 경력에 있어서 주춧돌이 되는 것이었다.

"그것은 제 경력의 시작점이자 핵심적인 순간, 위로 올라가는 길의 시작이었습니다. 결국 전 최연소 CEO가 되었고, 다시 말하지만 그렇게 될 수 있는 기회를 남보다 6~7년 먼저 갖게 되었어요. 그것이 진실입니다. 거기서부터 저의 한계까지 확장된 것입니다. 나중에, 폴란드와 이탈리아에서 제가 맡은 역할을 하면서 성장을 했지만, 그 일들은 다 만들어져서 접시 위에 올라온 것들이었고 저는 사람들의 제게 기대한 대로 해냈습니다. 제가 CEO가 되는 과정은 신비하지도, 비밀이 있지도 않습니다."

여기서 배울 중요할 점은, 야망이 있다고 해도 정상에 오르는 방법은 하나만 있는 것이 아니라는 점이다. 즉, 사람들이 가장 많이 가는 길을 가야 할 필요가 없다는 것이다. 복스미어는 아프리카에서 당분간 일을 하고 싶어서 그곳에 가는 것을 선택했다. 그리고 그는 하이네켄에서 일하기를 선택했다. 그 회사에서 아프리카에서 일할 것을 제안받았고 그 업계를 좋아했기 때문이다. 하지만 그는 CEO가 될 것을 계획하지는 않았고, 그의 모든 경력을 하이네켄에서 유지할 계획도 없었다. 하지만 결국 그렇게 되었다.

복스미어의 예는 사람들이 많이 다니는 길에서 벗어나는 것을 두려워할 필요가 없다는 것과 CEO가 되는 것에 대해 20년 앞서 생각해서는 안 된다는 것을 보여준다. 복스미어는 자신의 교훈을 "당신이 지금 해야만 하는 일을 잘 하십시오. 그리고 다음 단계에 대해서는 생각하지 마십시오"라고 요약했다.

"당신이 하는 일을 잘한다면 그것을 믿어야 합니다. 회사가 당신을 알아볼 것입니다. 그리고 회사가 당신을 못 알아본다면 당신은 잘못된 회사에서 일을 하는 것이죠. 회사 내부적으로 당신의 능력을 알리는 데 시간의 4분의 3을 소비해야 한다면, 조만간 그 회사는 내리막을 걸을 것입니다. 진심입니다."

스스로 원칙을 지키며 살면서 복스미어는 그가 하이네켄이 팔리는 190개 나라와 하이네켄이 맥주를 생산하는 70개 나라를 돌아다니는 데 많은 시간을 보냈다고 말했다.

"일하는 시간의 반을 전 세계에서 대규모, 소규모로 영업이 이뤄지는 곳들을 돌아다니는 데 소비했습니다. 그리고 저는 상대적으로 소규모의 영업이 이뤄지는 곳을 가는 것도 중요하다고 생각했습니다. '작은 돈을 지키지 못하는 사람은 많은 것을 가질 수 없다'라는 말이 있습니다. 오늘의 숨겨진 보석은 내일 왕관에 쓰이는 보석이 될 수 있습니다. 제 눈으로 보고 경험도 해왔습니다. 자이레에서 일하던 회계 담당자는 나중에 부룬디의 회계 관리자가 되고, 이집트의 총지배인, 프랑스의 총지배인이 되었습니다. 지금은 세계 최대의 시장 중 하나인 멕시코를 책임지고 있고요."

| 흐름에 거슬러 가야 한다 |

복스미어의 상승으로부터 배울 수 있는 두 번째 분명한 교훈은 결정적인 순간에 과감하게 흐름을 거슬러 가야 한다는 것이다. 콜레라와 싸우기 위해 세럼을 만들기 시작하기로 한 복스미어의 결정만큼 이 교훈을 잘 드러내는 것은 없다.

"나는 그 결정이 토론의 여지가 없는 것이라고 생각합니다. 그것은 순식간에 제가 스스로 내린 결정이었고 회사는 많은 금전적 부담을 져야 했습니다. 하지만 그것은 옳은 결정이었습니다. 승인을 구해서는 안 되는 결정이었죠. 제 상사가 이렇게 말하려고 했을까요? '사람들의 생명을 구하려고 시도하지만 우리는 하지 않을 것입니다'라고 했을까요. 아닙니다. 기업가가 되는 것은 위험을 감수하는 것을 의미합니다. 그리고 이것은 감수할 만한 가치가 있는 위험이었습니다."

때로 당신이 할 수 있는 가장 과감하면서 최선인 결정은 당신이나 당신이 일하는 회사에게 금전적으로 말이 안 되는 것들이다. 콜레라 세럼의 경우, 결정의 유일한 효과는 하이네켄의 금전적 손실이었다. 그 세럼을 사용할 비영리단체가 있을지도 확실하지 않았다. 그리고 사용한다고 해도 효과가 있을지도 의문이었다. 홍보 면에서도 효과가 없었다. 그 결정이 밖으로 알려지지 않았기 때문이다. 그리고 알려졌다고 해도 사람들이 복스미어가 취한 행동을 제대로 평가할지도 확실하지 않았다.

하지만 진정한 리더가 떠오르고 인정받는 것은 바로 이런 순간이다. 복스미어의 경우처럼 일을 하면서 강렬하지는 않지만 우리는 모두 비슷한 순간들을 겪는다.

흐름을 거슬러 가는 것이 회사의 이익을 거스르라는 뜻은 아니다. 단순히 시간과 돈 보다 더 넓은 방법으로 이익을 정의한다는 뜻이다. 복스미어의 경우, 세럼 생산 결정은 일종의 패턴으로 굳어졌다. 그가 직원과 직원의 가족들을 자기 가족처럼 보살피는 진정한 보호자로 인식되는 유형이다.

"아프리카 추장처럼 되는 법을 배웠습니다." 그는 말했다. "가부장적으로 들릴 수도 있지만 그건 당신을 위해 일하는 사람들을 보살핀다는 의미입니다."

요한 오릭의 경우, 그의 결정은 일이 아무리 중요해도 건강한 가족을 유지하는 것도 그만큼 중요하다는 생각을 심어주었다. 이 두 가지가 서로 충돌하면 둘을 분리할 수 있는 척하는 것보다 현실을 직시하고 인정하는 것이 낫다.

"일과 개인의 삶을 분리할 수 없을 때가 있습니다." 그는 말했다. "이 경우에 제가 그랬듯이 리더로서 그것에 관해 터놓고 얘기한 것이 도움이 되었습니다. 그렇게 해도 리더로서의 위상이 약해지지는 않습니다. 오히려 더 강해지죠."

이 두 가지 분명한 교훈을 넘어서, 복스미어는 아프리카에서 일한 경력 초반에서 다음과 같은 세 가지 원칙도 얻었다.

| 얻고 싶다면 먼저 베풀어야 한다 |

이 첫 번째 원칙은 세럼 결정에서 그대로 드러난다. 하지만 그것을 넘어서 이 원칙은 복스미어와 동료들이 이런 결정들의 와중에서 내린 또 다른 결정들도 설명해준다. 예를 들어, 하이네켄 직원들과 그 가족들이 르완다 내전 중에 자이레로 피신한 난민 신세가 되었을 때, 복스미어의 하이네켄 자이레 지사는 수입이 없는 이들을 모두를 받아주고 지원했다.

"사람들과 일한다면 주는 것 외에는 다른 선택이 없습니다." 복스미어는 말했다. "그렇지 않으면 실패합니다. 쉽지는 않지만 매우 중요한 것입니다. 회사가 클수록 위험도 커집니다. 하지만 직원들과는 사회적 계약을 한 겁니다. 그것은 리더가 기억하고 준수해야 할 필수적인 요소입니다."

| 말하는 대로 행동하라 |

복스미어는 이 원칙을 항상 혼란에 시달리는 자이레에서 배웠다.

"통제할 수 없는 상황에 직면하면 그것을 받아들이고 어떻게 대처할지를 결정하는 법을 배워야 합니다. 하지만 첫 번째 교훈은 항상 물건들을 잊지 않고 배달해야 한다는 것입니다."

그는 그런 상황에 직면했다. 하이퍼인플레이션 때문에 대금을 받지 못하거나, 충분히 받지 못하거나, 배달을 못할 수 있는 위험에 처했다.

"하이퍼인플레이션을 양탄자 밑으로 쓸어 넣을 수는 없었습니다. 주어진 상황이었죠. 그 경우에 파도를 타야 했습니다. 파도를 부술 수는 없었기 때문이죠. 제품을 배달한다는 것을 확실하게 해야 했고 대금을 받는 것도 확실히 해야 했습니다. 그것이 제가 한 일입니다. 전 맥주를 배달했고 제품이 도착하는 날 대금을 받아야 한다고 요청했습니다. 환율의 위험은 감수했지만 외상의 위험은 감수하지 않았죠. 차라리 그렇게 한 것입니다. 달러로 지불해달라고 요청하지 않고, 차라리 돈을 받지 못할 위험을 감수하거나 배달을 못할 수 있는 위험을 감수한 것이죠. 다행히도 결과가 좋았습니다."

그가 제품이 도착하는 날 현금을 지급하는 것을 요청해서일까? 아니면 항상 거래의 마무리를 잘 지어서였을까? 복스미어에게는 양쪽 모두였다. 하지만 그는 스스로 배달하는 것부터 시작했다.

복스미어는 리더십이 "이야기를 하는 것"에 더 가까워지는 덜 불안한 시장에서는, 매니저이지만 배달을 직접 하는 것을 잊지 않았다고 말했다. 그렇지 않으면, 그는 "사기꾼이 될 겁니다"라고 말했다. 따라서 두 가지를 해야 한다.

"이야기를 해야 하고, 어디로 가고 있는지 말해야 하고, 사람들에게 자부심을 갖고 행복하라고 말해야 합니다." 그는 말했다. "또한 배달도 해야 합니다. 최소한 관리할 수 있어야 하고, 리더도 되어야만 합니다."

| 실패한다면, 인정하고, 사과하고, 개선해야 한다 |

복스미어는 자이레에 암스텔 맥주 브랜드를 출시시키던 때를 회상한다.

"완전히 실패했습니다." 그는 말했다. "우리는 많은 성공을 했었는데 이번엔 그렇지 않았습니다. 그래서 우리는 해야 할 일을 했습니다. 우리가 틀렸다는 것을 인정하고, 출시를 중단하고, 사과하고, 다른 브랜드에 집중해 나아갔습니다. '브랜드가 너무 과한' 경우였습니다. 많은 돈을 손해 봤고 우리의 실수로부터 배웠습니다. 그리고 실수를 반복하지 않았습니다. 그리고 그게 끝입니다. 항상 성공할 수는 없는 것이죠."

이는 현재 많은 직장인들에게 깊은 울림을 줄 수 있는 깨달음이다. 명확한 명제 같지만, 사실 조직생활에서 실패를 인정한다는 것은 쉬운 일이 아니다. 이는 책임과도 연결되는 부분이기 때문이다.

하지만 장기적인 관점에서는 복스미어의 말이 단연코 옳다. 실수가 있다면 인정하고 정정해야만 자신과 함께 조직이 성장할 수 있기 때문이다.

집을 떠난 사람들과
집으로 돌아간 사람들

앞서 CEO들이 다양한 기회를 접하고 적극적으로 잡아 지금의 자리에 올랐다는 것을 확인했다. 하지만 삶에는 양육과 가정의 여건 등 여러 변수들이 존재한다. 이런 상황들이 자신에게 다가온 기회를 적극적으로 얻고 활용하는 데 어려움을 줄 수도 있다. 그것이 사실이라면 우리는 먼저 그런 장벽들을 극복하고 그것들로부터 '벗어나야' 한다.

삶의 후반부에는 경력에 대한 초반의 열의가 사라지면서 가족생활을 잘하는 것이 성공적인 경력을 갖는 것만큼, 또는 그 이상으로 중요하다는 것을 깨닫게 될 수도 있다.

Chapter 07

벗어나기

릭 고잉즈
(Rick Goings)

수전 캐머런
(Susan Cameron)

타파웨어와 레이놀즈 아메리칸 CEO의 이야기

—

CEO가 걸어온 '다른 길'들에 대하여

"대부분의 CEO들을 보세요." 타파웨어Tupperware의 회장이자 CEO인 릭 고잉즈는 말한다. "그들의 3분의 2는 전통적인 경로를 밟아왔습니다. 적절한 대학과 대학원을 나와서 회사에서 전통적인 길을 걸었지요. 그러다 어떤 순간에 정상의 자리를 얻게 된 겁니다."

고잉즈는 우리가 만나기로 한 호텔 바에서 화이트 와인을 홀짝이며 "주목할 만한 일이기도 그렇지 아니기도 합니다"라고 말했다. 다보스에 위치한 목조 구조의 전형적인 스위스 알프스 호텔이었다.

"저는 하버드 경영대학원을 마치고 베인앤컴퍼니에 갔습니다. 그리고

CEO가 되었습니다. 세계에서 가장 위대한 CEO들을 많이 배출한 길이기도 하고 제가 가장 존경하는 분들이 갔던 길이기도 하죠. 자만할 만한 이야기는 아니지만 말입니다."

직설적이지만 일리가 있었다. 이 책의 첫 부분에서 다뤘던 CEO들 중 일부는 적어도 서류상으로는 그가 말한 것과 거의 정확하게 같은 과정을 거쳤다. 오릿 가디쉬, 데이비드 케니, 알베르토 비탈레의 이력서는 확실히 고잉즈가 말한 것에 맞아 떨어졌다. 그들은 물론 도중에 도전과 마주했다. 그리고 그들이 이런 도전에 어떻게 대처했는지 듣는 것은 놀라운 일이다. 하지만 그들이 스물다섯 살이 되었을 때 그들은 우리라면 갈 수 없는 어떤 길을 이미 가고 있었다. 최고의 경영대학원 졸업생이라는 길이었다.

"다른 길을 걸은 나머지 3분의 1의 CEO들도 있습니다. 그들은 별로 주목받지 못하는 학교를 다녔고, 20대에 자신만의 회사를 시작했을 것이며, 아마 학교를 중간에 그만둔 사람들도 있을 것입니다. 너무나 많은 미지수를 가진 예측하기 쉽지 않은 길이기도 하며 운과 모험의 여지가 많은 길이기도 합니다. 패배하지 않기 위해서가 아니라 이기기 위해 투지를 가지고 리더로서의 삶을 사는 사람들이 가는 길입니다. 그들의 이야기는 눈에 확 들어오는 이야기들입니다."

이 두 가지 종류의 이야기 중 어떤 것을 고잉즈가 들려줄지 예측하는 것은 힘들지 않았다.

CEO들이 모두 아이비리그 출신은 아니다. 물론 폴 볼케, 장 프랑수아 반 복스미어 등의 예에서 그렇다는 것을 알았다. 하지만 그들은 우선 세계의 다른 부분 출신이다. 미국에서는 선택받은 배경이 있는 사람들, 특히 제대로 된 학교 출신의 사람들에게 유리한 카드가 훨씬 더 많이 주어진다.

이번 장에서는 시작점이 그리 좋지 않았지만 계층을 뚫고 올라가는 데 성공한 두 사람에게 집중할 것이다. 릭 고잉즈(서론에서 언급한 타파웨어의 CEO)와 레이놀즈 아메리칸의 CEO 수전 캐머런이 어떻게 역경을 이겨냈는지, 어떻게 다른 사람들이 그렇게 할 수 있을지에 대해 자신들만의 언어로 자세하게 설명할 것이다.

책 방문판매를 시작하다

처음 만났을 때부터 고잉즈는 내가 만났던 다른 CEO들과 전혀 공통점이 없었다. 내가 처음 이메일을 보냈을 때도 22분 만에 답장을 했다.

"우리는 이야기할 게 많습니다. 처음에 해군에 입대했고, 대학을 그만 두었으며, 제 회사를 시작했습니다. 그리고 결국 외국으로 나갔죠."

타파웨어 브랜즈는 물론 그 자체로도 흥미로운 회사다. 음식 보관용기 제조사로서 1950~1960년대 전후 미국의 경제호황과 이 회사만큼 밀접하게 엮여 있는 곳은 아마 없을 것이다. 1940년대 말 처음 대중에게 이름을 알린 타파웨어는 같은 이름을 가진 창립자인 얼 타파Earl Tupper에 의해 몇 년 전 설립된 상태였다. 타파웨어는 여성들이 노동력의 일부로 편입되고, 베이비붐 현상이 나타나고 미국의 경제가 성장의 정점에 있을 이르렀을 때 시장에 반향을 불러일으키기 시작했다. 처음부터 타파웨어는 그 유명한 '타파웨어 파티'를 통해 마케팅을 시작했다. 타파웨어의 주고객층인 여성들이 저녁식사에 친구들을 초대해 어울리면서 타파웨어 제품을 구입하곤 하던 파티를 말한다. 1950년대부터 타파웨어는 회사의 여성 마케팅 부사장인 브라우니 와이즈Brownie Wise의 영업 능력 덕분에 엄청난 상업적 성공을 거두기 시작했다.

지금도 타파웨어는 파티 계획을 통해 가장 많이 팔리며 1990년대 전성기에 비해서는 조금 줄었지만 거의 100여 개 나라에 지사를 두고 있다. 아직도 수십억 달러 규모의 회사로 2015년 매출 20억 달러 이상, 순이익 1억 8500만 달러를 기록했으며 직원 1만 명과 전 세계 영업조직에서 310만 명의 영업사원을 고용하고 있다. 고잉즈는 20년 동안 CEO를 하면서 회사의 발자국을 아시아와 중남미 같은 신흥시장으로 넓혔다. 중남미는 현재 매출이 가장 많이 나오는 지역이다.

이메일을 처음 교환한 후 고잉즈는 몇 달 후 만나는 데 동의했다. 그가 당시 스위스를 여행 중이었기 때문이다. 이 책을 쓰기 위해 만난 CEO 중 많은 사람들은 다보스에서 열리는 세계경제포럼 연례회의를 통해 연결된 사람들이다. 하지만 다른 참석자들과는 달리 고잉즈의 유일한 참석 이유는 세계의 상태를 개선하기 위한 것이었다.

"여기서 비즈니스 미팅을 하지는 않을 겁니다." 그는 말했다. "우리가 여기

온 이유는 세계를 더 나은 곳으로 만들기 위해서입니다. 상대방이 비즈니스 얘기를 하려는 것을 알았을 때 5분 만에 미팅에서 나가버린 적도 있죠."

그것이 내가 그해 내내 다보스에 만난 다른 몇몇 사람들의 의도와 진정으로 대조되는 부분이었다. 좋은 일을 하는 것이 대부분의 사람들의 의도였지만, 현재 또는 미래의 비즈니스 파트너를 따라잡는 것도 의도 중 하나이기도 했다.

고잉즈가 참석 의도 면에서 전형적인 CEO가 아니라는 생각은 자리에 앉으면서 바로 확인이 되었다. 고등학교 졸업 직후인 열일곱 살 당시 고잉즈의 삶은 도대체 위대하게 될 것 같은 조짐이 전혀 보이지 않았다. "골치 아픈 집안 상황" 때문에 그는 일리노이 주 위튼에 있는 셋방에서 살면서 소파 겸용 침대에서 잠을 잤다. 대학은 언감생심이었다. 등록금을 낼 돈이 없었다. 고잉즈는 위튼과 시카고 외곽을 돌아다니며 '그롤리어 소사이어티Grolier Society' 백과사전을 팔았다. 그렇게 하면 최소한 살 수는 있었다. 아니, 그렇게 그는 생각했다. 슬픈 현실은 그가 "90일 동안 책을 가지고 돌아다녔지만 결국 한 세트도 팔지 못했다"는 것이다.

"그래서 내 얘기가 재밌어지는 거 아니겠어요?" 옛날 일을 생각하면서 그는 말했다. "가장 높이 평가되는 소비자 직판회사의 CEO가 됐지만 실제로 제가 직접 물건을 팔지는 못했다는 것이죠."

그가 직접 판매에 성공하지는 못했지만, 그의 노력이 부족해서는 아니었다. 여름 내내 고잉즈와 다른 청년 몇 명은 밴을 타고 동네를 돌아다니면서 줄기차게 방문영업을 펼쳤다.

"전략은 이거였어요. 그롤리어 소사이어티 백과사전을 공짜로 주고 향

후 10년 동안 매년 업데이트되는 책들을 의무적으로 사게 만드는 것이었습니다. 공짜 면도기를 나눠주면서 면도날을 비싸게 파는 것이죠."

몇몇 동료들은 판매에 성공하기도 했지만 고잉즈는 내성적인 성격이라 고전을 면치 못했다.

"영업을 잘하는 사람들은 대부분 외향적인 성격입니다. 거절을 당하면서도 문을 두드리죠. 저는 문을 두드리는 것이 늘 두려웠고, 거절도 잘 받아들이지 못했습니다."

계속되는 실패에도 불구하고 고잉즈는 포기하기 않았다. 그는 "성공하지 못하는 많은 사람들의 중요하고 결정적인 특징 중 하나는 너무 빨리 포기한다는 겁니다"라고 말했다. 그는 젊은 세일즈맨들이 오고가는 것을 지켜봤다. 어떤 사람들은 성공했고 세일즈팀을 꾸리기도 했다. 또 어떤 사람들은 며칠 만에 실망하고 그만뒀다. 그들이 그러는 동안 고잉즈는 계속해서 문을 두드렸다.

"그 90일 동안 믿을 수 없는 정도의 발전을 했습니다. 제 자신에게 계속 말했습니다. '나는 다음 단계, 또 다음 단계로 나아갈 것이다. 그리고 절대 포기하지 않는다'라고요."

하지만 여름이 끝나갈 때 그의 주머니 속에는 몇 달러 밖에 남아 있지 않았다. 고잉즈는 이제 새로운 계획을 세워야 한다고 생각했다. 그가 가진 마지막 돈으로 빵 한 덩어리와 땅콩버터 한 병을 큰 걸로 샀다. 그는 일주일 동안 그것을 먹었다.

"그 90일이 끝나갈 무렵 한 부부에게 그롤리어 백과사전을 팔려고 하고 있었습니다." 그는 말했다. "사지는 않았지만 남자는 매우 친절했습니다.

그 사람은 자신이 해군에 가서 대학에 진학했다고 말했어요. 그 사람은 좋은 집을 가지고 있었는데 그때 나이가 서른두세 살 정도 되어보였어요. 그때가 결정적인 순간이었습니다. 저는 제 자신에게 '이제 이 일은 끝이다. 우리 팀에서 누구보다 더 오래 버텼어. 이제 뭔가 다른 일을 할 시간이야'라고 말했습니다."

해군은 실용적인 선택으로 보였다.

"거기서 나의 미래를 껴안고 그릴 수 있었습니다." 그는 말했다. "입대를 하면 등록금을 지원받을 수 있다는 것을 알았어요. 일종의 용병 같은 것이었지요."

일주일도 안 돼 고잉즈는 일을 그만두고 미시간 호숫가에 위치한 해군 부두에 가서 입대를 했다. 하지만 그는 일을 그만두면서도 그만두는 것 같지 않은 느낌이 들었다고 말했다.

"더 이상 견딜 수 없어서 그랬던 것이 아니었습니다. 단지 충분히 했기 때문이었어요. 군대에 가기로 마음을 먹은 것이죠."

—

대학 중퇴자, CEO가 되다

다시 3개월 후, 고잉즈는 훈련을 받고 있었다. 인생을 뒤바꿔놓게 될 일이었다. 자신감 있는 청년으로 변해 리더십 스킬을 배우고 장학금도 타 결국 대학에도 진학할 예정이었다.

"해군 입대를 추천해준 사람의 이름이 기억나지 않는 것이 흥미롭네요." 고잉즈는 회상했다. "하지만 기억이 난다면 찾아가서 감사하다고 말하고 싶습니다."

나중에 고잉즈는 비슷한 생각을 하나 더 말했다. "감사하다고 충분히 말하지 않는 사람들이 많습니다. 우리는 성공해도 그 성공을 도와준 사람들과 나누지 않습니다."

수십억 달러 규모의 직판회사를 경영하는 사람이 초년에 백과사전을 팔고 군에 입대한 경험을 가졌다는 것은 믿기 힘들다. 또는 그 반대의 관점에서도, 20대 초반까지는 대학 공부를 꿈도 꾸지 못했던 고잉즈 같은 청년이 타파웨어 브랜즈 같은 회사를 경영하게 되는 것은 상상하기 힘든 일이다. 하지만 내 이 부분에 대해 파고들었을 때 그는 자신이 가진 결점들에도 불구하고 성공의 씨앗 대부분은 10대 후반과 20대 초반에 뿌려졌다고 강조했다.

고등학교 시절 고잉즈는 두 번째로 키가 작았고 눈 한쪽이 안으로 몰려 있었다.

"운동을 잘하지는 못했습니다. 그리고 가장 마지막까지 동정을 지킨 학생이었을 것입니다."

하지만 해군에 입대했을 때 그는 키가 커지고, 강해지고, 더 자신감이 생겼다.

"졸업할 때는 170cm였던 키가 몇 달 만에 182cm로 자랐습니다. 눈 수술도 받았습니다. 그 모든 것이 저를 변화시켰어요."

고잉즈가 리더십을 갖출 수 있는 일생일대의 기회를 잡게 된 것은 매우 결정적인 일이었다. 신병들에게는 필수였던 입학 필기시험에서 그는 어느 정도 좋은 성적을 거뒀다. 그 결과, 100명의 소대원 중 소대장으로 뽑혔다.

"재미있었어요. 저는 보통 시험에서 좋은 성적을 받은 적이 없었습니다. 콘돌리자 라이스Condoleezza Rice(전 미국 국무장관)와도 이 얘기를 농담으로 주고받았어요. 라이스는 제가 알고 있는 가장 똑똑한 사람 중 하나였지만 우리 둘 다 시험에서 좋은 점수를 받은 적이 없었죠. 하지만 이 특정한 시험에서 성적이 잘 나온 것이었어요."

소대장으로 지명된 결과로 고잉즈는 훈련할 때 수병들을 이끌어야 했다.

"동등한 사람들 가운데 내가 첫 번째였다는 의미죠. 수영장 훈련을 할 때도, 화재가 발생한 집에 진입하는 훈련을 할 때도 항상 제가 먼저였습니다."

그 경험이 그를 진정한 팀 플레이어로 만들었다.

"대부분의 동료들이 말하곤 했어요. 전투에 투입되면 고잉즈야말로 옆에 두고 싶은 동료 중 하나라고 말이에요. 뚫고 나가야 했어요. 그만둘 수 없었죠. 그리고 우리는 모두가 함께하고 있다는 것을 알았습니다."

나중에 고잉즈는 아직도 팀 의식과 협업을 강한 리더십에 있어서 필수적이며 해군 시절 훈련경험이 그의 내부에 존재하는 것들의 기초라고 생각한다고 덧붙였다.

일리노이 주 그레이트 레이크 해군센터에서 훈련을 마치자마자 고잉즈는 새로 배운 기술을 실전에 투입했다. 1960년대 초반이었다. 쿠바 미사일 위기의 시대였고, 미국은 소련과 전면 해군전을 벌이기 직전이었다. 고잉즈는 플로리다 주 메이포트에 기지를 둔 미국 해군전함 파워호에 배치됐다. 목적지는 관타나모였다.

"관타나모에서는 보수교육을 나갔던 것이 기억납니다. 소련 잠수함을 찾아내기 위한 작전을 벌이기도 했습니다. 잠수함 위에 붙어서 떠오를 때까지 기다리기도 했죠. 소련군 두 명이 갑판 위로 올라와 손으로 욕을 하고 다시 들어가기도 했습니다."

다행히 고잉즈가 탄 전함이 진짜 대치 상황을 만들지는 않았다.

고잉즈가 해군에서 복무한 시간은 베트남전 시기와 우연히 겹친다. 수십 년 동안 미국을 괴롭혔던 군사도발이었다. 전쟁 기간 동안 고잉즈는 홍해에 배치된 대잠수함 폭파부대 소속이었다. 그러나 이 전쟁에는 잠수함이 개입되지 않았기 때문에 고잉즈는 지역에 배치되지 않았다.

"저는 배의 지휘센터인 함교에 배치되었습니다. 이른바 쿼터 마스터 quarter master라는 것이었죠. 우리 위치를 알아내는 책임을 맡았어요. 함선 밖을 관측해 항로를 계획하고, 배 뒤쪽의 전투 정보센터에 알아낸 것을 전달하곤 했습니다. '위치는? 어디로 가고 있는 거지?' 이런 모든 상황이 나중에 저를 도와주었습니다. 그런 도움이 되는 경험으로 상황이 실제로 바뀌기 시작했습니다. 추가되는 것은 거의 없었지만 상황이 저를 다음 단계로 이끌었죠."

고잉즈는 전선을 떠나 해군 복무를 무사히 마쳤다. 불안정한 십대에서 그는 나중에 그에게 도움이 될 재능과 의식을 갖춘 자신 있는 청년으로 성장했다.

현역으로 2년 동안 해군 복무를 마친 스물한 살 때, 고잉즈는 결국 대학에 진학하게 된다. 해군 예비군으로서의 복무 기간은 아직 4년이 남아 있는 상태였다. 제대군인원호법 덕분에 고잉즈는 길포드대에 입학할 수 있었다. 역사학을 주 전공, 종교학을 부전공으로 고잉즈는 평균 열여섯 명 쯤 되는 작은 수업들을 들었다. 그는 스스로 주제를 탐구하는 것은 좋아했지만(지금도 그렇다) 대학의 수업 과정은 너무 느리다고 생각했다.

그래서 그는 다시 비즈니스로 복귀했다. 이번에는 스톡튼스Stockton's 남성의류·가구 매장의 영업사원이었다. 한 주에 40시간 일하는 자리였다. 이 경험을 떠올리면서 그는 타파웨어처럼 세일즈와 디자인 모두에 의해 견인을 받는 사업체의 리더가 되는 것을 필수적인 디딤돌로 봤다. 매일 매순간 고객들과 직접 접촉하면서 고잉즈는 편안했던 곳에서 벗어났고 내성적인 자아도 버리게 되었다. 하지만 더 중요한 것은 그가 서비스 고객만족의 중요성을 발견했다는 것이다. 그리고 여기 패션의 세계에서 고잉즈는 디자인과 스타일 감각을 기를 수 있게 되었다.

고잉즈가 짜놓은 계획만으로도 이미 할 일이 많은데, 로스쿨을 졸업한 친구 하나가 사업 아이디어를 하나 가지고 왔다. 화재경보기 회사를 세우자는 계획이었다. 당시에는 신선한 아이디어였고 그는 고잉즈의 도움을 원했다. 고잉즈는 기쁘게 도전했고 처음에는 대학 다니기, 의류 매장에서 일하기, 사업체 설립 준비라는 3개의 풀타임 업무를 병행했다.

일은 훌륭하게 진행됐다. 그는 동료 학생들을 고용해 화재탐지기를 팔게 했다. 당시에는 화재탐지기가 흔하지 않았다. 고잉즈는 4학년 때는 학교를 그만두고 그의 벤처사업에 풀타임으로 전력을 투구했다. 그렇게 해서 충분하고도 넘치게 돈을 벌었다. 하지만 미래에 대한 계획을 세우지 않았더라면 그는 분명 다음에 어떤 일이 일어날지 예측할 수 없었을 것이다.

"1년이 안 돼서 이 회사는 가치로 보았을 때 별 방향성이 없다는 것을 깨닫기 시작했습니다." 고잉즈는 말했다.

고잉즈는 파트너와 갈라선 후 그의 멘토이자 지원자인 짐 디터Jim Deter 도움을 받아 버지니아 주 샬롯빌에 다이내믹스Dynamics라는 회사를 세웠다. 흥미롭게도 여기서부터 고잉즈의 경력이 전형적인 CEO의 경력으로 읽힌다. 가장 큰 차이점은 그의 이전 경험이다. 다른 사람들에게 이전 경험은 특혜 받은 교육과 아이비리그 대학, MBA 경력이었을 것이다. 고잉즈에게는 파탄 난 가정, 6년간의 해군 복무, 대학 중퇴였다.

"저는 스물네 살이었습니다." 20대 중반을 회상하며 그는 말했다. "제가 세운 회사의 CEO였죠."

그 뒤 15년 동안 그는 전 미국에 수백 개의 프랜차이즈 지점을 설립해 회사를 크게 확장시켰다. 성공 스토리는 마지막이 되어서야 나온다. 연방 정부가 화재탐지기 설치를 의무화하고 많은 기존의 경쟁자들이 이 분야에 진출했을 때 고잉즈는 회사를 떠나면서 주식을 팔아버린다. 이 이야기의 뒷부분은 쉽게 이해가 간다. 고잉즈는 어느 정도는 직접 판매 제국을 세울 수 있었다. 그가 파는 제품인 화재탐지기가 시장에서 새로운 제품이었기 때문이다. 진짜 수요에 부응하는 제품을 가지고 있으면 전국적인 확장은 확실히 가능해진다. 하지만 고잉즈가 팀에서 가장 형편없는 직접 판매원에서 나라에서 가장 성공적인 직판 판매인 중 한 명으로 진화하는데 어떻게 성공했는지는 이해하기가 매우 힘들다.

"내성적인 성격이라서 파는 데는 별로 재능이 없었습니다." 그는 말했다. "하지만 제 강점은 다른 사람들을 발전시키고 나를 위해 세일즈를 해줄 사람을 채용하는 데 있었습니다."

처음부터 타고나지는 않았지만 고잉즈는 사람들 앞에서 말을 하는데 익숙해졌다. 그는 "요즘은 1만 명 앞에서도 괜찮습니다"라고 말했다. 그는 당시 대중문화계에서 인기 있는 사람들을 언급하는 것을 좋아했다.

"사람들은 자니 카슨Johnny Carson(미국의 심야 토크쇼 진행자)에 대해 말하곤 했습니다. 그 사람도 사회화된 내성적인 사람이죠. 카메라가 꺼지면 카슨은 자신만의 시간을 갖습니다. 저도 그렇죠."

고잉즈는 "30대 내내 좋은 시기와 나쁜 시기를 두루 겪었습니다"라고 회상했다. 좋은 시기는 어느 정도 비즈니스가 성공적이었기 때문이었다. 또 사무실이 버지니아대 바로 옆에 있었기 때문에 성공에 다가설 수 있었다. 학교를 중간에 그만두긴 했지만 그는 아직도 "원하는 아무 수업이나" 들을 수 있었고, 그것을 좋아했다. 하지만 그건 다이내믹스가 팔렸을 때 새로운 일을 기다릴 필요가 없었다는 뜻이기도 하다. 그는 이미 직접 판매 분야에서 알려진 이름이었고, 과감한 기업가였으며, 평판이 좋고, 제대로 교육을 받은 사람이었다. 세일즈맨 집단과 함께 회의실 앞에 이름을 올릴 수 있는 사람이었다.

직접 판매의 공룡, 에이본Avon은 두 번 생각할 필요가 없었다. 그들은 고잉즈에게 자리를 제공하고 몇 년 안에 중역 자리를 줄 것을 약속했다. 먼저 그는 맨해튼을 맡았다. "처음에 저는 거기 있는 동료들이 저보다 똑똑하다고 생각했습니다. 하지만 곧 저도 똑똑하다는 것을 깨달았죠." 그리고 뮌헨에서 독일 영업 활동을 했다. "처음에는 '구텐 탁Guten Tag'도 말하지 못했어요. 하지만 그것이 지나자 마법 같은 시간이 왔습니다." 그런 다음 그는 홍콩에서 그룹의 부사장이자 태평양 지역 수석 운영책임자로 아시아 지역의 성공적인 영업을 성장시킨 후, 미국 에이본 회장으로 일했다. "제가 도착했을 때 이미 6억 달러 매출을 이뤘어요. 하지만 우리는 많은 것을 이어받았습니다."

고잉즈는 그 상황을 다음과 같이 요약한다. "뮤지션 같다고 생각하면 됩니다. 처음에는 사람들이 맥주캔을 던지는 주차장과 바에서 연주를 하죠. 하지만 그 다음에는 사람들이 라이터 불을 흔드는 대형 공연장에서 연주를 하게 됩니다."

후계자로서의 고잉즈의 상승을 막을 수 있는 것은 아무것도 없어 보였다. 하지만 막판에 회장은 고잉즈를 그의 후계자로 삼는 것에 대해 매력을 느끼지 못하게 됐다. 고잉즈는 "사람들은 회장이 제게 화를 내기 시작했다고 했습니다"라고 말했다. 막판으로 치닫는 상황은 미드타운 맨해튼에서 열린 에이본 본사에서 열린 이사회에서 시작되었다.

"우린 둘 다 연설을 했어요. 하지만 아무도 회장에게 질문을 하지 않았습니다."

그는 좋지 않은 조짐이라고 느꼈다. 그것은 그가 그의 상사를 자신의 그림자 안으로 밀어 넣고 있다는 뜻이었기 때문이다.

"제가 여기서 나가기를 원하십니까?" 고잉즈는 의장에게 물었다. 주말이 지나고 고잉즈는 마지막 답변을 받았다. 의장은 "그렇소. 당신이 여기서 나갔으면 좋겠소."

고잉즈는 엄청난 액수의 퇴직금을 받았다. "비즈니스가 잘 되고 있었기" 때문이다. 하지만 그는 해고됐다.

그 일이 있고 난 후, 새라 리Sara Lee를 잠깐 거쳐 고잉즈는 1992년 타파웨어 월드와이드 대표로 고용된다. 국제 영업에 대한 성공적인 결정들이 계속된 후 그는 결국 1996년 타파웨어의 CEO로 승진했다. 떠오르는 시장에 집중한 그의 결정에 따라 회사는 곧 미국 밖에서 10억 달러의 순이익을 올릴 수 있게 됐다. 20년 지난 지금 고잉즈는 아직도 회사를 책임지고 있다.

담배회사의 '여자' CEO

"책을 쓰는 데 도움을 주게 돼서 기뻐요. 재미있을 것 같기도 하구요." 고잉즈의 친구인 수전 캐머런이 2014년 추수감사절 이틀 전 내게 보낸 메일에서 말했다. 하지만 그녀는 내년 여름까지 만나는 것을 미룰 수 있는지 물어봤다. "한참 거래가 진행 중이라서요"라고 그녀가 말했다.

캐머런이 말한 '거래'는 미국 담배회사인 로릴러드Lorillard(뉴포트 담배로 잘 알려져 있다)를 더 큰 경쟁사인 레이놀즈 아메리칸Reynolds American(주로 카멜 담배로 알려져 있다)이 인수하는 일이었다. 그 거래가 거의 1년 후 종결됐을 때 거래 가치는 약 250억 달러였다. 하지만 원래는 캐머런이 그 거래를 주도하기로 한 것이 아니었다. 패트리샤 셀러스Patricia Sellers가 2014년 〈포춘〉에 기고한 캐머런의 프로파일에서 나는 이 사실을 알았다. 그녀의 기사는 다음과 같다.

은퇴 후 행복한 휴식 시간을 보내던 캐머런이 다시 일을 시작해 거대한 인수 작업을 이끌 것이라고 생각한 사람은 거의 없었다. 미국에서 두 번째로 큰 담배회사인 레이놀즈 아메리칸의 사령탑을 7년 동안 맡은 뒤, 캐머런은 새로운 삶, 새로운 남편, 심지어는 새로운 이름으로 갈아탔다.(남편인 러셀의 성을 따르기 전 이름은 수전 아이비였다)

하지만 지난 10월 어느 날 그녀는 전화 한 통을 받았다. 탐 와이너트 Tom Wajnert라는 오랜 동료로 레이놀즈 이사회의 의장이었다. 그는 "좀 재미있는 시간을 겪을 것 같습니다"라고 말했다.

그녀가 돌아오고 난 지 10주가 지난 7월 중순이었다. 레이놀즈는 로릴러드를 274억 달러에 인수하겠다는 계획을 발표했다. 이 거래는 역사적인 것이었다. 단순히 규모 때문만은 아니었다. 여성 CEO에 의한 최대 규모의 인수 작업이었기 때문이다.

하지만 우선, 캐머런이 어떻게 대형 미국 담배회사의 CEO가 되었는지 궁금했다. 캐머런이 경력을 처음 시작했을 때 담배회사들은 남성들의 아성이었다. 2015년 여름 캐머런과 얘기를 나눌 때 캐머런도 그렇다고 인정했다. 그렇기 때문에 그녀의 10대, 20대, 30대의 이야기가 훨씬 더 재미있어진다.

—

그저 비서가 되고 싶었던 10대 소녀

캐머런은 뉴욕 북부의 한 조용한 마을인 스키넥터디에서 태어났다. 과거 그곳은 토머스 에디슨Thomas Edison이 지은 대형 GEGeneral Electric공장이 있는 것으로 더 잘 알려져 있었다.

캐머런의 아버지는 스키넥터디에서 다닐 수 있는 유일한 회사에서 일을 했다. GE의 광고담당 중역이었다. 하지만 캐머런은 스키넥터디에 대해 잘 몰랐다. 한 살 때 가족이 플로리다 주 로더데일로 이사를 갔고 그녀는 평생 다시는 그곳의 솔밭, 강, 뉴욕 북부의 추운 날씨를 경험할 일이 없었다. 이사를 간 곳에서 그녀는 다양한 경우, 다양한 시간 때에 그녀의 '운명'으로부터 벗어나 다양한 결과를 얻었다.

열두 살 때 캐머런의 부모는 이혼했다. 아버지가 가족을 돌보는 데 있어 "그의 역할을 제대로 하지 않았기" 때문에 그때가 결정적이었다고 그녀는 나중에 회고했다. 비서였던 어머니는 "황폐한 상태"에 남겨졌고 "생계를 유지하기 위해 몸부림을 쳤다." 중산층의 몸부림이었다.

"음식이나 옷이 부족했던 적은 없어요. 다만 비싼 물건을 사지 못했다는 것이 문제였죠."

하지만 어머니가 경제적으로, 감정적으로 안간힘을 쓰는 것을 보면서 그녀의 반응은 스스로 경제적으로는 의존적이 되지 않는 것이었다.

"열다섯 살 때 전 사무실에서 일을 했어요. 비서가 되고 싶었죠. 어머니가 하던 일이기 때문이에요. 하지만 경제적으로는 결코 의존적이 되지 않으려고 했어요. 제가 사고 싶은 것을 사기 위해서 일을 했어요. 제 자신을 책임질 수 있었던 것이죠."

하지만 이득은 비물질적인 것이기도 했다. 고등학교를 졸업할 때 캐머런은 반 친구들로부터 '가장 성공할 것 같은 학생'으로 꼽혔다.

"40년이 지나 보니 그 친구들이 말이 맞았어요. 하지만 그때는 앞일을 생각하지 않았어요."

20대, 예정된 길에서 벗어나다

1980년 한 손에는 플로리다대 경영학과 졸업장, 다른 한 손에는 사무실 용품 회사 합격증을 들고 그녀는 두 번째 결정적인 순간을 맞게 된다. 소비재회사에서 세일즈를 하는 일을 하고자 경영학을 공부했지만 결국 사무실 총무사원들에게 딕터폰(대화 녹음기), 복사기, 종이 등을 팔고 있는 자신을 발견하게 된 것이다. 그때 경험으로 그녀는 석사학위 과정이라는 제대로 된 길에 들어서고 나중에 소비재회사로 가게 된다. 하지만 자신의 직업적 자아에 대해 좋은 느낌이 들지 않았다.

"같이 일하는 사람들을 좋아하지 않았어요. 고객들도 마찬가지구요. 제가 팔고 있는 제품도 마음에 안 들었어요."

그래서 그녀는 일을 시작한 지 얼마 안됐고 돈과 경험이 필요했지만 다른 일을 찾아 나섰다. 그녀는 "어떤 것에 열정이 없으면 다른 것을 해야 한다고 결정했어요"라고 말했다. 캐머런의 소비자 제품에 대한 열정은 세 가지로 나눠진다고 그녀는 말했다. "화장품, 술, 그리고 담배"다.

"그 세 분야 중 하나로 가고 있었어요. 그래서 화장품, 술, 담배회사에 전화를 해 제품을 배급할 사람이 필요한지 물어봤지요."

스물두 살의 여성이 1981년에 소비재회사에 뜬금없이 전화를 해 제품을 파는 데 자신이 필요할 것이라고 말하는 것은 일종의 모험이었다. 하지만 효과가 있었다. 미국의 선두 담배회사 중 하나인 '브라운앤윌리엄슨 Brown & Williamson'이 관심을 보였다. 그 회사가 새로 출시한 바클레이 담배를 그녀가 사는 곳에서는 구할 수가 없다고 말한 다음이었다. 캐머런은 자신이 있었다.

"제가 흡연자예요. 쇼핑을 하는데 그 담배를 찾을 수가 없네요."

하지만 정작 전략이 먹혀들어가자 놀란 건 그녀 자신이었다. 영업 담당 자리를 얻었다. 그때 일로 모험은 걸어보는 것이 옳다는 것을 배웠다. 그녀는 "위험을 감수하지 않으면 성공하지 못합니다"라고 결론지었다. 그녀는 꿈의 직업을 얻으려면 "그 일에 열정적이어야 하고 투지가 있어야 하며, 차별화가 되어야 한다"고 말했다. 캐머런은 브라운앤윌리엄슨 켄터키 본부에서 일하면서 빠른 속도로 성장할 수 있었다. 처음에는 영업 사원으로 10여 개의 소매점을 관리했다. 1년이 지나자 다른 영업사원들을 교육시키는 트레이너가 되었고, 얼마 안 있어 지역 세일즈 매니저가 되었다. 몇 년 후 캐머런은 계속해서 성장하기 위해서는 MBA가 필수적이라는 것을 느꼈다.

"체크 박스에 표시를 하는 것이었어요." 캐머론은 말했다. "제가 진짜 하고 싶은 일인 소비자 마케팅으로 옮겨가는 데 필수적인 조건이었죠."

그녀는 켄터키에 살고 공부를 하는 동안에도 일을 계속하고 싶었기 때문에, 하버드, 와튼, 컬럼비아는 선택할 수 없었다. 하지만 그것이 문제가 되지는 않았다. 결국 그녀는 "종이 한 장이 필요했던 것"이었다. 그래서 그녀는 켄터키 주 루이스빌에 있는 벨라민대에 들어갔다. 이곳에서 그녀는 1984년 중역 MBA를 따냈다.

전략은 맞아 떨어졌다. 서른 살이 됐을 때 그녀는 브랜드 매니저로 승진했다. 그때까지 그 자리까지 오른 사람들 중 가장 젊은 나이 중 하나였고 몇 안 되는 여성이기도 했다. 그녀의 목표는 무엇이었을까? 언젠가 회사의 마케팅 총책임자가 되는 것이었다. 그녀는 "마케팅 서열구조를 보면서 그렇게 할 수 있다고 생각했다"고 그녀는 말했다. 소녀였을 때 그녀가 가졌던 꿈인 경제적으로 독립해 어머니 같은 비서가 되는 것은 이제 과거의 일이 되어버렸다. 겁을 먹고 아래를 내려다보지 않고 그녀는 기대를 가지고 위를 올려다볼 수 있었다.

MBA를 선택하는 것이 다른 사람들에게도 이기는 전략이 될 수 있을까? 최고의 대학을 다닌다면 MBA만이 가치가 있는 일일까? 온라인 교육이 코세라 같은 플랫폼을 통해 점점 더 확산돼 학생들이 실제로 대학 캠퍼스에서 공부하지 않더라도 (무료로) 최고에 대학을 다닐 수 있게 되면서 이 주제에 대한 토론이 지난 몇 년 동안 활성화됐다. 그 결과, MBA 과정을 제공하는 학교들이 경쟁이 심해지고 순위가 낮은 MBA 과정의 투자 대비 이익에 대한 의문이 생겼다. 하지만 많은 사람들은 MBA의 가치에 대해 긍정적인 상태다. 캐머런도 MBA의 가치에 대해 확신하고 있었다.

"제 충고는 이것입니다." 그녀는 말했다. "'최고의 대학에 갈 수 없다면 가서 종이 한 장을 얻어오라'는 것이죠. 물론 그렇다고 해서 억대 연봉을 보장할 수는 없어요. 하지만 진전을 계속하려면, 풀타임 MBA가 필요했고 그 과정을 중간에 그만두고 싶지 않으면, 회사가 중역 MBA 과정 학비를 지원할 가능성도 많습니다. 제 경우가 그랬어요."

30대, 여성 지도자에 대해 배우다

서른 살이 되었을 때 캐머런은 그녀의 초라한 시작에서 완전히 벗어났다. 학사와 석사 학위를 땄으며 대형 소비자 제품 회사에서 브랜드 매니저가 되었으며 업계의 유리천장을 깨고 위로 솟는 데 성공했다. 하지만 그녀가 CEO가 되는 데 발목을 잡는 일이 하나 있었다. 국제적인 경험이 없다는 것이었다.

실제로 스키넥터디에서 살았던 1년을 제외하고는 한 번도 남부를 벗어난 적이 없었다.

매일매일 그녀의 인생이 완전히 바뀌었다고 그녀는 기억했다. 이런 식이라고 그녀는 말했다. "브라운앤윌리엄슨은 모회사인 브리티시 아메리칸 타바코BAT가 100% 지분을 소유한 미국 지사였어요." 중요한 경영상의 결정은 런던에서 이뤄졌고 어느 날 미국 지사의 일부 인원이 글로벌 본부로 이동된다는 결정이 있었다. 캐머런이 인원 중 하나였고 두 개의 가능한 자리를 제안 받았다. 그런데 문제가 있었다. 그녀는 "48시간 안에 결정해야 했어요"라고 말했다. 캐머런에게는 유독 진전이라는 것이 어정쩡한 순간에 온 것이다. 그녀는 바로 직전에 집을 새로 샀던 것이었다. 그녀는 "아직 가구도 제대로 들여놓지 못했고 새로 산 집을 막 즐기고 있는 때였거든요"라고 말했다.

결정할 시간 중에 1시간 밖에 지나지 않았다. 짐을 쌀 시간이 아직 47시간 남아 있었다. 런던으로 옮겨가고, 집을 팔고 남부에서의 생활을 정리해야 할 상황이었다. 왜일까?

"기회를 잡지 못하면 후회하면서 살게 될 것이니까요. 두려움을 버려야 해요. 저는 새로운 집을 즐겼지요. 하지만 언제든 돌아갈 수 있다고 생각했어요. 그래서 일단 가서 시도해보는 것이 나았어요. 인생은 리허설이 아니니까요. 위험을 감수하려면 준비가 돼 있어야 해요. 후회는 별로 안 해요. 부정적인 생각에 집착하는 성격이 아니에요. 그건 별로 생산적이지 못하지요. 제가 나쁜 결정을 한다고 해도 전 그것을 바꾸거나 흘러가도록 놔둘 수 있어요."

그래서 48시간 안에 그녀는 떠날 준비를 했다.

30대에 그녀는 다양한 문화를 다루는 법과 여성으로서의 지도자 역할을 하는 법을 배웠다. 캐머런이 런던으로 옮겨왔을 때 많은 것들이 변했지만, 두 가지가 더 두드러졌다. 그녀는 '미국과 영국은 같은 언어에 의해 분리된 두 나라'라는 것과 그녀가 '여성 역할'을 가지고 남성이 지배하는 분야에서 첫 번째 여성 중 하나로 유리천장을 뚫고 올라가는 것을 배웠다.

문화적 경험은 그녀의 경력을 통틀어 일했던 나라들에서 반복되는 패턴이었다.

"문화에 적응하려면 시간이 필요합니다. 미국인들은 여행을 아주 잘하기도 하고 아주 못하기도 합니다. 중간은 없어요."

처음의 문화적 충격에도 불구하고 그녀는 여행을 아주 잘 해냈다. 왼쪽 차선으로 주행하는 런던 사람들, 점심시간이 3시간인 스페인 사람들, 오후 6시가 아니라 밤 10시에 저녁을 먹는 남유럽 사람들에 적응했다.

"전 그것을 존중했어요." 캐머런은 말했다. "해외 어디서든 맥도날드를 찾는 미국인 중 한 명이 아니었습니다. 해외 경험으로 훨씬 더 넓은 시야를 확보할 수 있게 되었어요. 세계를 보는 시각이 달라졌죠. 시간과 문화에 대한 시각도 달라졌어요."

그런 변화가 그녀에게 유리하게 작용했다. BAT는 회사가 하나의 단일한 문화를 가진 다국적 기업이라고 생각하는 것을 좋아하지 않았기 때문이다. 그 회사는 지역의 관행과 경영기법에 있어서 많은 자율성을 인정하는 '멀티도메스틱multidomestic' 회사였다. 캐머런이 이 멀티도메스틱 회사에서 계속 승진을 하려 한다면, 각 나라의 지사들이 아닌 그녀 자신이 관점을 바꿔야 했다.

하지만 각 나라의 문화에는 그녀가 이해하지 못하고 좋다고 생각하지도 않는 어떤 요소가 있었다. 여성이 불평등하게 대우를 받는지에 관한 것이다. 국제적인 경험을 쌓으면서 곧 그녀는 원하든 아니든 그녀가 여성으로서의 역할이 있다는 것을 깨달았다.

때로 그것은 회사의 관행을 대놓고 바꾸는 것이기도 했다. 예를 들어, 멕시코에서는 여성이 임신을 하면 해고됐다.

"믿을 수가 없었어요. 이런 일이 가능하다고 생각도 못했어요. 회사를 인수한 지 얼마 안됐을 때라 아무도 그런 관행에 대해 묻지 않았어요. 물론 BAT가 인수 작업을 완료했을 때 그 관행은 폐지됐어요. 그 나라의 문화를 존중하는 것은 중요하지만 기준을 가지고 공정성을 유지하는 것도 중요했습니다."

다른 경우에 있어서 캐머런의 여성 역할은 좀 더 개인적인 것이었다. 미국에 있을 때 캐머런은 여성 동료가 꽤 많았다. 하지만 영국에서는 그

렁지가 않았다.

"잊지 않을 거예요." 그녀는 회상했다. "구매부에서 일하는 여성 직원 하나가 어느 날 아침 일찍 제게 말했어요. '너무 일을 크게 벌이지 않았으면 좋겠어요. 그렇게 하다가는 우리 모두 망할 수 있으니까요.'라고요."

그 동료는 혼자서 사다리를 올라가고 있었고 새로운 미국인인 캐머런이 실패한다면 자신도 성공할 기회를 망쳐버릴 수 있다고 생각했던 것이다. 상사에게 그런 식으로 말하는 것은 매우 직설적인 일이었지만 캐머런은 화내지 않았다.

"내가 여성을 대표하고 있다는 데 충격을 받았어요. 유럽에서는, 특히 담배 회사는 여성이 없었어요."

캐머런은 성공했다. 그때의 동료에게도 좋은 일이 됐다.

* * *

홍콩에서 잠깐 일을 한 것을 포함해 약 60개 나라를 돌아다니면서 10년을 일한 뒤, 캐머런은 외국에 계속 머무를 준비가 되어 있었다. 하지만 1999년 그녀는 브라운앤윌리엄스에서 처음 일을 시작한 이래 꿈꾸던 자리를 제안 받았다. 마케팅 담당 수석 부사장 자리였다. 하지만 사람들은 변한다. 외국에 머물면서 캐머런도 변했다. 한때 캐머런이 원했던 자리는 꿈을 이루는 자리라기보다는 일종의 의무로 느껴졌다. 글로벌 규모에서의 비슷한 일을 더 선호하게 됐다. 캐머런은 "회사는 제가 그 일을 하는 것을 필요로 한다고 생각했고, 저는 그렇게 했어요"라고 말했다.

하지만 그녀는 마케팅 이상의 것을 맡을 수 있다고 믿게 됐다. 그녀는 뛰어난 소통을 할 수 있는 사람, 권위에 기대지 않고 영향을 미칠 수 있는 사람, '사람들이 공동의 목표를 이루도록 자극할 수 있는' 리더가 되어 있었다. 그래서 생각하지도 못했지만 2001년 1월 브라운앤윌리엄스의 회장 겸 CEO로 임명되었을 때 완전히 놀라지는 않았다. 캐머런은 도전에 마주할 준비가 되어 있었다.

"그 역할로 고려된 여러 사람들을 보면서 내가 더 나은 선택이라는 확신이 들었습니다." 캐머런은 자신에 대해 이렇게 말했다. "회사와 직원, 시장, 브랜드를 잘 알았기 때문입니다."

BAT도 같은 의견이었다. 2004년 7월 브라운앤윌리엄스는 레이놀즈와 합병을 했고 캐머런은 미국 2위의 담배회사이자 상장사인 새로운 레이놀즈 아메리칸의 회장 겸 CEO가 되었다. 그녀는 2011년 CEO로 은퇴를 했다. 당시 전 세계에서 연봉이 가장 높은 여성 중 하나였다. 하지만 2014년 그녀는 은퇴생활을 접고 다시 CEO로 복귀했다. 그리고 여성에 의한 사상 최대의 인수 작업을 통해 회사를 이끌었다.

CEO의
이 력 서
에 서
배 운 것

고잉즈와 캐머런이 정상에 오른 비전통적인 방법에서 배울 것은 무엇일까? 다음과 같이 요약하고자 한다.

| 정상으로 가기 전에 사슬을 끊어야 한다 |

캐머런에게 정상으로 가는 길은 그녀의 발목을 잡고 있었던 사슬을 끊고 나서야 시작되었다. 20대에는 당시의 여성들에게 미리 정해져 있었던 길에서 벗어나야만 했다. 집에 돈을 벌어오는 주역할과 경력을 키워가는 직업인이 아니라 단지 배우자 역할을 하는 것이 그 길이었다. 이 똑같은 성역할 패턴은 오늘날 서구 사회에서는 거의 사라졌지만 다른 (보이지 않는) 사슬은 지금도 계속해서 존재한다. 어떤 것이 당신을 특정한 경력에 가두는지 생각해보았는가? 그것은 생각해볼 가치가 있으며 그런 것들을 놓아 버리는 것이 좋다. 고잉즈에게는 그가 결코 사람들을 이끌거나, 사람들 앞에서 말하거나, 어떤 분야에서 최고가 될 수 없을 것이라는 생각이 있었다. 키가 작은 편에다 학교에서 그렇게 똑똑한 학생이 아니었기 때문이다. 나도 그런 생각이 있었다. 중산층 벨기에인이 미국에서 경력을 만드는 것은 불가능하다고 한때 생각했다. 영어를 모국어로 쓰지 않는 내가 영어로 된 매체에 글을 쓰는 것도 불가능하다고 생각했다. 이런 종류의 생각이 만들어내는 장벽은 대부분 상상에만 존재하는 것이지만 부수기는 어렵다. 그걸 부수는 것이 자신만의 경력을 구축하는 첫 번째 중요한 첫걸음이다.

| 절대 포기하지 않는 근성 |

사람들은 흔히 "그만두는 것은 패자들이나 하는 것이다"라고 말한다. "사람들이 성공하지 못하는 결정적인 요인 중 하나는 너무 빨리 그만둔다는 것입니다." 고잉즈도 말했다. "그들은 제가 포기하기 전에 제 머리를 잘라야 하는 사람들입니다." 이 말은 언뜻 보면 고잉즈의 행동과 맞지 않는 것처럼 보인다. 고잉즈는 첫 번째 직접 판매일을 그만두고, 학교를 중퇴하고, 에이본에서의 일도 그만뒀기 때문이다.

하지만 그만두는 것은 무엇인가를 충분히 가지고 있다면 그만두는 것이 아니라고 고잉즈는 말했다. 우리가 본 것처럼, 그가 그만둘 때도 그는 포기하지 않았다. 어딘가로 움직이고 있었을 뿐이다. 기억해야 할 매우 중요한 교훈이다.

앞에서 우리는 오릿 가디쉬나 데이비드 케니 같은 사람들이 상황이 형편없었음에도 불구하고 베인에서 '버틴 것'을 보았다. 그들이 움직이지 않은 이유는 그때 아직 준비가 안 되었다고 느꼈기 때문이다. 끝내지 못한 비즈니스, 그래야 할 동기, 그들을 이끌어줄 목표가 있었기 때문이다. 고잉즈의 경우에는, 아마 많은 사람들에게도 그렇겠지만, 그만둘 때 남겨진 일이란 있을 수 없었다. 그는 해야 하는 일을 했고, 그런 다음 움직였다.

| 로마로 가는 길은 많다 |

고잉즈는 항상 그가 어디서 왔는지 기억하려고 한다. 열일곱 살 때 그는 파탄 난 가정 출신의 돈 한 푼 없는 젊은이였다. 하지만 그는 그런 기회가 박탈된 배경에 집착하지 않았다. 어린 나이였을 때부터 주변의 누구보다도 더 열심히, 더 오래 일했다. 그리고 그것이 많은 세월이 지난 후 결국 그를 성공하게 했다.

10대 때 직접 판매에서 노력을 하고 실패를 하면서 그가 본 것들이 그가 20대 때 자신만의 직판회사를 세우는 데 도움을 줬다. 해군에서 쿠바와 베트남의 잘 알려지지 않은 적 해상을 뚫고 나가야 했던 경험은 유럽과 아시아에서 일할 때의 문화적, 업무적 어려움에 대처할 수 있도록 해주었다. 대학에 다니고 졸업하면서 직면했던 도전들은 그가 평생 지적인 호기심을 유지하도록 해주었다. 그때 경험으로 항상 더 많은 지식과 되돌릴 수 있는 더 많은 방법을 추구할 수 있게 됐다.

고잉즈는 부유한 집안 출신일 필요도, 학교에서 성적이 좋을 필요도, CEO가 되는 정규적인 코스를 회사에서 밟을 필요도 없다는 것을 보여주는 살아 있는 예다. 내리막길에서도 그는 오르막길을 찾아냈다.

캐머런의 이야기는 그녀도 훌륭한 집안 출신이 아니고 아이비리그 대학을 나오지 못했다는 점에서 유사성을 보여준다. 하지만 고잉즈와 캐머런은 대학과 대학원에 대한 관점이 서로 다르다. 고잉즈는 오랫동안 갈등했지만 결국 학사학위나 MBA를 따지 않기로 했다. 그는 평생 배우는 사람이 되는 다른 방법을 발견했다. 캐머런의 이야기는 다르다. 그녀는 회사에서 더 높은 자리로 승진하기 위해서는 MBA를 따야 한다고 느꼈다. 결국 둘 다 맞았다. 로마로 가는 길은 많다.

Chapter 08

집으로 돌아오다

배리 샐즈버그
(Barry Salzberg)

요한 오릭
(Johan Aurik)

스티브 데이비스
(Steve Davis)

딜로이트, A.T. 커니, PATH CEO의 이야기

—
CEO의 사생활

회계회사인 딜로이트Deloitte의 떠오르는 스타였던 배리 샐즈버그는 경력의 중반쯤에 승진을 제안 받는다. 파트너가 될 수 있는 기회였다. 명예와 연봉 면에서 그를 진전시키고 회사에서의 지위 상승을 확고하게 해줄 수 있는 제안이었다. 한 가지 조건이 있었다. 뉴욕이 아닌 다른 곳의 사무실로 옮겨야 한다는 것이었다. 뉴욕에서는 10년째 근무한 상태였다. 시기로 보면 최악이었다. 아들이 고질병을 앓고 있었기 때문이다. 뉴욕을 떠나는 것은 그가 의지할 수 있는 의사들을 떠나야 한다는 것을 의미했다.

1988년 뉴욕의 컬럼비아 법학대학원을 막 졸업한 스티브 데이비스도 직업적인 진보와 개인적 우선순위 사이에서 선택의 갈등에 직면하고 있었다. 그는 인권법 학위를 한손에 쥐고 중국으로 돌아갈 수 있었다. 중국은 1970년대 말 이후로 그가 간헐적으로 시간을 보낸 곳이다. 그는 중국을 덜 권위적이고, 인권침해를 경계하고, 더 경제적으로 발전을 하고, 국제사회에 더 많이 참여할 수 있도록 도울 수 있었다. 또는 "누군가의 우주의 중심"은 아니었지만 그의 파트너가 선호했던 시애틀로 돌아갈 수도 있었다.

2013년 6월, 얼마 전에 A.T. 커니A.T. Keraney의 글로벌 매니저로 임명된 요한 오릭은 콜로라도 주 콜로라도 스프링스에서 열리는 파트너 회의를 처음으로 주재하도록 되어 있었다. 이 3일 동안 열리는 회의 중요성은 명백했다. 미국은 A.T. 커니가 설립된 곳이고 아직도 본사가 있는 곳이다. 그리고 이 연례 미팅은 전략적 의사결정을 위한 매우 중요한 회의였다. 하지만 문제가 있었다. 회의 두 번째 날이 오릭의 딸이 유럽에서 고등학교를 졸업하는 날이었다. 회의에 계속 참석해야 하는가, 집에 가야 하는가?

＊ ＊ ＊

성공적인 경력을 구축해 CEO가 되기 위해서는 개인적인 삶을 희생해야 할 때가 많다고 생각하는 사람들이 있다. 모든 시간을 일에 바쳐야 하고, 일에서 해야 할 일을 개인적으로 해야 할 일보다 우선순위에 배치해야 한다는 것이다. 그렇게 생각해도 괜찮다. 들어봤을 수도 있는 얘기이거나 단순히 가장 논리적으로 보이는 생각일 수도 있기 때문이다. 이 장에서 보게 되겠지만, 현실은 또 다를 수도 있고 어떤 때는 그 반대일 수도 있다. 그리고 그것은 좋은 일이다. 지난 장들에서 우리는 경력은 단거리 경주가 아니라 마라톤이라는 것을 배웠다. 경력 초반에 경력을 가장 빠르게 진전시킬 수 있는 길을 항상 추구할 필요가 없다는 것도 배웠다. 두 번째 층위가 있다. 마라톤의 결승선은 혼자 통과할 수 있을지 모르지만, 준비 과정에서 도움을 준 전체 팀이 존재한다. 진실은, 이런 도움이 없다면 결승선을 통과할 수 없다는 것이다. 그들의 역할을 항상 생각하고 있어야 하며 그들이 아니라 항상 자신에게만 이익이 되는 결정을 해서는 안 된다.

딜로이트에 입사한 브루클린의 열등생

배리 샐즈버그는 1953년 10월 비교적 가난한 지역인 뉴욕 브루클린에서 태어났다. 아이들이 다섯 명인 유대인 가족의 막내였다. 어머니는 은행원이었는데, 전산이 도입되기 전에 수표를 분류하는 일을 했다. 아버지는 우체국에서 소포를 배달했다. 가족은 아파트를 옮겨가면서 살았는데, 한 번도 집을 소유한 적이 없었고 자가용도 없었다. 인생에서 멋진 일이라곤 없었다. 그가 어느 날 수익이 340억 달러 이상, 150개가 넘는 나라에서 20만 명의 직원을 고용하고 있는 세계 최대 회계법인 중 하나의 CEO가 될 것이라고 암시해줄 수 있는 것은 아무것도 없었다. 그는 록펠러 플라자의 40층 구석 사무실을 쓰지 않고 형과 함께 브루클린의 아파트 1층의 작은 침실을 썼다. 결국 그만의 방을 갖게 된 유일한 이유는 그와 나이 차이가 많이 나는 형제자매들이 결혼을 하면서 집에서 나갔기 때문이었다.

어린 시절과 고등학교 시절 샐즈버그는 대학을 가겠다는 생각을 거의 한 적이 없다. 네 명의 형제자매 중에서 누나 한 명만 학사학위를 따 교사가 되었다. 샐즈버그가 고등학교 1학년 때 아버지가 돌아가셨다. 엎친 데 덮친 격으로 샐즈버그의 진로지도 교사는 공부를 그만두기를 권유했다. 수학은 잘했지만 다른 과목은 중간 정도였다.

"선생님은 내가 못 버틸 것이라고 말했습니다. 영어와 관련된 과목들의 성적이 좋지 않았습니다. 선생님은 '기껏해야 2년 과정 커뮤니티 칼리지 정도 밖에는 추천해줄 수가 없어. 그것도 될지 모르겠다'고 말씀하셨어요."

하지만 샐즈버그는 성적이 모자란 것을 동기부여와 다행히도 좋은 환경으로 채웠다. 그는 대학에 갈 생각이 있는 학생들이 모인 고등학교를 다녔고, 그 때문에 자신도 같은 길을 가야겠다고 생각했다.

"진로지도 선생님한테 말씀드렸어요. '제게 앞으로의 전망을 알려주신 것은 고맙습니다. 이제 더 열심히 공부해야겠습니다. 대학에 지원할 거예요. 한번 해보겠습니다.'라고요."

고등학교와 대학 사이의 시기에 그는 유럽 이민자의 딸인 이블린Evelyn을 만난다. 그는 한눈에 반했고 그 이후로 지속적인 만남을 가지게 된다. 이블린과 그녀의 가족은 샐즈버그가 공부에 계속해서 집중할 수 있게 한 마지막 고리가 된다.

"이블린의 부모님이 저를 아주 많이 도와주었어요. 대학을 나오지는 못했지만 교육을 아메리칸 드림의 한 부분으로 소중하게 여겼습니다. 그리고 저에게도 그런 시각을 심어주었죠."

고등학교 3학년 가을, 샐즈버그는 브루클린 칼리지에 진학했다. 컬럼비아나 하버드 같은 근사한 아이비리그는 아니었고 맨해튼에 있는 뉴욕대처럼 명성이 있지도 않은 곳이었다. 하지만 적어도 그는 대학에 들어갔다. 이제 학사학위를 딸 수 있게 된 것이다. 시간이 지나면서 그의 장인과 장모가 미치는 긍정적인 영향은 계속됐다. 유대인들이 환영받지 못하던 유럽에서 뉴욕으로 이주하면서 그들은 모든 것을 잃었다. 그들은 사위인 샐즈버그가 딸인 이블린에게 더 나은 미래를 열어줄 열쇠가 될 것으로 생각했다.

"제가 이블린과 결혼할 준비가 되기도 전에 그분들이 먼저 준비가 된 것이라고 할 수 있죠." 샐즈버그는 미소를 지으면서 회상했다. "대학을 졸업하자마자 전 결혼했어요. 장인과 장모님은 바로 법학대학원에 진학하라고 격려해주었습니다. 전 그렇게 했고요."

1977년 샐즈버그는 브루클린 법학대학원에서 박사학위를 땄다. 그리고 곧 해스킨즈앤셀즈Haskins & Sells에서 일을 시작했다. 나중에 합병을 통해 샐즈버그가 35년 후 이끌게 될 다국적 전문 서비스 기업인 딜로이트가 된 회사다.

샐즈버그는 처음 시작할 때 자신이 해스킨즈앤셀즈에서 그렇게 성공적인 경력을 구축할 것이라고 생각지도 못했다. 사실, 그는 처음부터 해스킨즈앤셀즈에 간 것이 아니다. 그 전에 공인보험계리사 시험을 쳤다가 비참하게 떨어졌다. 미국 국세청에도 지원을 했지만 역시 낙방했다. 그래서 '빅 8'에 드는 회계법인에 지원하는 것은 세 번째 선택이었고, 다행히 해스킨즈앤셀즈에서 매력적인 제안을 받았다.(빅 8에 들었던 회사들 중 지금도 남아 있는 곳은 KMPG, 언스트 & 영, 프라이스워터하우스쿠퍼스와 딜로이트다)

아픈 아들과 회사, 선택의 기로에서

샐즈버그의 사회경제학적 배경을 고려하면 승진이 쉽게 될 것 같지는 않았다. 샐즈버그의 삶이 얼마나 달랐는지 이해하려면 그 또래들의 삶과 비교해보면 된다. 몇몇 일화를 보자. 예를 들어, 1974년 멕시코 아카풀코에 신혼여행을 갔을 때였다. 그가 비행기를 탄 것은 그때가 두 번째로 일생일대의 모험이었다. 하지만 이 모험은 거의 악몽으로 끝났다. 샐즈버그는 여행을 잘하는 사람이 아니었다. 지금 그는 여행을 잘하는 것이 딜로이트에서 리더가 되는 데 필수조건이라고 생각한다.

"그 시절에는 외국으로 비행기를 타고 나가려면 비행기를 타기 24시간 전에 탑승 확인을 해야 했습니다. 확인이 없으면 티켓을 다른 사람에게 팔 수도 있었어요. 그런데 우리는 확인을 하지 않고 멕시코의 한 바에서 술을 마시고 있었어요. 확인을 하려고 전화했을 때는 이미 티켓이 다른 사람에게 팔린 후였지요. 신혼여행인데 신용카드도, 남은 현금도 없었습니다. 장인과 장모님께 전화를 해서 하룻밤 더 머물 수 있도록 돈을 지불해달라고 말할 수밖에 없었습니다. 운이 좋게도 나중에 티켓을 다시 받아 뉴욕으로 돌아올 수 있었죠."

정장을 입는 것이 샐즈버그에게는 낯선 것이었다. 그는 "정장을 입었던 것은 제 성년식 때와 형의 결혼식 때 뿐이었어요"라고 말했다. 하지만 회계 분야에서 일을 하면서 그는 "일을 시작하기 전에 남자들은 모자를 써야하는" 세계로 들어가게 되었다. 요약해서 말하면 샐즈버그는 "다른 평균적인 직원하고 달랐다." 지금까지도 그는 그를 고용했던 사람을 만난다.

"당시 너무 감사했다고 그분에게 말하면, 그분은 자부심으로 가득한 눈빛을 보여주십니다. 그분은 제 회계과목 성적이 좋아서 고용했어요. 제가 약간 내성적이긴 했지만 준비는 잘 되어 있었습니다. 좋은 지원자로 보인 것이죠."

그가 그렇게 달랐음에도 불구하고 샐즈버그는 잘 적응했다. 샐즈버그는 "항상 적응해야 합니다"라고 말했다. 샐즈버그는 정말 그렇게 했다. 그는 자신과 다른 사람들과 친구가 되었다.

"열심히 일하고 잘했습니다. 그렇게 하면 신뢰와 존경을 얻게 됩니다. 점점 더 많은 사람들이 제게 왔습니다. 그렇게 시간이 지나자 제가 어떤 학교 출신이고 종교가 무엇인지가 문제가 되지 않았습니다. 제가 어떻게 성과를 냈는지가 중요했습니다. 이 부분이 내가 딜로이트를 사랑하게 된 부분입니다. 진정한 실적주의 사회였죠."

올바른 판단이라기보다는 운이라고 할 수도 있겠지만, 샐즈버그가 1980년대 초반에 세금계획을 전공했다는 사실도 도움이 됐다. 뉴욕에 있는 팀에 합류했을 때 팀원은 30명이었다. 그가 팀에 합류한 가장 중요한 이유는 그가 두 가지를 알고 있었기 때문이다. 첫째, 그는 회계감사를 하는 것을 원치 않았다. 두 번째, 대학에서 소득세와 자산 관련 과목을 수강

했기 때문에 그는 세금계획 분야에서 일하고 싶어 했다. 나중에 이 부분은 회사의 전문분야가 되고 그 자신에게도 이 분야에서 경력을 쌓는 데 많은 도움을 줬다. 하지만 20대와 30대 초반 그는 좀 더 평범한 생각에 사로잡혀 있었다.

"파트너가 되는 것을 적극적으로 추구하지 않았습니다." 샐즈버그는 말했다. "CEO가 될 생각은 더더욱 없었습니다. 제게 주어진 일을 최선을 다해 하고 싶었어요. 거기에 제일 집중했습니다."

샐즈버그에게 특정한 목표가 있었던 건 아니었다. 경력에서의 목표를 최우선시하는 사람도 아니었다. 경력 초반에도, 파트너의 자리를 얻고 한참이 지나도록 샐즈버그는 전문가로 더 알려져 있었다.

"일종의 기술자로 인식됐습니다. 기술적인 문제가 있을 때 사람들은 제게로 왔습니다."

하지만 때로 좋은 일들은 기다리는 사람에게 오는 것 같다. 샐즈버그가 콜로라도에서 교육을 받고 있을 때 그는 팀의 책임자인 파트너가 회사를 그만둔다는 전화를 받게 되었다. 재미있는 것은 떠나는 사람이 기술자이자 매니저인 샐즈버그가 자신의 일을 이어받기를 원했다는 것이다. 샐즈버그에게 엄청난 신뢰를 보여주는 일이었다. 파트너가 떠날 때는 그 자리에 또 다른 파트너를 지명하는 것이 보통이었기 때문이었다. 하지만 샐즈버그는 실망시키지 않았다. 그는 돌아와서 다섯 명으로 구성된 뉴욕의 세금계획팀을 맡았다. 그리고 그는 그가 맡은 일을 엄청난 규모의 비즈니스로 키워냈다.

"그 사람이 떠난 것은 행운이었고 내가 열심히 일했던 것은 운명이었습니다. 전 이 기회를 잘 활용했습니다. 하지만 그 전화도 중요했죠."

결정적인 순간이었다. 샐즈버그는 결국 파트너가 되었다. 기술자가 사람들을 관리하는 매니저가 된 것이다.

"전 리더십 철학 면에서 진화했습니다." 그는 말했다. "처음에는 성공하기 위해 제가 하는 일에 집중했습니다. 나중에는 내가 그들과 함께 보낸 시간 때문에 사람들이 감사해 하는 유형의 리더가 되었습니다."

샐즈버그의 리더십 스타일은 변화했다. 하지만 점점 더 세계화되고 있는 이 기업에서도 그의 위치만은 변하지 않았다. 1978년 해스킨즈앤셀즈는 딜로이트가 됐다. 이 회사는 100개가 넘는 나라에 지사를 두고 있다. 하지만 샐즈버그는 뉴욕에서만 일했다. 그도 인정하지만, 이례적인 일이었고 그의 후임들에 의해 반복될 것 같은 일은 아니었다. 2015년 딜로이트의 글로벌 CEO 자리를 샐즈버그로부터 이어받은 퍼닛 렌젠Punit Renjen의 경우를 보면 잘 알 수 있다. 인도 하르야나 주 로타크에서 태어난 렌젠이 딜로이트의 수장이 되기 위해서는 뉴델리에서 뉴욕까지의 여정을 겪어내야 했다. 브루클린에서 맨해튼까지의 거리에 비하면 훨씬 장거리 여행이다.

"어느 정도 국제적인 경험을 갖는 것이 믿을 수 없을 정도로 중요합니다." 샐즈버그는 말했다. "다문화적 사고를 하고, 세계에 대한 감각을 익히고, 외국에서 비즈니스가 어떻게 이뤄지는지에 대해 이해하려면 국제적인 경험이 필요합니다. CEO가 되는 데 필수조건이 되어가고 있습니다."

딜로이트가 샐즈버그에게 더 폭넓은 경험을 제공하지 않은 것은 아니다.

"여러번 옮기라는 요청을 받았습니다. 하지만 다양한 이유로 그렇게 안 했습니다."

처음에 그는 뉴욕보다 훨씬 작은 지역의 사무실로 옮기라는 요청을 받았다. 샐즈버그가 리더십 스킬을 기르기에는 그쪽이 훨씬 쉬울 것이라는 생각이었다. 샐즈버그는 전술적인 이유로 그 제안을 거절했다. 그는 "좀 더 세련된 고객들을 상대하고, 멘토들과 더 밀접한 관계를 유지하고 싶었습니다"라고 말했다. 사무실에서는 더 상급자의 지위를 얻겠지만 경험 면에서는 손해일 것이라고 생각했기 때문이다. 또 한 번은 회사가 다시 그를 다른 지역에 배치하려고 했다. 그때는 더 실제적인 이유로 거절했다. 뉴욕에서 십여 마일 밖에 떨어지지 않은 롱아일랜드로 옮겨가라고 했을 때도 그와 아내는 뉴욕에 남는 것을 선택했다. 스태튼 아일랜드에 집을 산 지 얼마 안됐고, 그는 마지막 학위 과정이 될 컬럼비아대 법학대학원 공부를 막 시작할 참이었기 때문이다.

샐즈버그가 미국의 반대편으로 옮겨갈 수 있는 제안을 받았을 때, 그는 뉴욕 밖에서 경험을 쌓는 것이 거의 필수가 되어버렸다는 점을 깨닫게 되었다. 얼마나 더 거절하면서 버틸 수 있을까? 하지만 그는 옮겨가서 경험을 쌓는 것이 유리하다는 생각에 다시 한 번 의문을 던졌다. 아들이 고질병을 앓고 있었고, 믿을 수 있고 복잡한 의학들의 네트워크가 필요했다. 뉴욕에서 샐즈버그 부부는 그런 네트워크를 찾아냈다. 다른 데서도 찾을 수 있을까? 쉬운 결정 같지 않았지만 샐즈버그에게는 어려운 일도 아니었다. 샐즈버그는 "삶의 균형을 생각하면, 경력에서의 목표를 추구하는 것은 아들을 희생하면서까지 할 수 있는 일이 아니었습니다"라고 말했다. 그는 남았다. 그때를 생각하며 그는 말했다. "적절한 시간에 적절한 선택을 했습니다."

결과적으로 보면, 그의 결정은 조직에서 상승하는 데 방해가 되지 않았다. 2007년 샐즈버그는 미국 딜로이트의 CEO가 되었고, 2011년에는 글로벌 CEO로 임명됐다.

"제가 옮겨가기를 거부하고 회사도 내게 강요하지 않은 것은 딜로이트만의 독특함 때문입니다." 그는 말했다. "그것은 삶에 있어서 가장 중요한 교훈 중의 하나입니다. 정당한 이유를 대면서 'No'라고 말하는 것은 매우 도움이 됩니다. 회사에는 언제나 당신을 지켜주고 기회를 제공하는 누군가가 항상 있습니다. 하지만 결국에는 당신이 누구인지, 어디로 가고 싶은지에 대해 생각해야 하는 것은 우리 자신입니다. 오스카 와일드가 말했듯이, '당신 자신이 되어야만 한다, 왜냐하면 다른 사람들은 이미 다 주인이 있기 때문이다'라는 것이죠."

학업을 마치지 못했던 아버지의 조언

요한 오릭은 방문판매를 해 수수료를 받는 세일즈맨이 될 수 있었다. 아니면, 연장과 철물을 팔아 생계를 유지하는 점원이 될 수도 있었다. 그의 부친이 가졌던 직업이었다. 그의 부친은 대학을 나오지 않았다. 고등학교도 마치지 못한 상태였다. 그런 학력 없이 그는 가능한 최상의 것을 이뤘다. 하지만 그는 기회를 놓쳤고 대학을 나오지 못했다는 것이 그의 인생에 제약이 된다고 느꼈다. 오릭은 아들이 같은 결과를 얻는 것을 그의 부친이 원치 않았다는 점과 자신은 부친보다 더 많이 배워야 한다는 것을 느꼈다.

"중학교에 다닐 때 아버지와 이 문제에 대해 처음 얘기했습니다." 오릭은 말했다. "고등학교를 마칠 때쯤 이것이 아버지와 제가 모두 원하는 것이라는 것이 분명해졌습니다."

열여덟 살 때 오릭은 네덜란드의 작은 고향 마을을 떠나 벅적거리는 수도 암스테르담으로 가서 역사를 공부하기 시작했다.

역사를 공부하면서 아메리카만큼 오릭을 매혹시킨 대륙은 없었다. 마르텐 브랜즈Maarten Brands 교수로부터 미국 역사 수업을 들으면서 내용을 모조리 흡수했다. 브랜즈 교수는 미국 역사뿐만 아니라 미국의 사회와 학계에도 관심이 많은 사람이었다. 이 두 사람은 특별한 유대관계를 발전시켰다.

어느 날 브랜즈 교수가 오릭에게 물었다. "인생에서 뭘 하고 싶은가?"

이 젊은 학생은 답을 알지 못했다. 야망은 있었지만 일반적인 수준에서였다. 특정한 목표가 없었던 것이다. 브랜즈 교수는 "미국에 가서 계속 공부를 하면 어떤가?"라고 제안했다. 브랜즈 교수는 소규모 남녀공학 대학원을 갖춘 미국 매사추세츠 소재 여자대학인 스미스대 사람들을 알고 있었다. 오릭은 감사했다. 1980년대 초였다. 돈도 없었고 달러는 강세였다. 하지만 그는 풀브라이트 장학금을 타냈고 다른 장학금들도 더 타냈다. 그리고 브랜즈 교수의 도움으로 바로 길을 떠났다.

그때를 생각하며 오릭은 당시 그의 인생에서 중요한 두 순간이 지나갔다고 말했다. 아들을 대학에 보내고자 했던 아버지의 꿈과 미국에서 공부해보라는 교수의 권유는 핵심적인 두 개의 주춧돌이 됐다. 스미스대에서 처음에 공부를 한 후 그는 워싱턴 DC에 있는 존스홉킨스대 석사학위 과정에 진학했다. 존스홉킨스대가 스미스대보다는 더 좋은 대학이었지만 존스홉킨스에 가는 것이 훨씬 쉬웠다.

"그때쯤에는 제가 시스템 안에 들어가 있었던 것이죠." 그는 말했다. "시스템 이해하고 방향을 찾아갈 수 있었던 것입니다."

미국에서 공부하는 동안 오릭은 나중에 첫 번째 아내가 되는 한 미국 여성을 만났다. 그리고 그는 존스홉킨스대에 다니면서 컨설팅회사인 A.T. 커니에 지원해 합격했다. 사람들이 말하듯이, 나머지는 역사이다. 거의 30년 후, 그는 재혼을 했지만 아직도 그는 그 회사에서 일한다. 회장이자 CEO로서 말이다. 회사도 큰 성공을 거뒀다. 건강한 성장률과 이익 마진을 유지하면서 40개국에 지사가 있으며 수익이 10억 달러를 넘는다.

하지만 그 길이 곧게 뻗은 길이었다고 생각하면 오산이다. A.T. 커니에서 거의 30년을 지내면서 오릭은 회사가 성장하고, 후퇴하고, 그리고 다시 일어서는 것을 보았다. 오릭만의 여정은 회사의 본사가 있는 시카고에서 시작되었다. 그 여정 동안 그는 대서양을 건너 미국과 유럽을 오갔으며 결국 현재 일하고 있는 런던으로 갔다.

컨설팅업계에서 경력을 쌓는 사람을 위해 오릭은 정말 중요한 것은 처음 5년에서 7년 동안 머물러 있는 것이라고 말했다. 그는 시럽syrup을 뜻하는 네덜란드 단어를 사용해 "그때가 컨설턴트들이 끈적끈적해질 때입니다"라고 말했다. 그 전에는 많은 사람들이 계획을 하고 컨설팅업계를 떠난다.

컨설팅회사들의 잘 알려진 '올라가거나 나가거나up or out' 모델은 사실이다. 경험으로 알고 있다. 2년 정도마다 승진을 해야 한다. 그렇지 않으면 회사를 떠나야 한다. 나는 첫 번째 장애물을 통과하지 못하고 떠났다. 주니어 컨설턴트에서 시니어 컨설턴트로의 승진이다. 그 이후에는 매니저, 시니어 매니저가 되고, 마지막에는 파트너의 세계로 들어가야 한다. 그것이 전부이다. 파트너의 세계는 대부분의 돈이 벌리는 곳이다. 파트너십을 가지면서 주식을 살 수 있는 권리가 생기기 때문이다. 또한 준비 단계에서 주 60시간 이상을 일한 다음 라이프 스타일이 개선되는 시기이도 하다. 또 회사에 돈을 벌어다 줄 수만 있다면 새로운 프로젝트를 시작할 수 있는 최대한의 자유를 가질 수 있는 시기이기도 하다.

오릭은 컨설팅 곡선의 "끈적끈적한" 부분으로 빠르게 진입했다. 거기에 가는 길에 적어도 두 가지 이점 때문에 이익을 봤다. 첫 번째이자 가장 중요한 것으로, 아내가 그의 경력 선택에 지원을 아끼지 않았다는 것이다.

"입사 초기에 재혼을 했습니다." 오릭은 말했다. "두 번째 아내는 컨설턴트와 결혼한다는 것이 어떤 것인지 아는 사람이었습니다."

오릭의 말에 따르면 그들이 더 일찍 만났다면 지금과는 매우 달랐을 것이고 훨씬 더 어려웠을 것이다. 두 번째 이점은 오릭이 경력을 주로 1990년대에 쌓았다는 것이다. 경제성장과 컨설팅업계의 성장의 황금시대였다. 오릭은 유니레버나 크래프트 같은 "빠르게 움직이는" 소비재회사들을 컨설팅해주면서 이 추세를 탔다.

"저만의 일을 할 수 있었기 때문에 전 회사에 남았습니다." 오릭은 말했다. "엄청난 행동의 자유가 있었고 제가 진심으로 좋아하는 사람들과 일할 수 있었습니다."

그의 컨설팅 경력은 개인적인 생활에 큰 영향을 미쳤다. 긴 근무시간은 가족과 같이 시간을 보낼 수 있는 시간을 희생한다는 뜻이었다. 오릭과 그의 아내는 이것을 받아들이고 "일과 삶의 균형"이라는 생각을 완전히 버렸다. 그들은 좀 더 실용적인 관점을 가졌다. 그와 가족은 그의 직업이 가족생활에 주는 부담을 받아들였다. 반대로 그는 가끔 개인적인 일을 회사 일보다 우선순위에 두곤 했다.

일 측면에서 특히 힘들었던 시기가 있었다. 1995년 A.T. 커니의 파트너들은 IT 서비스 회사인 EDS의 투자를 받기로 결정했다. 하지만 그 벤처회사는 재정적으로나 회사 문화 면으로나 A.T. 커니에게는 성공적이지 못했다.

EDS의 CEO는 "컨설턴트는 IT 서비스의 영업을 해야 한다고 생각했습니다. 우리에겐 유쾌한 시간이 아니었습니다."

결국 "큰 갈등"이 발생했다. 그 와중에 수익이 떨어지고 상여금은 없어졌으며 많은 사람들이 자발적으로 또는 강제 구조조정에 의해 회사를 떠났다.

딸에게 가기 위해 회의장을 나간 오릭

회사가 힘든 시기를 보내고 있을 때 오릭은 그의 첫 번째 리더십 역할을 맡았다. 벨기에, 네덜란드, 룩셈부르크의 지사를 경영하는 것이었다. 그때 주주에게는 아이들이 넷 있었다. 걸음마를 하는 아이들을 집에 둔 상태에서 회사에서는 리더십 책임을 지고, 회사는 붕괴되기 직전에 있었다.

오릭은 "올 인" 상태였다. 이 모든 것이 다 잘 되거나 직장, 돈, 가족을 모두 잃거나 둘 중 하나였다.

2005년 결정의 때가 왔다. 오릭을 포함한 회사의 파트너들은 당시의 회사 주주들로부터 주식을 사들이기로 했다. 자금은 대출을 통해 조달하기로 했다. 더 이상 '올라가거나 나가거나'가 아니었다. '만들거나 부수거나'였다. 충분한 수의 파트너들이 이번 거래에 사인을 해야 하고 홀로 선 회사가 헤쳐 나갈 수 있는 재정적인 방법이 확보되어야 했다. 오릭은 도전했다.

"아주 합리적인 결정이라고 할 순 없었습니다." 그는 말했다. "감정적인 것이었습니다."

베네룩스 국가 지사에 대한 책임감도 느꼈다. 파트너가 된 지 이미 몇 년이 지났고 몇몇 친구들이 이번 거래에 참여한 상태였다.

일이 잘 되어가고 있는 것이었을까? 2005년 어느 추운 12월의 밤, 데드라인이 다가왔다. 오릭과 그의 동료들은 런던의 한 호텔에서 동료들이 주식 매입을 위한 돈을 입금했는지 알려줄 팩스를 기다리고 있었다. 오릭은 "보장도 없이, 얼마나 손해를 볼지 한도를 정하지도 않고" 돈을 투자했다. 다행히 확인 팩스가 도착했다. 그리고 몇 년 후 오릭과 동료들은 "마치 백 년 된 스타트업처럼" 80년 된 회사를 다시 세울 수 있었다.

이 과정에서 오릭은 직장에서 개인적인 삶을 숨기려고 노력해서는 안 된다는 것을 깨달았다. 비즈니스를 살리는 것 역시 개인적인 일이었다. 힘들었지만 성공한 것은 그가 두 개가 아닌 하나의 삶을 살았기 때문이었다. 그는 "자신의 삶을 다른 사람들과 공유할 수도 있어야 리더로서 역할을 잘

할 수 있습니다"라고 말했다. 그는 매우 개인적이고 감정적인 경험을 동료들과 같이 겪었다. 그리고 그들은 더 강해졌다. 그 경험은 그가 다른 사람들과 더 진실하게 일하도록 해주었고 진정한 관계를 맺게 해주었다.

"컨설팅 같은 비즈니스에서는 무엇인가를 만들지는 않습니다." 그는 말했다. "조언을 제공해주는 것이죠. 그래서 사람들이 돈을 지불하는 것입니다. 하지만 고객들이 감정적으로도 당신을 신뢰하지 않는다면, 당신의 조언을 합리적으로 신뢰해 돈을 지불하지 않을 것입니다. 개인적인 측면이 이렇게 개입되는 것입니다."

세월이 흐르면서 오릭은 직원과 고객에게 더 많이 "마음을 여는 법"을 배웠다. 그는 "제 개인적인 삶에 대해 꽤 많이 얘기하는 편입니다"라고 말했다.

예를 들어, 아버지가 돌아가셔서 힘든 시간을 보내고 있을 때도 숨기려고 노력하지 않았다. 그는 물었다. "눈물을 흘리고 있는 것을 사람들이 보고 있는데 왜 그걸 숨기겠어요?"

인간적인 반응이다. 그리고 오릭은 그런 것들을 보이는 것은 "약하다는 표시가 아닌 강하다는 표시"라고 말했다.

2000년대 초 오릭이 회사를 위해 많은 희생을 한 것은 사실이지만, 그것은 그가 가족을 두 번째 순위에 놓으려고 의도했기 때문은 결코 아니다. 삶이 우선순위를 결정하도록 했을 뿐이다. 가족을 위해서도 비슷한 희생을 하는 것을 주저하지 않았다. 2013년 콜로라도 스프링스에서 열린 전미 파트너 회의에서의 일이 전형적인 예다. 그 전해인 2012년, 파트너가 된 후 많은 세월이 지났을 때, 그는 동료들에 의해 회장 겸 CEO로 선출된 상태였다. 그래서 2013년 콜로라도 스프링스 회의는 그가 "글로벌 운영 파트너로서 파트너 회의를 주재한 첫 번째 회의"였다. 그는 "중요한 역할을 해야 했습니다"라고 말했다. 하지만 회의 날짜가 딸의 고등학교 졸업 파티 날짜와 겹쳤다. 오릭은 졸업 파티에 안 갈 수는 없었다. 그래서 그는 많은 사람들이 "생각도 할 수 없는" 행동을 했다. 회의 첫날, 그는 일어나더니 그가 주재해야 할 회의에서 빠져야겠다고 발표하고 자리를 떠났다. 사람들이 받아들였을까?

"물론 몇몇 사람들이 웅얼거렸어요." 그가 말했다. "하지만 결국 지금은 제가 그때 회의장을 떠난 것이 긍정적인 선례를 만든 것이라는 평가가 지배적입니다."

사람들은 그의 정직함을 좋게 평가했고 그가 사적인 생활을 위해 설정한 우선순위를 존중했다. 왜 그는 그렇게 중요한 회의에서 빠졌을까?

"솔직했기 때문입니다. 총회 도중에 일어나서 회의에서 빠지겠다는 결정에 대해 설명했습니다. 그것이 중요했습니다. 전 숨길 수 없었습니다. 직장 생활을 하면서 개인적인 생활을 숨길 수 없다고 제가 말한 것은 이 뜻입니다."

그가 동료들의 면전에서 솔직하게 말하지 않고, 조용히 회의에서 빠져 동료들에게 이메일을 보냈다면 상황은 달라졌을 것이라고 오릭은 주장한다.

오릭은 딸의 졸업식장에 꼭 가야만 했다. 하지만 오릭이 개인적인 이유로 중요한 회의를 빠지곤 했다는 뜻은 아니다. 오히려 그는 일과 삶을 성공적으로 결합시킬 수 있는 가능성을 높이기 위해서는 또 하나의 레시

피가 필요하다고 생각한다. 꼼꼼한 계획이다.

"1년 반 전에 미리 일정을 계획하기 시작합니다. 그렇게 해야 가족 여행이나 모임을 위한 시간을 충분히 빼놓을 수 있습니다."

예를 들어, 그렇게 미리 계획을 세운 덕분에 그는 매사추세츠와 뉴욕의 대학들을 가보기 위해 여행 중이던 딸과 중간에 1주일 동안 시간을 보낼 수 있었다.

대학생의 삶을 사는 수십억 달러 규모 회사의 CEO, 이는 가능한 일이다. 하지만 꼼꼼하게 계획을 통해서만 그렇다. 그리고 '그러나'가 필요한 지점이다. 오릭의 계획은 일주일간의 가족 휴가에 국한되지 않았다. 집 소파에 앉아 편안하게 하룻밤을 보내는 것도 다 미리 계획된 것이다. 그는 "그런 것들이 해야만 하는 결정입니다"라고 말했다. 오릭에 따르면 그런 상호 희생은 가치가 있는 것이다.

"인생에서 뽑아낼 수 있는 모든 것을 뽑아내야 하기 때문입니다." 그는 말했다. "그게 제 철학이자 인생의 가장 중요한 모티브입니다."

—

동성애자 데이비스, 파트너를 선택하다

이번 장의 도입부에서 말했던 것처럼, 1988년 스티브 데이비스는 뉴욕에 있는 컬럼비아 법학대학원을 막 졸업한 상태로, 개인적인 삶과 직업에서의 진전 사이에서 선택의 기로에 있었다. 장소 두 곳 사이의 선택이기보다는 두 개의 이야기 사이의 선택이었다. 중국의 민주화와 글로벌 인권운동에서 역할을 한다는 큰 그림이 있는 이야기를 쓰느냐, 파트너와 함께 삶을 살며 개인적인 이야기를 쓰느냐였다.

우리가 지금 중국을 떠오르는 거인이라고 생각하는 것은 덩샤오핑이 1980년대에 일으킨 변화 때문이다. '중국 특색의 자본주의'라고 불리는 그의 정책은 30년이 넘게 지속되고 있는 경제 활황을 가져왔고, 6억 명을 빈곤에서 구제했고, 중국을 (유일한 강대국이 아니더라도) 세계의 강대국으로 도약시켰다.

1988년 이러한 발전이 오랫동안 지속되고 있는 시점에서 스티브 데이비스는 직접 이 과정을 목격했다. 그는 1979년 처음 중국에 갔다. 중국에 관심이 있어서가 아니고 세계를 발견하기 위해서였다. 몬태나 주의 작은 시골 딜론 출신인 데이비스에게 세상은 정말 엄청났고 그는 손을 뻗쳐 잡기만 하면 됐다. 고등학교를 갓 졸업한 열일곱 살 데이비스는 "도약하기"로 마음먹었다. 운 좋게 동부 지역의 프린스턴대학에 입학할 수 있었고 기회를 잡았다. 종교학 전공으로 졸업한 후 대만에서 가르칠 수 있는 펠로우십을 얻었다. 중국이 1980년대 초반 경제적인 재탄생을 하고 있을 때 데이비스 자신도 재탄생을 하고 있었다.

고등학교 때부터 그는 자신이 동성애자라는 것을 알았다. 로데오와 미식축구가 지배하는 매우 '마초적인' 환경인 몬태나에서 커밍아웃하는 것은 불가능했다. 프린스턴으로 가기 전의 그의 삶, 중국을 여행하기 전의 그의 삶은 '매우 브로크백 마운틴(최초의 게이 서부극) 같은' 것이었다. 낚시와 하이킹을 하고 농장에서 일을 했다. 그리고 그는 '크고 미친 가족'이 줄 수 있는 모든 기쁨을 만끽했다. 하지만 아무에게도 그의 비밀을 말할 수 없었다.

"커밍아웃은 생각도 할 수 없었습니다." 그는 말했다. "우리 마을은 매우 기독교적이고, 매우 보수적이었습니다. 그래서 전 비밀을 할 수 있는 한 오랫동안 묻어두었습니다."

하지만 대학에 다니면서는 더 이상 묻어둘 필요가 없었다. 1980년 데이비스는 미래의 파트너를 만났다. 그리고 그들은 36년째 같이 살고 있다. 동성애자 운동의 일원이 되는 것은 데이비스의 인생 이야기에서 두 번째로 큰 줄기다. 그는 "동성애자라는 것이 제 존재의 일부분이라는 것은 피할 수 없는 것입니다"라고 말했다. 그는 1970년대에 동생애자 커뮤니티가 어떤 위치에 있는지 보았고 미국에서 동성애 결혼이 합법화된 현재의 상태로 진화하는 것도 보았다. 그 과정은 그의 개인적인 이야기와 동성애자 권리를 위한 그의 정치적인 투쟁과도 겹친다. 그는 말했다. "몬태나의 농장 소년이었을 때는 제가 동성애자라는 것이 두려웠습니다. 이제 우리는 법적으로 결혼했고, 아들도 있습니다. 우리 커뮤니티에 깊게 관여하고 있고 우리 생활은 매우 정상적입니다."

인생의 이 시점에서 데이비스는 개인적인 수준에서 자유롭게 벗어난 것이 행운이라고 느꼈다. 하지만 그는 또한 세계 수준에서도 그렇게 하고 싶어졌다. 1983년 학사 학위를 따고 난 뒤 데이비스는 시애틀에 있는 워싱턴대와 베이징대에서 석사학위를 취득했다. 그리고 그의 마음은 중국으로 향했다. 원대한 계획이 있지는 않았지만 꿈은 많고 그 공산국가가 진보할 수 있다고 믿었다. 그는 "우리는 동유럽이 진보한 것처럼 중국도 진보할 수 있을 것이라고 생각했습니다"라고 말했다. 한번은 북한 사람들과 같은 기숙사에 산 적도 있고, 또 한번은 중국인 친구들과 가까워져 그들의 '비극적인' 문화혁명 이야기를 접한 적도 있다. 그리고 또 한번은 동남아시아의 난민들의 투쟁을 지켜보기도 했다. 중국의 한계도 보았지만 기회 또한 보았다. 그는 중국이 경제 체제를 바꿨듯이 결국 정치 체제도 바꿀 수 있다고 믿었다. 중국 지도자들은 시간이 지나면 소수자들의 권리, 정치적인 반체제 인사, 동성애자를 받아들이리라는 것은 확실하다. 그렇게 되면 과도한 사형집행도 하지 않게 될 것이 확실하다. 데이비스가 신문 사설에서 한 번 다룬 주제이기도 하다. 그리고 언젠가는 더 민주적이 되고 서방과 교류를 확대할 것이 확실하다. 데이비스는 그런 모든 투쟁에 기여하길 원했다.

1985년 데이비스는 3년 동안 미국으로 돌아갔다. 임시로 머물 작정이었다. 중국은 그의 원대한 계획이었다. 그는 컬럼비아대 법학대학원에 진학해 인권과 중국 전공으로 법학박사 학위를 땄고 '중국 법 저널'을 만드는 것을 도왔다. 그의 연구와 활동의 대부분은 중국에 중심이 맞춰져 있었다. 하나의 문제가 있었다. 그의 파트너는 데이비스가 졸업하면 자신의 고향인 시애틀에서 더 안정적으로 살기를 원한다는 점을 분명히 했다. 데이비스는 곤란해졌다. 자신의 열정을 따라 중국으로 갈까? 아니면 사랑을 따라 시애틀로 돌아갈까?

"어려운 선택이었지만 쉬운 결정이었습니다." 데이비스는 말했다. "저는 인권과 중국에 관심이 있었습니다. 베이징, 뉴욕, 런던에서 훌륭한 제안을 받았습니다. 당시 아무것도 시애틀과는 관련이 없었습니다. 그럼에도 불구하고 데이비스는 시애틀로 돌아가는 선택을 행복하게 했다. 그는 가족을 선택했다.

역사는 갈 길을 간다. 개인으로서 바꿀 수 있는 것은 한계가 있다. 하지만 데이비스의 이야기에서는 다음에 일어난 일이 주목할 만하다. 졸업 후 시애틀로 돌아가기로 결정한 지 1년 후, 중국에서 민주적 변화에 대한 희망이 말 그대로 산산조각이 났다. 1989년 중국 학생들이 베이징의 천안문광장에 시위를 벌였다. 시위자들은 민주주의를 요구했지만 권위주의적인 대응에 직면했다. 정부는 군대에게 시위대 해산을 명령했고 그 과정에서 시위자 몇 명이 사망했다. 시위자를 깔고 지나가는 탱크의 이미지는 아직도 사람들의 뇌리에 남아 있다. 하지만 중국에서 그 이미지는 금지돼 있다. 그날이 중국 역사의 항로를 변화시켰다. 중국은 자본주의 국가는 될 수 있었지만 민주주의 국가가 되지는 않을 것이었다. 데이비스에게 이는 그가 한 발자국 물러서야 한다는 것을 뜻했다.

"우리는 시위에 참가한 사람들을 알고 있었습니다." 그는 말했다. "그것이 외부자로서의 제 역할과 참여와 사회변화를 위한 다른 기회들을 다시 생각하게 했습니다. 저와 중국과의 관계를 다시 정립해야 했죠."

이와는 대조적으로, 그 후 몇 십 년은 시애틀의 황금시대였다. 디지털 혁명의 많은 부분을 담당했던 마이크로소프트와 아마존, 이 두 회사가 시애틀에서 비롯됐다. 마이크로소프트의 창업자 빌 게이츠와 아마존의 창립자 제프 베조스Jeff Bezos는 세계에서 가장 부자이자 가장 인맥이 넓은 비즈니스맨이다. 데이비스는 그 둘 다를 알아야 했다. 흔히 그렇듯이, 이런 일은 우연히 일어났다. 시애틀로 돌아갔을 때 데이비스는 변호사 일을 했다. 1년 후, 그가 일했던 회사가 마이크로소프트 창립자의 부친인 빌 게이츠 시니어의 회사와 합병을 했다. 데이비스는 자신의 열정과 활동성을 고려해보면 법무법인에서는 오래 가지 못할 것이라는 것을 곧 깨달았다. 어느 날 게이츠는 젊은 변호사들과 점심을 먹으며 자신이 참여하고 있는 자선단체인 유나이티드 웨이United Way의 중요성에 대해 이야기를 나눴다. 데이비스가 그 자리에 있었다. 그는 빌 게이츠 시니어에게 '존경심을 가지고 도전했다.'

"유나이티드 웨이는 좀 구식이라는 의견을 말했습니다." 데이비스는 말했다. "사람들이 끝나고 그것이 얼마나 경력에 도움이 안 되는 일인 줄 알고 그랬냐고 물었습니다. 하지만 이틀이 지나고 빌 게이츠 시니어가 내 사무실로 와서는 제가 말했던 곳에서 일하라고 말했어요."

데이비스는 감사히 받아들였다. 서른두 살에 그는 미국 최대의 자선단체인 유나이티드 웨이의 지역 전략을 새로 짜는 것을 도왔다. 서른다섯 살에는 유나이트 웨이의 이사회 의장으로 선출됐다. 그렇게 그는 지역에서 승승장구하기 시작했다.

빌 게이츠 시니어와 일을 하면서 그는 아들인 빌 게이츠 주니어와도 알게 됐다. 1993년 그 만남은 현재까지도 지속되고 있는 빌 게이츠와의 협업 관계를 낳았다. 빌 게이츠는 결국 데이비스를 자신이 소유한 디지털 이미지 회사로 나중에 게티 이미지의 경쟁사가 되는 코비스Corbis의 CEO로 고용했다.

"매혹적인 시간이었습니다." 데이비스는 인터넷, CD-ROM, 디지털 이미지의 초기 시절에 대해 이렇게 회상했다. 일을 하면서 그는 로마의 시스티나 성당에서 칸 영화제까지 많은 곳을 돌아다녔다. 상도 받고 지명도도 얻었다. 초기 디지털 개척자이자 사고의 리더, 예술가, 프로그래머, 비즈니스맨을 연결시키는 조정자라는 칭호도 얻었다. 데이비스는 그 회사에서 14년을 일했다. 그 사이 회사는 세계 규모로 확장됐고 그 분야의 선두 기업이 됐다. 그런 다음 그는 소회 문제에 다시 한 번 집중해 더 시간을 보내기로 결정했다.

그는 매킨지의 사회 혁신 글로벌 이사가 되었다. 매킨지는 컨설팅업체로 〈포춘〉 100대 기업에서 세계 최대의 재단과 비영리단체, 떠오르는 자선가와 사회적 기업가에 이르기까지 다양한 고객들의 글로벌 건강 문제와 발전문제를 다루고 있다. 그리고 2012년 데이비스는 시애틀에 있는 비정부기구NGO인 PATH의 CEO를 맡아 현재까지 일을 하고 있다. PATH는 세계 70개국에 조직을 가지고 있는 세계 최대의 NGO 중 하나로, 수백 종류의 생명 구조 제품을 건강 프로그램을 개발해 세계 건강 혁신을 주도하고 있는 단체이다. 이 모든 역할을 다 수행하고 엄청난 거리를 여행하면서도 데이비스와 그의 파트너는 시애틀에 굳게 뿌리를 내리고 있다.

데이비스를 만난 것은 2013년 중국 다롄大連에서였다. 데이비스는 회의 차 왔고 나는 파이낸셜타임스에 실을 기사를 위해 신흥시장 취재를 하는 중이었다. 그의 이야기는 매력적이었다. 그는 PATH가 한 중국 회사를 도와 중국이 만든 백신을 수출할 수 있도록 세계보건기구WHO 승인을 최초로 받게 했다고 말했다. 그 백신은 주로 아프리카와 아시아에서 발생하는 일본뇌염 퇴치에 도움을 주는 제품이었다. 중국에 대한 그의 관심은 결코 사라지지 않았던 것이다.

다음 3년 후 우리는 다시 만났다. 한번은 시애틀에서 만나 그의 사무실을 보여줬고, 또 한번은 그가 참석하는 유엔 총회가 열리는 뉴욕에서 만났고, 마지막으로 이 책을 위해 다보스에서 만났다.(그리고 빌 게이츠가 잠깐 들러 얘기를 나눴다)

데이비스가 중국에 민주주의를 가져다주지는 못했을 수 있다. 큰 부자가 되지 못했는지도 모른다. 그와 베조스는 아마존이 상장되기 전에 기회를 찾아냈다. 하지만 그는 가족과 커뮤니티를 선택했고 그의 열정의 대상을 잊지 않았다. 그렇게 그는 누구보다도 매력적인 삶을 살았고 자선단체에서 비즈니스까지 넓은 스펙트럼의 경력을 갖게 됐다.

"잘 계획된 경력을 갖고 있지는 않습니다." 그는 말했다. "하지만 저는 순간을 잘 활용해왔습니다. 그리고 지금까지의 모든 여정을 많이 즐겨왔습니다."

CEO의
이력서
에서
배운것

"쉬울 것이라고 아무도 말하지 않았습니다." 성공적인 경력과 성공적인 개인생활의 결합에 대해 확실하게 설명해주는 말이다. 요한 오릭은 어린 자식들을 자주 보지 못했다. 직장에서 진짜 힘들고 격동적인 시간을 보내고 있었기 때문이다. 이는 거의 모든 CEO들에게 똑같이 적용된다. 모두를 가질 수는 없을 가능성이 매우 높다.

하지만 하나는 확실하다. 당신을 도와주고, 당신에게 동기부여를 해주는 강한 인적 네트워크가 없다면 아무것도 가질 수 없다는 것이다. 이 장에서 읽은 CEO들의 이야기는 그들에게 가족이 얼마나 중요했는지 확인시켜준다. 샐즈버그와 데이비스 같은 사람들은 가족에 대한 헌신 때문에 직업에서의 기회를 놓쳤다.

샐즈버그가 말하듯이 삶의 균형에 있어서, 직업에서의 기회가 아닌 가족의 행복을 선택하면 결과가 더 좋아질 가능성이 높다. 샐즈버그는 학교 친구들, 여자친구, 여자친구의 부모 덕분에 언제 꿈을 따라서 대학에 가야할지를 잊지 않았다. 그는 가족이 없었다면 아예 딜로이트에서의 경력도 가질 수 없었을 것이라고 깨달았다.

이는 오릭에게도 똑같이 적용된다. 되돌아봤을 때 그는 아내가 그를 컨설턴트로 성공시키기 위해 어떤 희생을 했는지 생생하게 떠올렸다. 그의 가족은 그가 매일 일찍 들어와서 저녁을 함께 먹자고 부탁하지 않았다. 하지만 그는 양적으로 부족했던 것을 질로 채우려 노력했다. 딸의 졸업식에 갈지 말지 결정해야 했을 때, 휴가를 내서 딸이 대학을 결정하는 데 도움을 주어야 할지를 결정할 때 그가 주저하지 않았던 것은 이 같은 이유 때문이다.

데이비스도 중국에서의 역사적 진화 대신에 그의 개인적인 이야기를 선택했다.

결국 상호 관계는 분명하다. 성공적인 경력을 구축하려면 안정적이고 행복한 개인적 상황이 필수적이다. 그리고 행복한 개인적인 삶을 살려면 역시 직업적 목표 의식이 필수적이다.

개인적 행복이 중요하다고 생각한다면, 잠깐 시간을 내서 개인적인 생활에서 행복을 이루기 위해 하는 크고 작은 선택들에 대해 생각해보아야 한다. 매일 밤 늦게까지 일하는가? 가족과 친구들에게 한 약속에 어느 정도의 중요성을 부여하는가? 경력에는 긍정적인 영향을 주지만 가정생활에는 부정적인 영향을 미치는 어려운 직업상의 선택을 해야 한다면, 어떤 선택을 할 것인가?

롤모델이 된
사람들

이 책의 마지막 부분에서는 롤모델과 그들의 실용적인 조언에 주목할 예정이다.

먼저, 가까운 우리 주변부터 살펴보자. 부모의 발자취를 따라야만 하는가? 그렇다면 그 이유는 무엇이고 문제점은 무엇일까? 그리고 상황 때문에 부모의 본을 받지 못한다면? 9장에서는 이런 문제를 각각 다르게 다룬 세 명을 만날 것이다.

그 다음으로 실용적인 조언들을 살펴볼 예정이다. 어떤 순간에, 우리가 이 책에서 만난 리더들은 모두 자신의 경력을 높이기 위해 미리 계산된 단계의 경로를 밟았다. 그런 경로들은 무엇이었을까? 또 어떻게 자신을 위해 준비를 할 수 있을까?

Chapter 09

아버지의 발자취

리처드 에델먼
(Richard Edelman)

앤드류 리키어먼
(Andrew Likierman)

크리스 버그레이브
(Chris Burggraeve)

에델먼의 CEO, 런던 경영대학원 학장, ABI CMO의 이야기

스물세 살에 리처드 에델먼은 어려운 결정에 직면했다. 그는 경영대학원을 갓 졸업한 후 성공을 향해 자신만의 길을 만들어 나갈 결심을 한 상태였다. 소비자 패키지 상품 회사인 플레이텍스Playtex에 들어갈 예정이었다. 하지만 그때 울린 전화벨이 모든 것을 바꿔버렸다. 26년 전 시카고에서 작은 PR 회사를 시작한 그의 부친이 더 큰 경쟁사로부터 인수제안을 받은 것이었다. 그 제안을 수락하면 부친은 회사 경영으로 인한 걱정과 스트레스에서 벗어나 편안하게 은퇴할 수 있었다. 문제는 단 하나였다. 바로 그의 부친이었다. 그는 회사를 팔기를 원하지 않았다. 아들이 PR 일을 시작해 회사를 물려받기를 원했다. 아들은 부친의 발자취를 따라야 할까, 자신의 계획대로 해야 할까?

1969년 앤드류 리키어먼은 에델먼보다 조금 더 나이가 많은 스물일곱 살에 비슷한 선택에 마주하게 된다. 그의 가족은 19세기에 조부가 직물 공장을 시작한 이래 직물업에 종사해왔다. 나치 정권을 피해 그의 조부는 1936년 루마니아를 떠나 영국 랭커셔에서 퀄리텍스Qualitex라는 공장을 세워 다시 시작하게 된다. 그때 이후로 리키어먼의 부친과 그 형제들이 사업을 이어받아 공장을 키워 수천 명의 직원을 거느린 중견 기업으로 만들었다. 그 이후 회사가 해외로 확장되면서 리키어먼은 가족 사업에 호출이 돼 독일의 공장을 관리하는 일을 맡게 된다. 하나의 문제가 있었다. 리키어먼 자신이 이 일에 그다지 열정적이지 않다는 것이었다. 그는 어떻게 해야 할까?

크리스 버그레이브는 이른 나이에 자신이 부모의 발자취를 따라 갈 수 없다는 것을 알았다. 부모는 벨기에에 본부를 둔 선교단체에서 파견돼 콩고에서 일을 했다. 그가 태어났을 당시는 제국주의 시대가 막 끝나고 콩고가 독립했을 때였다. 하지만 그의 부모들은 3년 동안 생고생만 하다 다시 돌아가야만 했다. 몇 년 후 다시 국제적으로 활동을 재개하려고 했으나 운이 따라주지 않았다. 모친이 갑자기 사망한 것이다. 그럼에도 불구하고 버그레이브는 해외에서 모험을 하며 살겠다는 부모의 의지를 물려받았다. 1990년 미국 노스캐럴라이나 주 샬럿에서 외국인으로서 사업을 시작했을 때 그의 사무실 전기가 끊어진 적이 있었다. 그는 전투모드에 돌입했다. 미국에 사무소를 세우기 위해 그와 계약한 유럽 회사는 자본이 부족했고 공과금을 낼 돈도 제대로 지급하지 못했다. 말 그대로 어둠 속에 던져진 것이다. 이 젊은 외국인은 여러 가지 선택을 두고 고민에 빠졌다.

"버그레이브 가문의 사람은 결코 포기하지 않는다." 그는 자신에게 말했다. "부모님이 아프리카 깊숙이 있는 위험한 신생 독립국에서 삶을 개척하셨다면, 나도 지금 그렇게 할 수 있다."

하지만 돈이 하나도 없는 상태에서 그가 무슨 선택이 있을 수 있었을까?

삶의 어떤 시점에서 가족의 유산과 맞닥뜨릴 기회가 대부분 있을 것이다. 에델먼이나 리키어먼의 경우처럼 직접적으로나, 버그레이브의 경우처럼 간접적으로나 가족의 전통을 따라야할지 말지를 결정해야만 하는 일이 있을 것이다. 부전자전이란 말에 따라 행동하면 분명 이득이 있다. 그전에 가족들과 일해온 사람들은 그들이 가지고 있는 가족들에 대한 이미지를 투사할 것이다. 부모가 쌓아온 경험과 선의는 그 자식의 기반이 될 것이다. 중요하지 않은 것은 아니지만, 그것은 가족을 위한 자부심의 원천이 될 수도 있다.

하지만 분명히 결점도 있다. 부모와 똑같은 열정이 없을 수도 있다는 점이다. 부모가 했던 일에서 미래가 보이지 않을 수도 있다. 또는 단순히 그 일로 걸어 들어갈 수 없거나 그렇게 하는 것이 좋지 않다고 생각할 수도 있다. 이번 장에서는 서로 다른 배경을 가진 이 세 사람이 어떻게 가족의 유산을 다뤘는지, 그들이 그로부터 무엇을 배웠는지 알아볼 예정이다.

부모에게 유산으로 받은 것

에델먼을 만난 것은 뉴욕 다운타운에서 아침식사를 하면서였다. 그는 키가 크고 머리가 흰 남자였다. 힘 있게 악수를 했고 어떤 점에서 보나 신사였다. 대형 PR 회사의 CEO로서 그는 그의 회사의 이미지를 그대로 구현했다. 우아하고, 공감적이며, 설득력이 있었다. 물론 부자였고 가족의 회사를 수십 년간 고성장시켜 장악하고 있었다. 하지만 그는 화려하지는 않았다. 또 그렇게 행동하지도 않았다. 오늘 아침 미팅을 위해 타고 오던 지하철에서 만날 법한 사람으로 보이기도 했다.

매일 아침이 그렇듯이, 그날 아침에도 그는 나처럼 지하철을 타고 다운타운으로 왔다. 그는 어퍼 웨스트사이드에 살고 있었다(나도 그렇다). 페어웨이(내가 좋아하는 슈퍼마켓)에서 장을 보는 것을 즐기고 암스테르담 애버뉴에 있는 일식 초밥집에서 밥을 먹었다. 근처에서 집에 가는 길에 한 번 그를 마주친 적도 있다. 그는 겸손한 사람으로 보였다. 독서와 질문하는 것을 좋아했다. 가장 최근에 본 그는 우리나라의 수도와 연결된 파리 테러가 발생한 직후였다. 그는 "몰렌비크에 대해 말해줄 거 없어요?"라고 물었다. 테러리스트들이 온 브뤼셀의 한 구역을 언급하면서 한 말이다.

에델먼은 또한 매우 성공한 사람이었다. 세계 최대 민간 PR 회사인 에델먼의 CEO로서 전 세계 67개 지사에서 5,000명의 직원을 거느리고 있었다. 회사의 연간 수익은 8억 달러가 넘었다. 30년 전에 부친이 시작했던 회사는 현재 회사 내에서 아주 작은 부분에 지나지 않는다. 그때는 연간 수익이 600만 달러였다. 에델먼은 어떻게 가족 회사를 현재의 PR 공룡 기업으로 바꾸어 놓았을까?

에델먼과 얘기를 하다보면 곧 그가 자신의 성공을 가족 배경 덕으로 돌리는 것을 알 수 있었다. 특히 부모의 덕으로 돌렸다. 작은 기반에서 현재의 세계 최대 민간 PR 회사로 자신의 힘으로 키웠지만 그는 그가 이룬 거의 모든 것을 부모와 조부 덕이라고 말했다. 그의 외가 쪽과 친가 쪽 조부모들은 모두 유대인이었다. 다른 유대인들과 비슷한 사정으로 유럽에서 미국으로 건너왔다. 많은 이민자들이 그렇듯이 그들도 맨땅에서 돈을 모으고 가족을 이뤄야 했다. 그리고 그렇게 했다. 그의 아버지는 시카고에서 작은 PR 회사를 설립해 죽을 때까지 그곳에서 일을 했다.

"아버지는 우리 가족 중 여기서 태어난 첫 번째 세대였습니다. 학교에서는 의자가 모자라 다른 학생과 같이 앉아야 했어요. 저는 지금도 그런 직업윤리를 가지고 있습니다. 이민자의 정신이 저에게도 남아 있는 것이죠."

에델먼의 모친도 비슷하게 가족의 성공에 기여했다. 그에 따르면 그의 모친은 시종일관 부친 곁에 붙어다녔다. 어린 에델먼은 거기서 이득을 본 경우다. 그는 어린 나이에 "눈으로 훔치는 것"을 배웠다고 말했다.

"눈으로 많은 것을 배울 수가 있습니다." 그가 말했다. "부모님으로부터 배운 것들의 대부분은 눈으로 관찰하면서 배운 것들이에요."

에델먼이 대학을 다니고 있을 때 그는 그의 부모가 칵테일파티에서 사람들과 인간관계를 넓히고 있는 것을 본 적이 있다. 놀랍게도 모친은 과감하게 헨리 키신저Henry Kissinger에게 접근했다. 그는 당시 미국의 국무장

관이었으며 그날 리셉션의 주빈이었다. 모친은 우선 자신을 소개하고 이어서 남편을 소개했다. 효과가 있었다. 에델먼은 말문이 막혔다. 그날 일로부터 그는 적당한 양의 자신감과 '컵은 항상 절반이 차 있다'는 마인드만 있으면 누구든지 알게 될 수 있다는 점을 배웠다.

2013년 중국에서 에델먼을 처음 만났을 때 나는 그가 인적 네트워킹 기술을 얼마나 잘 배웠는지 단박에 알아차렸다. 내가 스티브 데이비스를 만난 미팅에서 그는 연설을 했는데, 그는 그날 모임에서도 사람들이 가장 원하는 대화상대 중 한 명이었다. 내가 그에게 접근했을 때 그는 바로 내가 말할 시간을 내주었다. 비록 5분 정도 밖에는 안됐지만 그의 모든 관심이 우리의 대화에 집중되고 있다는 인상을 내게 주었다.

에델먼은 부모가 사업에서 성공하기 위해 분주하게 뛰어다닌 것을 보아왔다. 하지만 아버지가 에델먼에게 회사의 뉴욕지사를 맡아달라고 했을 때 주저했다. 그때가 막 대학원을 마친 스물네 살 때였다. 그는 다른 곳에서 경험을 쌓으면서 더 잘해나갈 수 있다고 생각했다. 플레이텍스로부터 제안을 받았고 스스로 개척해나가길 원했다. 부친을 실망시키게 될 것인가?

"아버지는 회사를 팔 생각을 하고 계셨어요." 에델먼은 말했다. "하지만 제가 회사에 들어가면 그렇게 하지 않으실 생각이셨지요. 아버지는 회사가 그대로 쭉 가길 원하셨어요. 왕조를 원하신 것이죠."

결국 에델먼은 아버지의 제안을 받아들였다.

"아버지가 원하셨기 때문에 그렇게 한 겁니다. 왜냐하면 일 하는 게 어떤 것인지도 몰랐고 아버지와는 일을 해본 적이 없었기 때문입니다. 그 반대가 될 수도 있었지요."

하지만 이 경우에는 부자관계가 꽤 잘 작동했다. 에델먼의 부친은 아들이 스스로 주도권을 가지고 일할 수 있도록 해주었고 아들은 이에 감사했다.

"제 조언은 이렇습니다. 일정한 거리를 두라는 것이죠. 아이들이 좀 실수를 하도록 놔두는 것입니다. 돌이켜보면 제가 할 수 없는 일을 알기에는 너무 어렸습니다. 그리고 그것이 제게 유리하게 작용했어요."

긍정적으로 보면, 이는 몇 년 전에는 접근할 수 없었던 고객들을 끌어오는 데 성공했다는 말이다. 가령 에델먼은 LA 올림픽 당시 후지필름과 계약을 했다. 이는 소비자산업 부문으로 뚫고 들어가는 일이었다. 또한 에델먼이 '초심자'의 실수를 했다는 것을 의미했다. 그는 계약서에 '비경쟁' 문구를 포함시키는 것을 잊었다. 이로 인해 그의 회사 직원들은 이직 후 원래 에델먼의 고객들을 자유롭게 자신의 새로운 고용주에게로 끌어갈 수 있게 되었다. 이 한 번의 실수로 그의 회사는 많은 고객들을 잃었다. 하지만 이 일이 에델먼에게는 도움이 됐다. 그는 "실수를 할 수 있지만 같은 실수를 절대 반복하지 않을 것입니다"라고 말했다.

하지만 대담함 다음에 언제나 겸손함이 뒤따라오는 것은 아니다. 겸손함은 그가 구현하려고 하는 특질이다. 하지만 많은 젊은이들에게 그렇듯이 겸손함이라는 것은 시간이 쌓여야 완전히 습득할 수 있는 특질이다. 에델먼이 20대였을 때, 그는 세상의 정상에 있는 것처럼 느꼈다. 또 그렇게 행동했다. 그는 하버드에서 MBA를 따고 뉴욕에서 회사를 경영했다. 그리고 모든 비즈니스 문제를 다 풀어낼 수 있다고 생각했다. 그는 내게 "과도한 자신감을 가지고 있었다"고 말했다. 그가 두 발로 우뚝 설 수 있었던 것은 실수와 실수로 인한 손해 때문이었다. 에델먼은 "궁지에 몰리면 자신감이 절벽 밑으로 떨어져 버립니다"라고 말했다. 그때 이후로 그는 습관과 태도 면에서 겸손함을 배웠다. 수만 명의 뉴요커들처럼 매일 지하철로 출근을 하고 부를 과시하지 않았다. 부친의 낡은 양복도 자주 입었다.

모친으로부터 에델먼은 사람들을 평가할 때 단지 이력서만을 봐서는 안 된다는 것을 배웠다.

"어머니는 매우 직관적인 분이셨습니다. 사람들이 행동하는 방식에 집중하셨죠."

회사 경영진으로 보낸 수십 년 동안 에델먼도 사람들과의 신뢰관계를 구축하는 데 집중했다. 하지만 그는 어렵게 교훈을 얻었다. 에델먼 뉴욕 지사를 경영하던 초창기에 그는 〈포춘〉이 선정한 500대 기업에서 근무한 경력이 있다는 이유만으로 한 CFO(최고재무책임자)를 고용한 적이 있다. 하지만 이 결정은 재앙을 불러왔다. 그 CFO가 도입한 새로운 결제 시스템이 실패했기 때문이다. 그 결과 회사는 3개월분의 수익을 놓쳤고 일부 고객들은 청구서에 이의를 제기했다. 에델먼이 해고될 수도 있는 실수였다. 하지만 당시 CEO였던 그의 부친은 앞을 내다보는 전향적 선택을 했다. 그는 부친이 "이번은 망쳤는데……, 다음엔 어찌할 작정이냐?"라고 말한 것을 기억한다. 부모로부터 배운 또 다른 교훈이었다. 일하는 사람에게 주도권을 펼 수 있는 공간과 실수를 할 수 있는 기회를 주라는 것이다. 왜냐하면 "넘어졌을 때 어떻게 일어나는지를 터득하는 것도 중요한 문제이기 때문"이다.

에델먼이 내게 말한 부모로부터 배운 또 하나의 교훈은 "가진 것을 다

걸지 말라"였다. 나는 약간 놀랐다. 부자들은 부자인 이유는 최소한 부분적으로는 자산운용에 대한 더 많고, 좋은 접근 방법을 구사하기 때문이라고 생각했기 때문이다. 그들은 회사의 부채를 늘릴 수도 있고, 주식시장에 더 많은 돈을 투자하거나 인수합병M&A에 관여하기도 한다. 위험을 감수한다는 뜻이다. 하지만 에델먼은 이 이론에 정반대에 서 있는 사람이다. 그의 회사는 부채가 제로(0)다. 위험 부담이 있는 M&A 작업에도 참여하지 않는다. 여기 참여하면 잘 하면 회사의 크기를 두 배로 키울 수도 있고, 반대로 존재에 위협을 받을 수도 있다. 에델먼은 부채를 지지 않는 것에 대해 사람들이 미쳤다고 하지만 자신은 신경 쓰지 않는다. 그는 장기적인 관점을 가지고 자신의 노력에만 의존해 부를 일구고 있다. 그는 "하지만 M&A에 필요한 자금을 제가 마련할 수는 없어도 제 자식들은 나중에 언제든지 할 수 있다"고 말한다. 이렇게 조심스럽고 장기적인 관점은 그의 부모들의 이민자 정신에서 비롯된 것으로, 에델먼은 아직도 그 정신을 간직하고 있다.

"저축을 한다는 생각이 중요한 것이죠." 그가 말했다. "그리고 그 다음이 모아둔 동전을 투자하는 것입니다."

듣고 나니 의문이 하나 떠올랐다. 에델먼의 부모가 그에게 그렇게 중요했다면 그의 개인적인 삶과 가족들이 보내는 시간은 얼마나 중요했을까? 예순한 살의 에델먼은 자신이 그 모든 것은 다 잘한다는 인상을 주길 원하지 않았다.

"저는 완벽하지 않았어요. 하지만 엄청난 노력을 하긴 했죠. 사업에서 경쟁을 할 때는 이기기 위해서 하는 겁니다."

때로는 회사를 위한 큰 희생을 했다는 뜻이다. 유럽에 있는 에델먼 지사를 운영하기 위해 그는 유럽으로 출퇴근을 하기도 했다. 하지만 그는 일을 하면서 사생활을 위해 다음과 같은 규칙을 정했다. 아직도 상당 부분은 지키고 있다.

- 토요일과 일요일에는 일을 하지 않으려 노력한다.
- 주중에는 오후 8시에 핸드폰 전원을 끈다.
- 잠을 잘 자고 일주일에 5~6번 운동을 한다.
- 아이들이 운동 경기를 모든 홈 게임에 참석한다.

에델먼은 부모로부터 대부분을 배웠다. 하지만 그의 회사를 구축하는 데 있어서 집에서는 "완벽하지" 못했다고 말했다. 가족의 유산을 이어가고 그의 부친이 그에게 준 것과 같은 기회를 자기 아이들에게 주기 위해 그가 해야만 했던 것은 희생이었다.

부모의 길을 따라가지 않을 권리

"저는 20대에 이후의 인생에서 엄청나게 도움이 된 네 가지를 배웠습니다." 런던 경영대학원 학장인 앤드류 리키어먼 경은 우리가 처음 만난 2014년 그의 사무실에서 이렇게 말했다. "그 네 가지는 '유연성을 주는 선택을 하라', '상황이 항상 나아지는 것은 아니라는 것을 알라', '외국 문화를 접하라', '소통의 중요성을 이해하라'입니다."

그는 마치 강의를 하는 것처럼 어떤 객관성을 가지고 말을 했다. 하지만 그 교훈들 속에는 처음에 생각했던 것보다 훨씬 더 많은 개인적인 이야기가 있었다.

우리는 런던 경영대학원에 대해 토론하기 위해 만났다. 하지만 대화가 끝나갈 무렵 나는 그의 개인적인 여정에 대해 질문했다. 놀라운 감정 교류의 시작이었다. 이 대화는 리키어먼이 그의 과거와 선택들을 재발견하도록 해주었고 나에게는 값진 인생 교훈이 되었다.

"방금처럼 이렇게 지나간 제 이야기를 해본 적이 없었습니다." 2016년 긴 대화를 끝내면서 리키어먼에 내게 한 말이다.

이 저명한 학장은 처음에는 '경'이라는 작위를 가지고 있는 누군가, 그리고 런던 경영대학원(런던의 은행가, 벤처 캐피탈 리스트들 양성하는 최고의 교육기관)의 학장에게 기대할 수 있는 외관에 정확하게 부합했다. 그의 외양은 런던 경영대학원의 공원 쪽 아름다운 벽면과 같았다. 하지만 리키어먼의 개인적인 이야기를 더 파고 들어가 보면 벽돌로 지은 노동자 주택 같은 면모가 나타난다. 리키어먼은 1943년 랭커셔에서 태어났다. 랭커셔는 영국의 서부 해안 지역의 산업 중심지다. 런던, 옥스퍼드, 캠브리지로부터는 멀리 떨어져 있으며 가까운 대도시들은 노동자들의 도시인 블랙번, 리버풀, 리즈, 맨체스터다. 이곳의 집들은 런던 경영대학원의 정면을 보았을 때 떠오르는 노동자 주택들의 이미지 그대로다.

리키어먼은 폴란드와 루마니아 출신의 동유럽 이민자 가족의 아들이다. 1930년대 당시 동유럽의 유대인들은 정치적인 탄압이 거세지자 조국을 떠나야만 했다. 다른 사람들도 그랬겠지만 이는 어려운 결정이었다. 리키어먼의 친가 쪽 조부는 기업가였는데, 폴란드에서 직물사업을 해서 성공을 거두고 나중에 루마니아로 옮겨갔다. 하지만 나치의 위협 때문에 다시 공장을 옮겨야만 했다.

"할아버지의 이야기는 제게 많은 영감을 줍니다. 할아버지는 이미 여러 나라를 돌아다녔는데도 또 옮길 준비를 하고 계셨어요. 영어도 전혀 못하고 나이도 예순 살이 넘으셨는데 말이죠. 아무리 나이가 많아도 어려운 일을 할 수 있다는 교훈을 제게 주셨습니다."

리키어먼의 가족은 랭커셔에서 퀄리텍스라는 직물공장을 연다. 그의 조부는 전문가 역할, 부친은 에너지가 넘치는 경영진 역할이었다.

리키어먼에게 산업 중심의 영국의 작은 마을에서 자라는 것은 "색다른" 경험이었다. 그는 3개의 다른 문화권 사이에 낀 상태였다. 랭커셔의 "투박한 환경", 동유럽 가정의 "매우 다른 배경과 문화", 그리고 버킹엄의 스토우 기숙학교의 엘리트적이고 제국주의적인 문화가 그것들이다. 기숙학교에는 열세 살부터 열여덟 살 때까지 다녔다.(여덟 살부터 열세 살 전까지는 영국 북부의 또 다른 기숙학교를 다녔다) 1년에 8개월 동안 그는 직물공장에서 멀리 떨어진 기숙학교에 다니다 랭커셔 집에서 나머지 4개월을 지냈다. 리키어먼이 특별히 언급하지는 않았지만 이렇게 서로 다른 문화들 사이에서 사는 것이 어린 소년에게는 결코 쉽지 않은 일이었을 것이다. 그는 자신이 자랄 때 영국은 아직도 통제가 강하고 획일주의적이며 전통적이었다고 회상했다.

"1950년대에는 사회가 아주 순종적이었습니다. 영국은 전쟁으로 힘든 시간을 겪어냈고 당시의 상태에 만족했죠."

그런 분위기가 리키어먼의 교육과정에도 반영되어 있다.

"부모님들은 형과 제가 형식을 중시하는 특정 가치 체계를 가진 영국의 일부가 되기를 원했습니다. 제가 받은 교육은 대영제국의 덕목에 기초를 두고 있었습니다. 자립, 개인적 수련, 스포츠 같은 것들이지요. 그리 지적이지는 않았어요."

리키어먼(그리고 영국 사회의 대부분)에게 해방은 다음 10년이 지나서야 찾아왔다.

"1960년대는 달랐습니다. 그 시기에 자란 우리 모두는 분위기가 달라지고 있다는 것을 느끼고 있었습니다."

음악 쪽에서는 비틀즈나 롤링스톤즈 같은 밴드들이 팝과 록 문화의 새 시대를 예고했다. 리키어먼은 그것을 몸소 경험했다. 옥스퍼드에서 공부하는 동안 그는 롤링스톤즈가 대학 내에서 공연하는 걸 보기도 했다. 멤버 모두가 아직 젊고 무명인 시절이었다. 그리고 비틀즈의 노래가 발표되던 때도 떠올렸다.

"생각이라는 것이 정말로 위대하다고 느꼈던 것이 기억이 납니다." 그가 말했다.

처음으로, 대학을 가지 않은 사람들이 갑자기 유명해졌다. 영국은 이로 인해 매우 중요한 것을 배우게 되고 전통적인 장벽은 무너져 내렸다.

하지만 어떤 이유에선지 모르겠지만 리키어먼은 항상 자신이 변화의 진앙지에서 멀리 떨어져 있다는 점을 발견했다. 비틀즈가 영국 북부 리버풀의 술집들을 휩쓸고 다니던 1960년대 초반, 그는 옥스퍼드에서 공부를 하기 위해 분주하게 움직였다. 1968년 파리와 버클리 등에서 학생시위가 벌어졌을 때, 플라워 파워Flower-power(1970년대 히피들이 벌였던 평화운동)운동이 정점에 이르렀을 때, 그는 이미 대학을 떠난 상태였다. 그리고 리키어먼 표현으로 "런던에서 많은 움직임이 일어났을 때" 그는 맨체스터로 돌아와 있었다. 맨체스터는 여전히 19세기인 제조업 도시였다.

이러한 역사적 우연들은 리키어먼이 왜 그에게 기대되는 것보다 더 급진적인 인생 경로를 추구하지 않았는지 설명하는 데 도움을 줄 수 있을지도 모른다. 또는 그의 말대로 그에게 "반항적 기질이 거의 없었고, 반항을 장려하지 않는 집안 출신"이기 때문인지도 모른다. 어떤 경우든 변화의 물결이 영국을 휩쓸고 있을 동안 리키어먼은 처음에는 전통적인 삶을 계속해 나갔다. 그의 부친이 오스트리아 빈에 가서 1년간 공부하며 독일어를 배워오라고 하자 그는 그렇게 했다. 옥스퍼드에 등록할 기회가 생기자 그렇게 했다. 그리고 옥스퍼드에서 공부를 마치자 그의 부친은 그에게 직업으로 선택할 수 있는지 알아보라며 공인회계사CPA를 만나보기를 권했고, 리키어먼은 의무적으로 동의했다.

하지만 그때 어떤 일이 일어났다. 리키어먼이 그에게 회계사라는 직업의 장점을 설명할 예정이었던 남자를 만났을 때, 그는 경로에서 방향을 틀었다. 물꼬가 터지는 순간이었던 것이다.

만남은 흠잡을 수 없을 정도로 준비됐다. 리키어먼은 5성급 호텔에서 이 영국인 공인회계사를 만났다. 대영제국의 빛나는 과거를 떠올리게 하는 고풍스러운 식당에서였다. 장대한 분위기였지만, 리키어먼은 그것이 별로 맘에 들지 않았다.

"그 회계사는 공인회계사가 되기 위해 보냈던 지루한 3년 동안의 노력에 대해 말했습니다." 리키어먼은 회상했다. "제가 그 기회를 잡을 수 있어서 행운이라고도 했지요. 하지만 저에게는 악몽처럼 들렸어요."

리키어먼이 해야만 하는 일은 분명했다. 공인회계사가 되지 않기로 결심한 것이다. 대신 그는 더 신나는 회계 관련 직업을 선택하기로 했다. 경영 회계사, 즉 특정 회사의 재무 자문이 되기로 결정한 것이다. 외부인에게는 지명도가 별로 없는 직업이지만 리키어먼에게는 인생을 바꾸는 결정이었다. 자신만의 미래를 결정한 건 이번이 처음이었기 때문이다.

"제가 경영에 흥미를 느낀다는 것을 알았던 것이 결정적이었습니다." 그는 말했다.

그 후 리키어먼은 경영 회계사로 투탈Tootal(당시는 영국 면화방직이라고 불렸다)에서 일을 했다. 투탈은 직물 산업계의 거대 기업집단이었으며 150년 전 영국 북부를 휩쓸었던 산업혁명의 전형적인 부산물이었다. 대부분의 노동자는 육체노동자들이었고, 경영 일이라는 것도 매우 실제적인 일이었다.

"제조공장에 있는 단출한 사무실에서 진짜 일을 하는 진짜 사람들과 얘기했습니다." 리키어먼은 말했다. "고도의 기술을 필요로 하는 경영이 아니었습니다. 그때 일이 아직도 몸에 배어 있어요. 저는 사람들을 낮춰보지 않습니다."

그의 회고에 따르면 제조 공장에서의 첫 직장 경험이 그를 겸손하게 만들었다. 그는 아직도 그때 배운 경험을 소중하게 생각하고 있다.

"경영이라는 성층권에 직접 진입한 사람들은 보통 사람들이 보통의 일을 하는 것이 어떤 것인지 감이 안 올 수밖에 없지요." 그는 말했다.

맨체스터에서 견습생으로 일을 하면서는 매일 집으로 퇴근할 수 있었고 더 공부를 할 수도 있었다.

"대졸 견습생을 쓴다는 것은 새로운 아이디어였어요." 그는 말했다. "그리고 거기서 저는 사람들 옆에 앉아서 어떻게 하면 업무 방법을 개선할 수 있는가에 대해 끊임없이 고민했죠."

그는 밤에 시간을 내서 공부를 계속했다. 옥스퍼드에서 생애 최초로 공부를 좋아하게 됐다. 이제 맨체스터와 랭커셔에서는 그 공부를 계속하고 싶어졌다. 1968년 공부에 대한 열망은 커져서 직업으로 학자를 선택하면 어떨까 생각할 정도까지 됐다. 그가 예전에 다니던 옥스퍼드에서 열린 콘퍼런스에서 리즈대의 개빈 휘태커Gavin Whittaker 교수가 리키어먼의 학문적 관심에 대해 물었다.

"학자가 되는 것을 생각해본 적 있습니까?" 교수가 물었다.

"혹시 생각해보게 되면 알려주세요." 리키어먼이 부정적으로 답을 하자 교수는 씨앗 하나를 슬쩍 심었다. 얼마 후 리키어먼은 휘태커 교수의 제안을 받아 들였고, 1년 동안 그의 보조 교수로 일을 했다.

그러나 1969년 리키어먼의 삶은 또 다른 전환점을 맞게 되었다. 그의 가족이 운영하는 기업 퀄리텍스가 상장을 하게 되면서 수천 명의 직원을 고용하게 된 것이었다. 퀄리텍스는 당시 주식시장에서 어느 정도 스타 기업으로 인식됐다. 초창기에 주요 분야였던 직물업에서 벗어나 이 회사는 이제 섬유 가공에 집중하고 있었다. 섬유는 의류 분야로의 확장성이 좋았기 때문이다.

"당시 CEO였던 형은 야심이 많았습니다." 그는 말했다. "그 야심이 과감한 움직임을 낳았죠."

퀼리텍스는 경쟁사인 클링어Klinger를 인수했다. 그 결과 퀼리텍스는 영국, 미국, 독일, 몰타에 공장을 갖게 되었다. 성장과 합병을 감당하기 위해 가족은 리키어먼이 합류하길 원했고 그는 그 제안을 받아들였다. 가족 회사에 들어간다는 것은 커다란 도전이자 엄청난 책임을 의미하는 것이었다.

"어떤 면에서는 아주 흥미 있는 일이기도 했어요." 그는 말했다. "제조회사에서 일을 하긴 했지만 이 정도 규모에서 일을 한 적은 없었기 때문이죠."

가족의 요청으로 그는 독일의 산업지역인 루르의 몬헨글라바흐로 옮겨가 공장을 경영했다. 몰타와 미국의 공장들도 감독하는 일을 하면서 퀼리텍스의 해외 담당 총괄 이사가 됐다. 하지만 초기의 흥분은 곧 가라앉았다. 공장들이 제대로 구축되지 않았기 때문이다. 설상가상으로 장비들이 열악했고 인력 또한 숙련된 상태가 아니었다.

"얼마 안 가 이 공장들이 도저히 버티지 못할 것이 분명해졌습니다." 리키어먼이 말했다.

1972년이 되자 피할 수 없는 일들이 일어났다. 퀼리텍스가 독일 공장을 폐쇄하고 몰타와 미국 공장을 팔아버리게 된 것이다.

"정말 힘들었습니다." 리키어먼은 회상했다. "하지만 앞으로 나아갈 수는 없었어요."

몇 달 후 그의 가족은 회사를 당시 영국 최대 회사 중 하나였던 임페리얼 케미컬 인더스트리Imperial Chemical Industries에 넘기게 된다. 리키어먼은 자신만의 길을 다시 갈 수 있었다.

리키어먼은 자신에게 주어진 일을 했다. 어려운 결정을 한다는 것을 의미했지만 부친의 발자취를 따라 걸었고, 가족을 도왔으며 퀼리텍스의 성공을 위해 할 수 있는 일을 다했다. 하지만 그것은 리키어먼이 원했던 것이 아니었다. 그가 결정할 수 있었다면 가족 사업에는 참여하지 않았을 것이다. 대신 그는 자신이 원하는 것을 알아냈다. 그만의 관심사와 모험을 추구하고 학계에 들어가는 것이었다. 그래서 1974년부터 리키어먼은 자신이 진정으로 원하는 길을 가기 위해 길을 개척해갔다.

그는 런던 경영대학원의 교수가 되었고, 영국 최고의 경영회계 권위자가 되었다. 내가 그를 만났을 때 리키어먼은 영국 재무부의 총괄국장으로 10년째 역할을 맡고 있었으며, 동시에 영국 정부 회계국, 영국은행 국장직을 맡고 있었다. 그는 또 경영회계연구소의 소장, 유엔의 거버넌스 검토위원회 위원직, 세계 최대 은행 중 하나인 바클레이스 은행과 영국 최고 권위지인 〈더타임즈The Times〉의 비상근 이사직도 맡고 있었다. 그리고 내가 그를 만난 시점에는 런던 경영대학원의 학장직을 수년째 맡고 있는 중이었다.

* * *

리키어먼의 이야기를 들으면서 나는 많은 것을 배웠다. 이를테면, 책표지를 보고 책 내용을 판단하지 말라는 것 등이다. 리키어먼은 겉으로 보기에는 세련된 영국 신사로 보였지만, 엘리트들의 일원이었다. 그의 얘기를 들으면서 그 어떤 것도 진실로부터 멀어질 수 없다는 것을 배웠다. 이 이야기는 두 세대를 거치는 동안 열심히 일하고 그 능력으로 무명에서 영국의 최상층부로 떠오른 이민자 출신의 이야기다.

그의 이야기를 통해 나는 또 가장 분명한 진로를 따라가는 것, 즉 부모의 발자취를 따라가는 것이 항상 만족스러운 것만은 아니라는 점을 배웠다. 부모의 발자취를 따라가면 CEO가 될 수도 있고 많은 돈을 벌 수도 있다. 하지만 그것이 열정이 아니라면 결코 만족스럽거나 불행할 수도 있다.

또한 인생 여정은 그 과정에서 만난 사람들 때문에 바뀔 수도 있다는 것을 알게 됐다. 리키어먼이 리즈대의 휘태커 교수를 만나지 못했다면 그는 결코 교수가 될 수 없었을지 모른다. 런던에서 공인회계사를 만나지 않았더라면 그는 자신이 공인회계사가 되는 것을 원하지 않는다는 사실을 깨닫는 데 몇 년이 걸렸을지 모를 일이다. 그런 순간과 사람들을 만나는 것에 대해 열린 마음을 가지는 것은 가치가 있는 일이다. 우리의 삶을 더 나은 쪽으로 바꿀지도 모르기 때문이다.

세상을 품는 모험가 정신

크리스 버그레이브의 부모님인 모니크와 에릭은 모험가였다.

그는 약혼녀인 모니크와 결혼한 후 많은 토론을 거친 끝에 가족의 도움을 받아 그의 전 세대라면 선택하기 힘든 여행을 가기로 했다. 콩고로 갈 수 있는 기회를 잡은 것이었다. 콩고는 이전에 벨기에의 식민지였다. 가톨

릭 선교단의 일원으로 현지에서 수학과 과학을 가르치는 일이었다. 갓 결혼한 이 부부는 현재 카낭가라고 불리는 룰루아부르그로 갔다. 콩고의 중심에 가까운 아프리카 깊숙한 곳에 위치한 도시이다. 이곳은 1964년 첫 번째 헌법이 만들어진 곳이다. 같은 해 크리스 버그레이브가 태어났다.

당시의 콩고는 식민지 시대가 끝나고 엄청난 혼란을 겪고 있었다. 이 거대한 나라는 1960년 벨기에로부터 독립했다. 그러나 자치 민주정권을 수립하기 위한 과도기는 견디기 쉽지 않았다. 초대 총리가 실각해 투옥된 후 사형을 당했고 쿠데타를 겪으며 콩고의 내정은 혼란의 연속이었다. 1966년 두 살이었던 버그레이브는 부모의 품에 안겨 콩고를 떠났다. 다시는 돌아오지 못할 길이었다. 처음에는 모험심이 가득했던 그의 부모는 돌아와서는 평생 벨기에에 머물 수밖에 없었다.

하지만 버그레이브는 콩고에서 보낸 유아기가 자신을 현재의 모험심 많고 도전을 추구하는 사람으로 만들었을 수 있다고 생각한다.

"가족 모임에서 들은 이야기, 오래된 흑백 사진으로 가득한 사진 앨범, 어머니가 외할머니에게 바삭바삭하고 가벼운 항공우편 편지지에 써서 보낸 편지들 때문일 겁니다." 그는 말했다. "그래도 나는 내가 아버지 무릎에 앉아서 모험정신을 물려받았다고 생각합니다. 제 마음 속에서는 마치 지금도 탐탐 소리와 크리켓 하는 소리가 들리는 것 같아요. 아버지가 나중에 우리에게 모암베(야자 올리브 치킨)를 만들어주실 때마다 그 냄새가 아프리카를 떠올리게 했죠. 아마 모두 낭만적으로 옛날 일을 좋게만 생각하는 것일 수도 있어요. 아니면 콩고에서 먹었던 엄마 젖을 통해 국제적인 삶을 살고 싶은 욕구를 가지게 된 것일지도 모르죠."

그는 살아온 이야기를 하면서 맨해튼 미드타운 46층 펜트하우스 테라스에서 허드슨 강을 내려다보았다. 우리는 그가 유아기 때부터 세계 최대 맥주회사인 ABI의 최고 마케팅 이사가 되기까지의 살아온 이야기를 계속 나눴다.

콩고에서의 모험 후에 그의 가족은 다시 외국으로 나가기를 원했다. 하지만 버그레이브가 열한 살 때 그의 모친인 모니크가 비극적으로 죽음을 맞게 된다. 버그레이브의 부친은 이제 홀로 살림을 꾸려나가게 됐다. 그는 외국으로 모험을 떠나는 대신 그의 두 아들을 브뤼헤로 돌려보냈다. 부친이 브뤼셀에 있는 미국 통신회사인 ITT에서 계속해서 일을 하는 몇 년 동안 버그레이브의 조부모와 가족들이 두 아이를 돌봐주었다. 부친은 매주 주말이면 브뤼헤로 왔다. 그러다 몇 년 후 재혼을 하게 되고 두 아이는 결국 브뤼셀로 돌아가게 된다. 그렇지만 모험심은 결코 수그러들지 않았다. 부친은 아들이 자기 대신 모험을 추구하길 원했다.

"아버지는 교육 면에서 약간 특이한 분이셨습니다." 버그레이브가 말했다. "주말에 파티에 가거나 친구들과 늦게까지 놀면 항상 꾸중을 하셨어요. 열여덟 살이 될 때까지도요. 하지만 다른 면에서는, 열다섯 살밖에 안 됐을 때인데 혼자 가는 유럽 기차 여행을 권하셨죠. 친구들의 부모님들은 아무도 허락하지 않는 일이었어요."

세상은 그의 맘대로 할 수 있는 것이었다. 나중에는 그 생각이 삶에 있어서 일종의 필터 역할을 하게 됐다. 그런 이유로 그는 국제 비즈니스와 경제학을 공부했고 장학금을 받아 프랑스와 이탈리아 대학원에 진학해 유럽 경제와 정치에 대해 연구했다. 외교 분야나 유럽연합EU 집행위원회에서 일하는 것을 목표로 삼았다. 하지만 스물다섯 살 때 프린스 알베르트 기금의 국제 장학금 수혜자로 선정됐다. 이 기금은 벨기에의 비즈니스를 국제적으로 진흥하기 위해 설립된 기금이다. 버그레이브의 역할은 틈새 컨설팅업체인 아틀라스 컨설트Atlas Consult의 미국 지사를 설립하는 것이었다. 항상 미국을 궁극적인 기회의 땅으로 여겨왔던 버그레이브에게는 꿈이 이뤄진 것이었다.

게다가 그때는 1989년이었다. 서방 세계는 흥미진진한 시간을 겪고 있었다. 유럽에서는 베를린 장벽이 무너지고 낙관주의 물결이 거리를 채웠다. 버그레이브가 있던 노스캐럴라이나의 샬럿에서도 분위기는 역시 낙관적이었다.

"베를린 장벽이 무너진 다음 월요일에 샬럿에서 장벽의 부스러진 벽돌을 살 수 있었습니다." 버그레이브는 회상했다.

버그레이브는 열정을 가지고 미국 지사를 설립하는 일에 착수했다. 멋진 사무실 공간도 찾아냈고 전화기와 팩스를 구입하고, 자신의 상관도 고용했다. 그때는 인터넷이 없을 시절이었고 국제 전화도 비쌀 때였다. 하지만 버그레이브의 열정은 그의 고립 상태를 아무 문제가 아닌 것으로 만들었다.

그러나 15개월이 지난 후 상황이 어그러지기 시작했다. 아틀라스 컨설트는 너무 많은 나라에서 국제적으로 너무 빨리 확장을 하려 했고, 그 결과 현금 부족 상태에 직면했다. 막 수익이 나기 시작하는데 버그레이브에게는 사무실 공과금을 낼 돈이 없었다. 전기회사는 단전하겠다고 위협했고, 결국 그렇게 했다. 버그레이브와 직원 5명은 말 그대로 어둠 속으로 내던져졌다. 상황이 이렇게 됐음에도 벨기에 본부는 구원의 손길을 내밀지 않았다. 그럴 능력이 없었던 것이다. 설상가상으로 CEO는 버그레이브에게 월급과 세금 지출을 연기하라고 요청했다. 버그레이브는 어찌할 수 없는 상황에 빠졌다. 상관의 말을 따르면 미국에서는 쇠고랑을 찰 수도 있었다. 하지만 따르지 않는다면 회사가 문을 닫아야 했다. 버그레이브에게는 비극적인 경험이었고 다시는 같은 경험을 하고 싶지 않을 정도였다.

"전력회사는 우리 회사를 블랙리스트에 올렸고 우리 평판은 망가졌습니다." 버그레이브는 회상했다. "그리고 저는 길거리의 건달들과 살아야 할 판이었죠. 아주 수치스러운 경험이었어요."

파산을 면하기 위해 그는 자신이 회사를 살리기 위해 저축한 돈의 일부를 사용했다. 결과가 좋을 것이라는 확신을 잃지 않았다. 그는 "버그레이브가家 사람은 결코 포기하지 않아"라고 스스로에게 말했다. 그것은 내면에서 나오는 힘이었다. 그의 가족들이 대서양 건너에 있는 동안 여자 친구인 나딘Nadine이 현지에서 그를 도왔다. 그는 결코 물러서지 않을 작정이었다.

하지만 버그레이브는 자신을 벽으로 내몰고 있었다. 끊임없는 동기부여와 의지가 치명적이 되는 것은 바로 이런 순간에서다. 인생에는 동기부여가 아무리 잘 되고, 창의적이고, 자기희생적이라도 인간이 넘어설 수 없는 일들이 있게 마련이다. 우리를 둘러싸고 있는 세상은 바꿀 수 있다. 하지만 거기에도 한계라는 것이 있다. 그런 경우에는 주변에서 우리를 도와줄 누군가가 필요하다. 버그레이브에게는 그런 사람이 있었다. 프린스 알베르트 기금에서 일하는 뤽 타야에르트 보름즈Luc Tayaert de Borms였다.

그는 무슨 일이 일어나고 있는 것을 느꼈고 버그레이브를 그 프로젝트에서 나오게 했다. 버그레이브는 그것이 옳은 결정이었다고 나중에야 알게 된다. 그는 창업가를 위한 가장 소중한 교훈을 얻었다. "자금이 가장 중요하다. 현금이 왕이다"라는 깨달음이다. 회사와 제품에는 잘못된 것이 없었다. 하지만 덩치를 키우기에는 자원이 부족했고, 또 너무 많이 확장한 것이 문제였다. 그때부터 어떤 벤처회사든 그는 현금 상태부터 최우선으로 고려했다. 그리고 지배 구조를 생각하고 어떻게 하면 회사를 시작 단계에서부터 구조적으로 키울 수 있을 지를 고려했다. 그리고 그 이후를 생각했다. 그는 피할 수만 있다면 그의 고용주가 했던 실수들을 다시는 하지 않을 것이라고 다짐했다.

버그레이브는 집으로 돌아와서 뒤로 물러서 인생의 다음 행보를 생각해야 했다. 미국-유럽 맥락에서 외교 업무에 종사하는 방법을 정밀하게 다시 검토했지만, 그럼에도 불구하고 아직은 비즈니스로부터 더 배울 것이 남아 있다는 결론을 내리게 된다. 그는 다국적 소비재 업체인 P&G에 입사한다. 그곳은 나중에 그의 열정과 강점이 되는 마케팅의 기본을 배울 수 있는 아주 좋은 기회를 제공했다. 하지만 P&G는 대졸 신입만을 고용했고, 버그레이브가 어떠한 경험을 가지고 있다 해도 모두 평가 절하됐다. 그래서 그는 밑바닥부터 다시 시작해야하는 상황이었다. 국제적인 경력을 쌓는 측면에서 보면 다시 후퇴한 것이다. 국제 업무를 맡기까지는 최장 5년이 걸릴 것이었다.

"그건 문제가 안 됐어요." 버그레이브는 말했다. "2보 전진을 위해서는 때로는 1보 후퇴도 해야죠."

최소한 그는 그렇게 믿었다. 하지만 몸이 근질거리기 시작했다. 자신도 모르게 34년이 지나가버렸다.

P&G 생활 5년째에 접어들면서 그는 상사에게 넌지시 자신의 야망을 말했다. 국제 업무를 맡는 것이었다. 회사는 결국 문을 열어줬다. 하지만 인종차별시대가 막 지난 남아프리카에서의 개척일은 무산이 되었고, 회사가 90% 이상 시장을 점유하고 있는 사우디아라비아에서의 자리는 이 야심 많은 벨기에인에게는 성이 차지 않았다. 더 큰 시장에서 같은 일을 더 하는 것뿐이었기 때문이다. 버그레이브는 갈등했다. P&G를 사랑했지만 세계가 그를 부르고 있었다. 바로 그때 코카콜라가 그에게 다가와 국제 서비스 파트너, 즉 '기업 용병'을 제안했다. 지구 어디에나 배치 가능한 소수 집단에 합류하는 것이었다. 세계 어디서든, 어느 때든 말이다.

계약서에 사인을 했을 때 그는 이 특별한 역할을 완전히 이해를 하지는 못했었다. 하지만 일단 일을 시작하자 엄청나게 일을 즐겼고 그 후로 13년 동안 그와 가족은 여덟 번의 이사를 해야 했다. 같은 나라에서 두 번 이사한 적도 있다. 이로 인해 그는 유럽권에서 가장 고용하고 싶은 마케터 중의 한 명으로 성장할 수 있었다.

콜라 전쟁의 선봉에 서다

처음 임무에서 그는 펩시가 주도하고 있는 중부유럽과 동유럽 시장을 코카콜라가 주도하도록 만드는 역할을 맡았다. 신생국가였던 체코와 슬로바키아가 할당됐다. 당시는 체코슬로바키아가 해체돼 체코와 슬로바키아로 갈라진 지 3년 된 시점이었다. 1990년 중반, 이전에 공산국가였던 국가들은 경제적으로도 문화적으로도 엄청난 변화를 겪고 있었다.

"그런 나라에서 일하고 싶다는 사람은 거의 없었어요." 버그레이브는 말했다. "하지만 사업가 기질을 가진 마케터에게는 낙원과도 같은 곳이었지요. 우리는 '프리덤 코크Freedom Coke'라는 아이디어를 가지고 접근했어요. 공산주의 시대의 펩시라는 이미지와 대조를 이루기를 노린 것이죠."

이는 당시 사람들이 말하는 '콜라 전쟁' 일부였다. 그전 소비에트 연방 국가들이 특히 중요한 전선에 서 있었다. 1억 5000만 명 이상의 사람들이 있었고, 당시 새롭게 형성되고 있던 소비자주의와 현재 진행형인 경제 붐을 고려하면 누가 이기든 전 세계적으로 이기는 것이었다.

버그레이브는 보다 크게 생각하라는 압박을 받았다.

"크게 꿈꾸나 작게 꿈꾸나 같은 양의 에너지가 필요합니다." 그가 말했다. "내가 일하던 ABI의 CEO는 나중에 그렇게 말하곤 했습니다. 중부 유럽에서 코카콜라 일을 하다 처음 그것을 경험했어요. 크게 생각하고, 크게 영감을 주고, 가장 중요한 것은 큰 규모로 실행해야 한다는 겁니다."

샬럿에서의 첫 번째 해외 경험이 자금이 부족하면 성공할 수 없다는 것을 그에게 가르쳐줬다면, 프라하에서의 경험은 돈이 있다면 성공을 제한하는 유일한 것은 자신과 팀의 야망이라는 사실을 알려줬다.

1996년 유럽 축구선수권대회가 열렸을 때 그는 프라하의 중앙 광장에 사상 최초로 빅 스크린을 설치했다. 체코인들은 환상적인 경기를 펼쳐 대 독일 결승전에 진출했다. 스크린 설치는 나중에 '경험 마케팅experiential marketing'이라고 불리게 될 새로운 마케팅의 시작이었고 엄청난 인기와 함께 매출에서도 성공을 이뤄냈다. 1998년 동계올림픽이 다가오자 버그레이브는 앙코르를 준비한다. 위험 요소가 있었지만 어느 정도 보장된 도박이었다. 체코 팀은 아이스하키 결승전에 진출했고 상대 팀은 러시아였다. 영하 20도의 이른 아침 프라하의 전통시장 광장이었다. 경기는 일본 나가노에서 열렸다. 체코 정부와 대통령이 그의 뒤에 있었다. 꿈이 현실이 되는 순간 버그레이브는 광장에 모인 수만 명 중의 한 명이었고 체코 팀은 숙적 러시아에 승리를 거두었다.

버그레이브에게 그 승리는 일종의 돌파구였다. 코카콜라는 체코의 편이었다. 사람들은 하키 국가대표팀의 승리를 보고 자유를 단체로 축하했다. 다음 날 승리 축하는 배가 되었다. 특별 승리 축하 코카콜라 병과 캔이 시장에 쏟아졌다. 병과 캔에는 승리한 체코 팀의 선수들의 이름이 한 명씩 새겨져 있었다.

"체코 공화국 스포츠 역사상 가장 위대한 순간이었습니다." 버그레이브는 말했다. "아직까지 많은 사람들이 집 벽난로 위 선반에 그날의 코카콜라 병과 캔을 장식으로 보관하고 있죠."

전 세계의 미디어들은 그날 경기를 보도했으며 내부적으로 버그레이브는 그의 독창적 아이디어로 엄청난 공로를 인정받게 되었다.

1999년 그는 터키로 파견된다. 그곳에서 그는 젊은 매니저로서 그때까지 가장 큰 도전을 마주하게 된다. 거시경제학적 경기침체 상황에서 PR과 자연재해가 충돌을 일으킬 때 중심을 잃지 않는 것이었다. 버그레이브는 당시의 상황을 이렇게 회고한다.

"터키에서 있던 시절은 개인적인 수준에서 말 그대로 진정한 경력 돌파구였습니다. 현지 경영진은 호시절을 즐기고 있었고 기대치도 높았죠. 하지만 저는 터키의 어마어마한 경제 위기로 들어가고 있었습니다. 물결이 빨라지고 있었습니다. 인플레이션이 어떤 날은 1000%를 기록했으며 PKK(쿠르드족 군사조직)의 폭탄 공격은 도시 어디서나 볼 수 있었습니다. 예측하지 못했던 것들과 함께 사는 방법을 배웠습니다."

그는 말을 이었다.

"그런 다음 1999년 두 번의 펀치를 맞았습니다. 우선, 유럽에서의 코카콜라 공중보건 위기가 모든 시장에 영향을 미쳤습니다. 결국 더그 이베스터Doug Ivester가 CEO직을 사임하기에 이르렀어요. 터키 정부는 건강을 이유로 많은 공장들을 폐쇄했습니다. 그리고 소비자 기반도 한 주 만에 25% 떨어졌습니다. 동료들과 나는 안간힘을 써 위기 대비책을 가동시켜 신뢰를 회복시키고 생산을 재개하는 데 성공했습니다. 하지만 매출이 회복되면서 진짜 재해가 우리를 덮쳤습니다. 대규모 지진이 이스탄불과 주변 교외에서 발생했습니다. 3만 5000명 이상이 그날 밤 사망했어요. 우리도 딸과 함께 집을 나와 2주일 동안 캠프 생활을 했습니다. 다행히 이웃들 사이에는 유대의식이 많이 있었습니다. 자기 집이 수리되는 동안 사람들은 우리 집 정원에서 텐트를 치고 살았습니다. 동시에 나는 지역 책임자의 지도 아래 코카콜라의 반응을 다시 체크하고 있었습니다. 이런 재난 상황에서 그의 차분함을 유지했는데 그때 많은 것을 배웠습니다. 그는 내게 '위기는 기회', '위기는 낭비하기에는 아주 안 좋은 것'이라는 것을 진심으로 내게 가르쳐 줬습니다. 그는 직후의 여파에 어떻게 대처하는지, 팀과 비즈니스로서 어떻게 회복할 계획을 세우는지 보여줬습니다. 코카콜라는 우리와 터키에 코카콜라가 단순한 브랜드 이상이라는 것을 보여주었죠. 재해 이후 그 나라의 믿을 수 없을 정도의 유대의식은 인생에서 가장 중요한 것이 무엇인지 느끼도록 해주었습니다. 긍정적인 인간관계와 건강한 사회입니다. 이번 경험으로 개인적으로는 오늘날까지 매일 인생을 꽉 채워서 살아야 한다는 다짐을 하게 됩니다."

코카콜라에서 일할 때 버그레이브는 최고 중 최고의 시간과 최악 중 최악의 시간을 보냈다. 하지만 그는 코카콜라라는 깊이 감사를 느끼는 회사를 발견했고, 그가 사랑하는 직업을 찾았으며(지금은 온 유럽을 위한 마케팅을 하지만), 그가 성공할 수 있는 삶의 방식(국제 서비스)을 찾았다. 그가 결정할 수 있었다면 결코 떠나지 않았을 것이다. 그의 말에서 아이러니를 감지하지 못하고 있는 내게 "전 그것을 사랑했어요"라고 말했다.

알려지지 않은 세계 최대 맥주 제조사인 ABI가 그때 그에게 다가왔다. 그는 "그들은 나의 세계를 흔들어 놓았다"고 말했다. 그들은 그에게 글로벌 최고 마케팅 책임자CMO 자리를 제안했다. 버그레이브는 그때 대학 최고의 풋볼 선수에서 슈퍼볼에서 우승하는 팀에 합류하는 듯한 느낌이 들었다.

"그쪽 이사들과 미래에 동료가 될지도 모를 사람들을 만나고 나서, 몇 달을 깊이 생각한 후, 맥주보다 더 멋진 분야에서 일하는 것은 상상하기 힘들게 됐습니다. 엄청나게 다양한 브랜드를 만들고 키울 수 있는 분야였습니다. 스텔라, 레페, 벡스, 호가든을 비롯해 브라마, 스콜 같은 지역 브랜드 등을 비롯해 수도 없이 많았습니다. 또한 극도로 전문적이고 동기부여된 비즈니스맨들이 있는 분야였습니다. 끌렸습니다. 이 '거대 벤처기업'의 일부가 되고 싶었습니다. 알려지지 않은 것들이 많았지만 그것이야 말로 인생에서 가장 신나는 부분이 아닐까요? 전 언제나 글로벌 규모로 일하기를 원해 왔습니다. 그리고 여기 코카콜라라면 절대 제안할 수 없을 기회가 노크를 했습니다."

그는 도전을 받아들였고, 5년 동안 그 역할을 했다. 그 시간 동안 버그레이브는 기업 마케팅에서 하고 싶었던 모든 것을 성취했다. 이 회사에 합류한 지 1년이 지나 벨고-브라질리언 인베브는 아메리카 앤호이저 부쉬와 합병을 해 버드와이저, 버드라이트 같은 전설적인 브랜드들을 포트폴리오에 올렸다. 새롭게 창조된 회사는 마케팅과 금융을 전보다 더 직접적인 방식으로 연결하려고 했다. 그리고 이는 큰 성과를 거두었다. 오늘날 2016년 중반 현재 ABI는 가장 수익성이 높은 소비재업체가 되어 있다. 그리고 여전히 성장하고 있다. 현재는 (글로벌 2위 맥주회사인) SAB 밀러 인수를 통해 다음 변신을 완수하려는 중이다.

기업 마케팅의 세계에서 23년을 보낸 후 버그레이브는 2012년 첫사랑이었던 벤처와 경제 외교 부문으로 돌아왔다. 거기에 교육도 더했다. 그는 자신만의 프리미엄 마케팅 자문회사를 세웠고 지금은 '앤젤' 포트폴리오 투자자이자 고속 성장하고 있는 벤처의 이사, 몇몇 기관의 장이자 트리움 중역 MBA 프로그램에서 특임 교수를 맡고 있다. 그는 항상 목표로 했던 강렬한 국제적 라이프 스타일을 유지하고 있다. 부모님이 그토록 그에게 권장했던 삶이다. 하지만 회사 생활을 하는 것과는 큰 차이가 있다. 이제 그는 주제를 자신이 원하는 대로 더 많이 통제할 수 있다는 것이다.

1964년 12월에 태어난 버그레이브는 베이비붐 세대의 마지막 부분에 해당한다. 그리고 영원히 젊은 상태로 남고 싶은 그들의 욕망을 공유한다. "쉰 살은 새로운 서른 살이고, 백 살은 새로운 예순 살"이라고 그는 말한다. 최초의 민간 우주인 경험을 제공할 우주선 티켓을 산 지도 꽤 오래됐다. 그는 다음 10년 안에 지구 주위를 도는 우주여행에 나서기를 참을성 있게 기다리고 있다. 두바이에서 상하이로 가는 비행기에서 내게 쓴 편지에 따르면 그에게는 또 하나 죽기 전에 할 일이 있다. 부모의 발자취를 따라서 그가 태어난 카낭가(룰루아부르그)로 돌아가 보는 것이다.

"몇 십 년 전에도 아버지와 함께 돌아가려고 두 번 시도를 했지만 그때마다 마지막 순간에 모부투 정권이 벨기에와 사이가 안 좋아져 비자가 취소되곤 했어요." 그는 편지에 밝혔다. "지금까지 아버지나 나 모두 돌아가지 못한 상태지요. 지구상에서 이렇게 나를 피해 다니는 곳이 있다는 게 얼마나 놀랍던지요. 룰루아부르그에 가장 가깝게 간 곳이 아루샤였어요. 1000km밖에는 떨어져 있지 않았어요. 아마도 그렇게 될 운명이었나 봅니다. 그래도 언젠가는……"

그리고 그는 비행기에 올랐다.

CEO의
이력서
에서
배운것

인생에서 당장이던 나중이던 우리는 모두 부모의 발자취를 따라갈지 말
지를 선택하게 된다. 말 그대로 가업이나 가족의 직업을 이어가거나, 정
신적으로 부모님의 생활방식을 본받는 것을 말한다. 옳은 답은 없다. 에
델먼과 리키어먼은 매우 비슷한 상황에 처해 있었고 그들은 모두 완전히
다른 선택을 했다. 둘 다 각자의 선택에 만족했다. 어떤 때는 버그레이브
의 경우처럼 선택할 것이 하나도 없기도 하다.

　하지만 우리가 이 책에서 만난 세 명의 리더들 사이에는 하나의 공통
점이 있다. 부모에게서 가장 존경할 만한 특징만이라도 모방하는 것은 가
치가 있다는 점이다. 에델먼에게는 부친의 신뢰와 모친의 직관, 그리고
두 사람 모두에게서 반드시 성취하겠다는 태도가 그것이었다. 리키어먼
은 조부가 그랬던 것처럼 모든 것을 다시 시작하는 것이 두려웠다. 조부

는 여러 나라에서 항상 다시 시작했고, 다른 분야에서도 다시 새롭게 시작했다. 버그레이브에게는 부모 모두가 가졌던 모험 정신이었다.

이런 것들 외에 이 장에서 다룬 리더들이 공유하고 싶어 하는 개인적 교훈이 몇 개 정도 있다.

| 자신의 유연성을 확보하라 |

에델먼과 버그레이브는 모두 MBA를 땄기 때문에 그전보다 더 많은 선택을 할 수 있게 됐다. 에델먼의 경우 MBA는 가업 밖에서의 비즈니스를 맛볼 수 있는 기회를 제공했다. 버그레이브의 경우는 트리움 글로벌 중역 MBA가 그의 마케팅 경력에 글로벌한 충격을 줄 수 있는 기회로 작용했다. 지난 장들에서 살펴보았듯이 사람들은 MBA가 그들을 위한 적절한 과정인지에 대해 서로 다른 평가를 내리기 마련이다. 지금까지도 사실인 것은 시작할 때 자신에게 유연성을 줄 수 있는 학문을 선택하는 것이 좋다는 것이다.

| 소통의 중요성을 이해해야 한다 |

"뛰어난 아이디어가 있을 수도 있어요." 리키어먼은 말했다. "하지만 그 아이디어들도 소통을 제대로 하지 않으면 당신은 아무것도 할 수 없습니다. 초보 회계사 시절 정말 뛰어난 사람들, 저보다 나은 사람들을 보았습니다. 하지만 그들은 소통을 제대로 못해서 경력에서 진전을 이룰 수 없었지요. 소통은 지금도 내가 가치 있게 여기는 것 중에 하나입니다. 학교는 그런 것들을 배우는 데 안전한 환경이지요. 훗날 중요한 고객 앞에서 실수를 하는 것보다 여기서 프레젠테이션을 망치는 것이 훨씬 낫죠."

에델먼은 소통의 중요성을 보여주는 또 다른 좋은 예다. 그의 비즈니스는 소통과 함께 일어나거나 주저앉았다. 버그레이브도 마찬가지였다. 그에게 마케팅과 소통은 코카콜라와 ABI의 비즈니스 성공의 열쇠였다.

| 늘 최악의 상황은 존재한다 |

"일을 시작했을 때 경제위기가 나타났습니다." 리키어먼이 말했다. "1970년대 경제를 망가뜨린 주요 오일쇼크 중 하나였습니다. 그때 저는 올라가는 것은 떨어지기도 한다는 것을 배웠습니다. 개인적으로 저축해둔 돈도 영향을 받았습니다. 진짜로 노출된 것입니다. 충격이었습니다. 하지만 좋은 교훈이었습니다. 사람들은 살면서 모두 경제위기를 겪는 것이 필요합니다. 일찍 겪으면 더 좋습니다. 그래서 비즈니스 사이클이 매우 중요하다는 것을 배우게 됩니다. 우리는 지난 250년 동안 위기를 겪어왔습니다. 그리고 그 위기들은 지금도 사라지지 않고 있습니다."

이 장에서 다룬 모든 사람이 그랬듯이, 하락을 겪고 나면 그 결과로 어느 정도의 위험을 감수해야 하는지 배우게 된다. 예를 들어, 에델먼에게 법칙은 분명하다. 절대 모든 것을 걸지 않는다는 것이다. 그는 부채는 조금이라도 지지 않는 것을 선호했고, 위험한 도박은 하지 않았다.

버그레이브의 경우는 저울이 위험을 감수하는 쪽으로 더 기울어진다.

직업 선택을 하는 데 있어서의 위험성, 벤처기업에 투자하는 재정적 위험성을 말한다. 그가 말하는 중요한 것은 다음과 같다.

| 과감하지 않으면 이길 수도 없다 |

"돌이켜보면, 코카콜라를 떠날 때 당시 많은 사람들이 그렇게 하지 말라고 충고했습니다. 하지만 새로운 고용주를 만나는 이유는 깊고 복잡합니다. 직장을 옮기는 이유는 시간이라는 맥락에서 고려해보아야 합니다. 많은 요소들이 작용하지만 결국에는 감정에 기대게 됩니다. 새롭게 열린 문을 통과하거나 그렇지 않거나 하는 것이죠. 통과하면 후회는 없어야 합니다."

위험에 대한 개념은 하지만 매우 개인적인 것이라고 버그레이브는 인정했다. 그의 경우에는, 그의 태도는 "배짱이 없으면 영광도 없다"고 설명할 수 있다. 과감하지 못하면 이길 수 없다는 것이다. 하지만 다른 사람들에게 있어서 태도는 그렇게 지배적인 요인이 아닐 수도 있다.

"그때 이후로 점점 더 큰 위험을 감수해왔습니다." 그는 말했다. "그전보다 더 많이 실패했을 수 있지만 그만큼 더 많이 성공했고 후회를 하지 않는 것을 배웠습니다. 그 어느 때보다 삶은 다채로웠습니다. 저는 매일 아침 일어나서 생각합니다. '좋아, 오늘을 즐기고, 기억할 날로 만들자.' 그리고 베이비부머들은 백 살이 넘게 살 것입니다. 최선의 것은 아직 오지 않았습니다!"

Chapter 10

실용적인 조언

게일 맥거번
[Gail McGovern]

패트릭 드 메세네어
[Patrick De Maeseneire]

미국 적십자사, 제이콥스 홀딩스 CEO의 이야기

이제는 당신이 나아가야 할 때

미래의 CEO들의 경력을 자세히 들여다보면 CEO가 될 의도를 실제로 가지고 있었던 사람은 거의 없다. 폴 불케, 장 프랑수아 반 복스미어 같은 이 책에서 만난 어떤 리더들은 본사의 레이다에서 한참 벗어난 시골 지역을 개발하는 데 자기 경력의 반을 소비했다. 오릿 가디쉬, 데이비드 케니, 크리스 고팔라크리슈난 같은 사람들은 경력의 전반부 내내 실패와 도전에 직면했다. 스티브 데이비스, 배리 샐즈버그 같은 사람들은 의식적으로 그들의 가족을 경력보다 우선에 뒀다. 그러나 이들 모두는 결국 정상에 올랐다. 길을 가면서 그들은 어떤 지점에서 특정한 기술을 배우고 특정한 과정을 거쳤다. 그 일들이 나중에 그들을 정상에 오르게 했다. 누군가에게는 그 과정은 의식적인 것이다. 또 다른 사람들에게는 덜 그렇다. 그렇다면 그런 기술과 과정은 무엇인가?

이런 질문에 대답하기 위해서 패트릭 드 메세네어와 길 맥거번 같은 사람들에게 의존했다. 드 메세네어와 맥거번 둘 다 민간 영역에서 성공을 거뒀고, 현재 지난날을 되짚어보고 그들의 지식을 공유해 다른 사람들을 인도할 수 있는 위치에 와 있다.

드 메세네어는 현재 수십억 달러를 운용하는 스위스 투자펀드인 제이콥스 홀딩스Jacobs Holdings의 CEO이다. 그리고 2015년까지는 세계 최대 임시직 인력 서비스 회사인 아데코의 CEO였다. 맥거번은 통신회사인 AT&T에서 오랜 동안 근무하다 현재 워싱턴 DC 소재 자선단체인 미국 적십자를 이끌고 있다. 이 두 사람 모두 내게 그들이 배워 성공의 도구로 삼은 방법 중 일부를 말해주었다. 이번 장은 그런 방법들을 요약하고 당신이 경력을 진전시킬 때 어떻게 그 방법들을 실천에 옮길지를 보여줄 것이다.

—

위임의 기술

게일 맥거번은 1952년 뉴욕 브루클린에서 전업주부인 어머니와 검안사 아버지 사이에서 태어났다. 집안은 중산층이었다. 대학을 나온 어머니가 남편의 일을 돕고, 맥거번과 오빠는 공립 고등학교에 다녔다. '베이비부머 세대'의 여느 여자아이들처럼 맥거번은 1970년대에 자신만의 길을 개척해갔다. 하지만 더 어렸을 때는 그럴 의도가 없었다.

"볼티모어 존스홉킨스대학을 다녔어요." 맥거번은 "여자는 50명밖에 안됐고 1,900명이 남자였어요."

존스홉킨스에서는 최초의 남녀공학 클래스였다. 어린 맥거번으로서는 입학을 결정하기가 쉽지 않았다. 하지만 그녀는 그곳에 입학한 이유가 무척 단순했다.

"당시 남자친구가 거길 다녔어요. 그 사람을 따라 들어가기로 결정했죠. 거창한 계획이 있는 것은 아니었어요."

그건 그녀가 나중에 하는 결정도 암시해준다고 그녀는 말했다. 그녀는 "인생에서 기회를 따라 움직였어요"라고 말했다. 졸업할 당시 그녀는 남편을 따라 필라델피아로 갔다. 남편은 거기서 대학원 공부를 할 예정이었다. 그곳에서 일자리를 찾아야 한다는 것을 당연하게 생각했고 그렇게 했다.

"하워드대학 쪽으로 차를 몰고 가고 있었는데 펜실베이니아 벨Bell 전신회사가 사람을 뽑는다는 걸 듣게 됐고 기회를 잡았지요." 그녀는 말했다.

이 또한 기회에 의존한 선택이었다. 하워드대학은 전통적으로 흑인들이 다니는 대학이었던 반면, 맥거번은 '브루클린 출신 유대인 여자'였다. 하지만 입학은 허락되었다.

"그들은 전통적이지 않은 일자리에서 일할 여자들을 필요로 했고, 저는 남편의 4년치 등록금을 마련해야 했으니까요." 맥거번은 회상한다.

그때부터 맥거번은 자신에게 세 가지 기본적인 질문을 한 후에야 직업에 대한 결정을 내리기로 했다.

- 새로운 것을 배울 수 있을까? "저는 호기심이 많아요. 그래서 제가 기회에 의존해 한 선택은 뭔가 다른 것을 배울 수 있게 한 선택이었어요."
- 다른 사람을 도울 수 있게 하는가? "걸스카우트 리더 때부터 항상 자원을 했어요. 저는 되돌려주는 것을 좋아하죠. 단순하게 수표를 써주는 것 말구요. 그렇게 하면 제 자신에게 선물을 주는 것처럼 느껴져요."
- 그 일에 열정적인가? "처음에는 단순히 공과금 낼 돈을 벌기 위해서 일을 했어요. 남편이 공부를 하고 있었기 때문이죠. 하지만 첫 번째 일인 컴퓨터 프로그래밍을 진정으로 좋아했어요. 남편의 4년 공부가 끝났을 때는 일에 완전히 빠져 있었죠."

일하는 것을 너무나도 좋아한다는 사실을 깨달으면서 맥거번은 자신의 어머니처럼 살아가겠다는 목표를 포기했다. 그녀는 자기 일을 희생하고 가족을 위해 헌신했다. 맥거번은 그렇게 하는 것을 본받고자 했었다. 벨에서의 긍정적인 업무 경험은 그녀의 관점을 바꿔놓았다. 하지만 그녀가 자신을 위해 경력을 만들고자 한다면 개척자가 돼야만 했다. 그녀의 가족 중에는 그녀가 따라 배울 만한 사람이 없었기 때문이다. 그래서 그녀는 다음과 같이 했다.

맥거번은 두려움을 없앴다. 그녀는 초급 단계 컴퓨터 프로그래머였다. 그녀의 능력이 그 이상이라는 것을 알았을 때 그녀의 상사는 맥거번에게 신입 프로그래머들을 교육시키는 일을 해보라고 말했다. 하지만 맥거번은 뒤로 물러섰다. 많은 사람 앞에서 말하는 것에 대해 '공포'를 느꼈기 때문이다. 부모의 조언에 따라 대학에서 그녀는 교육학을 부전공으로 선택했다. 하지만 실제로 그 부전공을 실전에 써본 적은 없었다. 단지 사람들 앞에서 말하는 것이 적성에 맞지 않았기 때문이다.

다음 날 상사가 다시 생각해봤냐고 물었다. 맥거번은 단호하게 "아니요. 생각해보지 않았습니다"라고 말했다. 그러자 상사는 "그렇다면 급여는 지급되지 않을 것입니다"라고 대답했다. 맥거번은 상사가 너무 잔인하게 군다고 생각했다. 어떻게 그녀에게 이런 경험을 시키려 할 수 있을까? 하지만 이제 그녀에겐 선택의 여지가 없었다. 급여를 받으려면 가르쳐야 했다.

"첫 번째 교육 시간은 재앙이었어요." 그녀는 회상했다. 물론 당연한 일이었다. "마치 난파된 배 같았어요." 하지만 곧 맥거번은 그 일에 빠지게 됐고 그녀는 직업 경력에서 다음 단계로 발을 내딛었다.

그녀는 위임하는 것을 배웠다. 다음 단계로 맥거번은 관리자(슈퍼바이저)로 승진했다. 실제로 한 팀을 관리해본 것은 이번이 처음이었다. 동료였던 사람들이 갑자기 그녀의 지시를 따라야하는 입장이 됐다.

"저는 '바쁘세요?'라고 말하곤 했어요." 그녀는 회상했다. "그러면 그들은 그렇다고 대답했고, 전 업무를 배당하는 것이 불편하게 느껴졌어요. 그래서 추가로 발생한 일은 제가 직접 하기 시작했죠. 구멍 난 배에 승객들을 단체로 태우는 격이었습니다. 밤 늦게까지 남아 일을 했어요. 우리 팀 사람들은 이미 퇴근한 상태였고요. 이러다간 실패할 거라는 생각이 들었습니다."

그러던 어느 날 밤, 그녀는 상사가 늦게까지 일을 하고 있는 것을 보게 되었고 그의 사무실에 들어갔다.

"공평하지 않아요." 맥거번이 말했다.

"뭐가 공평하지 않다는 거요?" 상사가 물었다.

"저한테만 모든 일을 다 주시는 것 같아요." 맥거번이 불평했다. 하지만 상사는 꿈쩍도 하지 않았다.

"당신이 열 명분의 일을 해야 한다고 느끼는군요." 상사가 말했고 맥거번은 고개를 끄덕였다.

"생각해봐요. 당신에게는 일을 시킬 사람이 열 명이나 있어요."

그것이 맥거번에게 물꼬가 터지는 순간이었다.

"거기 그렇게 서 있었어요." 그녀는 말했다. "머릿속에서 오뚝이 인형이 움직이고 있는 듯한 느낌이 들었죠. 집에 가서 프로젝트 플랜을 작성했어요. 사람들이 일을 마쳐야 하는 시점을 리스트로 만들고 그것들을 모았죠. 그리고 제 자신에게 '이것들이 새로운 업무 할당이 될 거야'라고 말했습니다. 곧 업무를 분배하는 데 익숙해졌어요. 사람들에게는 이렇게 물었지요. '왜 이게 안 된 거죠?' 또는 '왜 초과해서 비용을 지출했지요?'라고요."

상사가 그때 맥거번에게 조언을 해주지 않았더라면 어땠을까?

"아직도 필라델피아에서 프로그래밍을 하고 있겠지요." 맥거번은 말한다. "중요한 것은 위임의 기술이에요. 이런 것입니다. 상사는 제게 구명조끼를 던졌고, 저는 헤엄을 쳐서 그걸 받아 입은 것이죠."

그녀는 팀을 구축하기 위해 고용하는 법과 해고하는 법을 배워야만 했다. 계속해서 늘어가는 사람들을 감독하면서 맥거번의 다음 임무는 같이 일했던 사람들 중에서 별도의 인원을 뽑아 팀을 만드는 것이었다. 서로 다른 성격을 가진 사람들과 일을 하면서 맥거번은 사람들에게 영향을 끼치거나 가르칠 수 없는 부분은 오직 두 가지 밖에 없다는 것을 깨닫게 됐다. 똑똑하게 만들거나 친절하게 만드는 것이다.

"우선, 최고의 사람들을 꾸려야 합니다. 공석인 상태에서 절름거리며 가다가 형편에 따라 인원을 채우는 것이 훨씬 낫습니다. 시간과 경험이 쌓이면서, 특히 일을 시작했던 초기에 사람을 뽑았을 때 이를 배웠죠. 제 생각에는 그 사람한테 어떤 일들을 하는 방법을 가르칠 수 있을 것이라고 생각했어요. 하지만 그 사람은 업무를 파악하지 못했어요. 그 사람을 내보야 했기 때문에 그건 아픈 경험이었어요. 그런 다음 저는 배웠죠. 누군가가 똑똑하지 못하다면 그것은 재앙이 될 거라는 사실을 말이에요."

친절한 것에 대해서도 똑같은 원칙이 적용된다.

"선교사가 되어서 동료들에게 어떻게 하면 좋은 사람이 될 수 있을지, 어떻게 다른 사람들과 일을 잘할 수 있는지를 가르칠 수 있을 것이라고 생각했어요." 그녀는 말했다. "하지만 그렇게는 되지 않았습니다. 예전에 드림팀을 구성한 적이 있어요. 그런데 구성원들끼리 잘 지내지 못했어요. 전체 미팅을 하는 대신 한 사람씩 개별면담을 시도했어요. 미칠 뻔했죠. 제가 누군가를 고용하면 이제 모든 팀원이 면접을 보게 해요. 누구나 다 거부권을 행사할 수 있어요. 이 한 번의 경험이 평생 제가 사람들을 고용하는 데 영향을 미쳤어요. 이것이 얼마나 중요한지는 말로 표현할 수 없어요. 최고의 사람들을 원하는 동시에 그들이 서로 잘 지내는 것을 원하는 것이죠."

맥거번은 자신의 17년 된 불안안 자아를 제거했다.

"개인적인 경험을 바탕으로 최고의 리더들은 자신감이 아주 많고 자아는 아주 작다는 것을 알게 되었어요. 제가 그 방 안에서 가장 똑똑한 사람이 아니고 훌륭한 아이디어가 저 아닌 다른 사람에게서 나왔을 때 전율을 느껴요. 또는 사람들이 제 제안을 설익은 아이디어라며 공격해 타격을 입을 때도 그렇습니다."

맥거번은 다른 사람들이 그녀의 아이디어를 공격하게 놔둘 수 있다고 말했다. 불안감을 오래 전에 떨쳐버렸기 때문이다. 동료들도 그걸 알아차렸다.

"예전에 어떤 상사가 제게 말한 적이 있어요. 그는 '당신이 왜 그렇게 성공했는지 아세요? 왜냐하면 당신은 내면 깊숙한 곳에서 다른 사람들이 당신에 대해 어떻게 생각하는지 신경 쓰지 않기 때문이에요'라고 말했습니다. 우리 모두는 내면에 불안한 열일곱 살짜리 소녀를 가지고 있어요. 그 소녀가 밖으로 튀어나올까봐 두려워하죠. 글쎄, 이제 제게 그런 건 없어요. 그냥 신경 안 쓰면 되죠."

"그러면 언제 불안감을 떨쳐버렸지요?" 내가 맥거번에게 물었다.

"40대에요!" 그녀가 대답했다.

불안한 것이 약함의 상징이라고, 진보를 가로막는 요인이라고 생각하는 사람들에게는 위로가 될 수도 있겠다. 불안감은 경력에서 꽤 많은 진전을 이루기까지는 자연스럽고 정상적인 것이다.

그녀는 개인적인 삶을 정리했다. 5년간의 결혼생활 후 맥거번은 이혼했다.

"남편의 대학 뒷바라지를 하지 않았다면 더 빨리 이혼했을 수도 있었어요." 그녀는 말했다.

돌이켜보면, 맥거번의 20대는 불안한 시기였다. 스물아홉 살에 현재의 남편을 만났을 때 지난 20대를 기꺼이 떠나보냈다.

"남편이 아니었다면 현재의 저는 없었을 것입니다." 그녀가 말했다.

안정을 찾는 것은 그녀의 개인적인 생활에만 좋은 것이 아니었다. 그 것은 그녀의 경력에서 다음 번 도약을 하는 데도 에너지를 공급했다. 우연히도, 그녀와 남편은 벨에서 같이 일을 했고 둘 다 그들의 삶에서 경력을 최우선으로 두어야 하는 시기에 있었다.

"둘 다 일에 빠져 있었습니다." 매거번은 말했다. "하루 일이 끝날 때 서로 불러서 물어보곤 했어요. '아직 안 끝났어요?' 그런 다음 오후 9시에 집에 가곤 했어요. 잠이 들 때도 일 이야기를 하곤 했죠. 그가 나를 밀어붙였습니다. 남편은 '당신은 그것보다 더 잘할 수 있어요'라고 말했습니다."

남편의 격려는 맥거번이 30대 초에 MBA 과정을 밟을 때 정점을 이뤘다. 남편은 할 수 있는 모든 지원을 했다.

"그 기간 동안에는 집안일을 전혀 하지 않았어요. 남편은 심지어 냉장고 안의 음식에 이름표를 붙여 제가 집에 왔을 때 음식을 찾아 먹을 수 있도록 했어요. 그 모든 일을 다 했죠."

그녀는 부모로서의 의무를 최우선으로 다했다. 압력을 받을 때는 인생에서 무엇이 우선순위를 차지할지를 결정해야 한다. 일이 먼저인가, 가족생활이 먼저인가? 맥거번에게는 저울의 양팔의 기울기가 시간에 따라 변했다. 20대와 30대 초반에 맥거번은 남편과 직장에서 성공하고자 하는 불타는 야심을 공유했다. 맥거번은 집에 늦게 오는 날이 많았다. 그리고 일을 하면서 MBA를 따냈다.

하지만 맥거번 부부는 결국 아이가 갖고 싶어졌다. 오랜 시간 동안 임신에 어려움을 겪다 그들은 입양을 선택했다. 맥거번은 서른여덟 살, 남편은 마흔여섯 살이었다. 일단 부모가 되자 새로운 우선순위가 생겼다. 직장생활과 부모로서의 의무를 힘들게 조화시켰다.

"믿을 수 없을 정도로 착한 아이를 키웠어요." 맥거번은 말했다. "그리고 우린 한 박자도 놓치지 않고 그 일을 해냈어요. 집에 오면 '딸의 마음'을 가지려고 했어요. 시간을 관리하는 동물이 됐어요. 그걸 가능하게 해준 것은 몇 년 전에 했던 MBA 과정이었죠."

딸과 함께 보낸 시간은 말로 설명할 수 없을 만큼 성스러웠다. 맥거번은 집에 오면 '문명의 이기를 이용하지 않는 상태'로 돌아갔다.

맥거번이 아직 AT&T에 있던 어느 날, 그녀는 당시 CEO였던 밥 앨런 Bob Allen과 아침 미팅을 가졌다.

"11시까지는 미팅을 끝내야 한다고 말씀드렸습니다." 그녀가 말했다.

"11시 미팅은 누구와 하는 것입니까?" 앨런은 물었다.

맥거번은 몇 초 동안 말을 잃었다. '진료 약속이 있다고 해야 되나, 아니면 사실대로 얘기해야 하나?' 맥거번은 고민했다. 그리고 후자를 선택하기로 했다. "우리 아이 유치원 교사와 약속이 있습니다." 심장이 쿵쾅거렸다.

"유치원 주차장에 차를 대면서 남편에게 '해고된 거 같아요'라고 말했습니다." 그녀가 말했다. "하지만 다음날 아침 회의 중에 앨런이 걸어 들어와 '어떻게 됐어요?'라고 물었습니다. 제가 설명을 하자 그는 지갑을 꺼내 손자들 사진을 보여줬어요. CEO와 개인적인 친분관계를 맺는 것으로 일이 끝난 것이죠."

맥거번은 다른 사람들에게 자기처럼 하라고 꼭 권하지는 않는다. 지금도 얘기하지만 해고될 수도 있었기 때문이다. 하지만 그녀에게는 하나의 교훈이 중요하다. 가족과의 약속을 CEO와의 약속처럼 여겨야 한다는 것이다.

AT&T에서 24년을 일한 후 맥거번은 피델리티로 이직해 수천억 달러의 투자금을 관리하게 된다. 〈포춘 매거진〉은 그녀를 "미국 기업계에서 가장 강력한 여성 50명" 가운데 한 명으로 두 번이나 선정했다. 그렇게 28년을 민간 분야에서 일한 후 그녀는 미국적십자의 CEO가 됐다. 현재도 그 자리에 있다. 그러나 앞서 언급한 교훈들은 지금까지도 쭉 그녀의 마음속에 남아 있으며 지금도 경력을 구축하고자 하는 사람들에게 좋은 충고가 되고 있다.

자신을 증명하기 위해 애쓰다

패트릭 드 메세네어는 1957년 벨기에의 작은 마을에 있는 집에서 둘째이자 막내로 태어났다.

"어머니는 병원에 갈 시간이 없었습니다." 그는 말했다. "어머니는 모자를 만들어 팔았는데 최대한 빨리 일을 하고 싶어했죠."

드 메세네어는 일요일에 태어났는데, 그의 모친은 바로 그 다음날 일을 하러 나갔다.

"어머니는 열심히 일했습니다. 어렸을 때부터 제게 직업윤리를 주입했습니다. '다른 사람들이 아직 자는 동안 너는 일을 해야 한다. 그게 인생에서 성장할 수 있는 방법이야'라고요. 제가 말을 알아듣기 시작하면서부터 이렇게 말씀하시곤 했죠. 어렸지만 항상 그 말을 기억했습니다."

막내였기 때문에 그는 관심을 끌기 위해 노력하는 법도 배웠다.

"누나는 다섯 살 위였는데 가족들이 모두 놀라워하는 존재였습니다." 그는 말했다. "부모님은 누나에게 끊임없이 주의를 기울였고 누나가 넘어지지 않도록 단단히 조심시켰습니다. 그것 말고도 여러 가지가 있었죠. 제가 태어났을 때는 저한테는 별로 관심을 갖지 않았습니다. 지금은 그것이 정상적이라고 생각하지만 그때는 저도 누나에게 주는 것과 똑같은 관심을 요구했어요."

이런 일은 그의 유년시절 동안 계속되었고 그가 나중에 일을 하면서도 그랬다. 그는 악역을 찾곤 했고, 도전 대상을 찾았으며 자신에게 동기부여를 해 기대치보다 더 많은 성취를 했다. 처음에는 평범한 학생이었지만 그는 누나보다 더 공부를 잘한다는 것을 증명하기 위해 스타급 우등생이 되었다. 대학에 가서는 비즈니스와 공학을 공부했다. 자신의 성공을 믿지 않는 교사에게 성공할 수 있다는 것을 증명하기 위해서였다. 그리고 여러 해가 지나서 아데코의 CEO가 됐을 때는 다른 업계의 CEO들의 말을 경쟁에서 이길 수 있도록 해주는 동기부여로 생각했다. 이러한 행동은 어떤 부분에서는 복수심에서 나온 것이었고, 또 어떤 부분에서는 자신을 증명하겠다는 내적 욕구로부터 비롯된 것이기도 했으며, 또 다른 부분에서는 동기부여를 하기 위한 의식적 방법의 결과이기도 했다.

졸업 후 드 메세네어는 롤러코스터처럼 변화가 심한 경력을 시작했다.

처음 직장은 아서 앤더슨Arthur Andersen 컨설팅이었다. 그 다음에는 컴퓨터 업계에서 일했다. 처음에는 왕 컴퓨터 연구소, 다음 6년은 애플에서 일했다. 그 후 여행과 TV업계에서 몇 년 일한 후 중역으로서의 경력을 시작했다. 드 메세네어는 세계 최대의 초컬릿 제조사인 바리 칼레보Barry Callebaut의 CEO가 되었고, 그 다음에는 세계 최대의 인력 공급 회사인 아데코의 CEO를, 마지막으로 현재까지 스위스의 대형 투자펀드사인 제이콥스 홀딩의 CEO를 맡고 있다. 그 길을 걸어오면서 그는 꼼꼼하게 챙겨서 배우기도 했으며, 이제는 시간이 지나서 대학에서 학생들과 자신이 배운 것을 공유하기 시작했다. 그는 내게 다음과 같은 가르침을 전수해 줬다.

| 시작은 잘 갖춰진 조직으로, 다만 반드시 하고 싶은 일로 |

"시작할 때는 돈을 따라 가지 마세요." 드 메세네어의 충고다. "되도록 넓게 가야 합니다."

그는 아서 앤더슨에서 경력을 시작을 했다. 현재는 액센추어Accenture가 된 컨설팅업체이다.

"이런 종류의 회사들은 젊은이들에게 투자를 하고 단기적인 경력의 길을 제공합니다." 그는 말했다.

그의 연구의 연장선 같았다. 모든 것이 잘 구조를 갖춰 구축돼 있어 매우 많은 것을 배울 수 있으며 최대한 효율적으로 일할 수 있다.

"《그린북》이라고, 모든 것의 매뉴얼이 있었어요. 그 책을 보면 모든 것에 대해 많은 것을 알 수 있었습니다. 어떻게 대화하고 어떻게 팔 것인가 등등을 포함해서요. 심지어는 고객과 어떻게 식사를 해야 하는지에 대한 매뉴얼도 있었습니다. 그 정도로 자세했지요."

그리고 그건 좋은 일이었다. 컨설팅회사, 소비재회사, 은행 등은 모두 잘 짜인 대졸 신입사원 교육 프로그램을 가지고 있기 마련이다. 현장에서 일하면서 계속해서 배울 수 있는 것이다. 드 메세네어는 최소한 처음 몇 년 동안은 이런 교육을 받는 것이 많은 돈을 버는 것보다 훨씬 더 중요하다고 말했다.

직장이 배울 수 있는 좋은 학교였지만 드 메세네어는 거기서 영원히 머물고 싶지는 않았다. 그가 머무른 것은 자신이 진정으로 원하는 것을 찾기 위해서였다. 컨설팅회사에 간 지 3년이 안 되어서 그는 자동차업체부터 보험회사까지, 다시 대형병원에 이르는 11개 회사를 할당 받아 일을 하게 되었다. 그는 자신이 영업과 마케팅에 가장 열정적이라는 것을 알게 되고 그 후로 그 분야의 일을 추구했다. 이유는 간단하다. 자신이 하고 싶은 일만 해야 한다고 확신했기 때문이다.

"그렇지 않으면 성공하지 못할 것 같았습니다. 좋아하지 않는 일을 하면 절망하고 죽을 것 같았어요. 스물세 살 정도까지는 공부를 하고 그 후 40년 이상은 일을 하게 되지요. 좋아하는 일을 하는 게 나을 것입니다."

| 전직을 원하면 조용히, 빠르게 |

1983년 아서 앤더슨에서 3년을 일한 후, 드 메세네어는 승객 자리에서 운전사 자리로 바꿔 앉고 싶어졌다. 컨설팅은 컨설팅일 뿐 실행하는 일이 아니었다. 다 이유가 있었다. 그는 "진짜 일을 하고 싶어 떠났다"고 말했다. 그는 왕 연구소에서 둥지를 틀었다. 당시 최첨단 컴퓨터 제조업체였으며 막 발전하기 시작한 분야에 새내기였다. 당연히 '그린북' 같은 것도 없었다. 컴퓨터를 얼마에 팔 것인가 같은 결정을 포함해 그는 모든 일을 스스로 결정해야 했다. 그런 혼란스러운 환경 속으로 들어가는 것이 처음에는 충격이었다. 하지만 그는 자신이 사랑하는 영업과 마케팅 분야의 일이기 때문에 즐겁게 일을 했다.

드 메세네어 "왕 컴퓨터에서의 처음 6개월이 제 전체 경력 중에서 아마 가장 힘든 시간이었을 것입니다"라고 말했다. 그는 그 자신이나 그가 일하던 회사가 그렇게 성공을 거둘 줄은 몰랐다. 그는 "당시 퍼스널 컴퓨터PC 업계는 현재의 기술 벤처업계와 어느 정도 비슷했습니다"라고 말했다. 신나는 일이 많았고, 많은 회사들이 생겼다. 하지만 누군가는 성공한다고 해도 그것이 누구일지는 불분명했다. 그는 왕 컴퓨터 벨기에 지사의 '전략 마케팅 매니저'였다. IBM같은 거대 기업과 경쟁하기 위해서 그는 회사가 제품에 가격을 어떻게 책정해야 하는지, 또 얼마큼 팔아야 할지를 생각해야 했다.

이용 가능한 데이터나 연구 결과가 없는 상태에서 드 메세네어는 모친이 어릴 때 가르쳐준 전략에 의존했다. 다른 사람들보다 더 많이 일하라는 것이다.

"밤낮으로 일했습니다. 좌절이 밀려오고 몸도 피곤했지만 그 시기를 견뎌내야 했어요. 영업사원들에게 경쟁업체의 가격 제안을 가져와 달라고 요청하고 제가 만든 가격 책정과 예측 모델에 그 가격들을 끼워 넣었습니다."

6개월이 지나자 하늘이 맑아졌다.

"혼잣말을 했어요. '이게 내가 원한 거야'라고요. 더 이상 잘 조직된 회사에서 일하고 싶지 않았습니다. 스스로의 힘으로 일하고 싶었습니다. 물론 IBM은 더 잘 구조가 갖춰진 조직이지만, 그런 회사의 부정적인 점은 칸막이 책상에 앉아 자기 일만 하고 또 누군가에게 일을 넘겨준다는 것입니다. 최종 결과를 볼 일이 없죠. 왕 컴퓨터에서는 최종 결과를 봤어요."

드 메세네어는 첫 몇 달의 절망을 긍정적인 에너지로 바꿨다. 회사에서 예측을 잘했다고 상을 받기도 했다. 그는 성공했다. 그리고 그 성공은 주목받고 있었다.

| 3년의 법칙 |

아서 앤더슨에서 전도유망한 경력을 시작한 뒤 왕 컴퓨터에서 처음 몇 달을 보내면서 드 메세네어는 '가능성 있는 청년'으로 보였다. 그는 그 후 헤드헌터를 통해 또 다른 IT 회사인 데이터 제네럴Data General의 더 상위 경영직 제안을 받았다. 하지만 그에게 그 자리를 제안한 리버트 반 리엣Libert Van Riet은 드 메세네어가 제안을 생각할 시간을 가지기도 전에 제안을 철회했다.

"당신은 야망이 너무 강해서 로켓처럼 수직 상승하겠지만 돌처럼 추락할 것입니다." 반 리엣은 드 메세네어에게 충고했다. 또한 "좀 천천히 가는 게 어떻습니까? 지그재그 모양으로 사다리를 올라가 보세요."라고 말했다.

반 리엣은 드 메세네어에게 한 자리에서 3년을 버텨보라고 말했다.

"그렇게 하면 당신의 역할에 대해 더 많은 것을 배우게 될 것이고 사람들이 인정해줄 것입니다. 그래서 저는 지금은 당신을 고용하지 않겠지만 당신은 3년 후에는 다시 돌아올 수 있을 것입니다."

드 메세네어는 그것이 그때까지 그가 얻은 최고의 교훈 중 하나라고 말했다. 지금까지도 그는 '3년 법칙'을 적용하고 있다.

"배우고, 일에 대해 알고, 회사가 무엇을 하는지 아는 데 1년이 필요합니다. 자신의 계획 실현을 시작하고 씨를 뿌리는 데 1년이 걸립니다. 그리고 3년이 되어야 진정으로 자신이 애썼던 결과를 진짜로 보기 시작할 수 있을 것입니다."

그는 최상은 몇 년 더 일을 해보는 것이라고 덧붙였다.

| 최대한 넓은 세계를 경험하라 |

왕 컴퓨터에서 몇 년을 일한 뒤 드 메세네어는 헤이드릭앤스트러글스Heidrick&Struggles를 통해 애플의 자리를 제안 받았다. 처음에는 벨기에와 룩셈부르크 담당 세일즈 매니저로 나중에는 네덜란드까지 포함하는 자리였다. 네덜란드는 벨기에에 있는 그의 집에서 북쪽으로 100 마일 정도 밖에는 떨어져 있지 않지만 외국에 처음으로 나감으로 해서 문화와 비즈니스 관행이 다른 사람들을 다루는 법을 배우게 되었다.

이를테면, 그는 네덜란드 동료로부터 '세일즈를 성공시키려면 먼저 자기 자신을 팔아야 하고, 다음이 회사, 세 번째가 상품'이라는 것을 배우게 되었다. 다른 말로 하면 먼저 고객들과의 개인적인 관계를 구축해야 한다는 뜻이다. 그 다음에 고객에게 회사의 철학을 설득시키고, 과정에 맨 마지막에 이르러서야 당신이 파는 물건이 어떻게 고객의 필요를 만족시키는지 보여주는 것이다.

애플은 혁신이 일어나고 있는 곳에서 드 메세네어가 상당 시간을 보낼 수 있게 해줬다. 쿠퍼티노에 있는 애플 본사가 그곳이다.

"그때는 스티브 잡스의 자리를 차지한 존 스컬리의 시대였습니다. 우선, 한계라는 것이 없었고 매킨토시를 사실상 어떤 가격으로도 팔 수 있었습니다. 그래도 고객들이 샀으니까요."

드 메세네어는 판매왕 자격으로 실리콘밸리에서 열리는 애플의 국제 전략회의에 여러 번 초대 받았다.

드 메세네어가 최대한 빨리 외국에 나가는 것이 매우 중요하다고 확신하게 된 것은 이런 종류의 국제적 경험과 교훈 때문이었다. 그는 더 일찍 외국으로 나가 머무를 수 있었으면 좋았을 것이라고까지 생각했다. 애플 벨기에와 네덜란드 지사에서 일하면서 그는 쿠퍼티노에 있는 애플 본사에서 자리 제안을 받았지만 받아들이지 않았다. 이미 지나간 일이지만 그는 항상 이 결정을 후회한다고 말했다. 나중에 뉴욕에 있는 아데코에서 제안을 받았을 때 그는 바로 수락했고 그 결정에 만족했다.

| 연봉도 중요하다 |

드 메세네어가 애플로 옮긴 것은 돈이라는 측면에서 생각하면 흥미로운 선택이다. 그는 왕 컴퓨에서 받던 연봉의 두 배를 받았다. 아서 앤더슨에서 왕 컴퓨터로 옮길 때도 두 배를 더 받았었다. 그것이 그에게는 중요했다.

"경력의 어떤 지점에서 돈을 확 올려야 합니다. '거기에 나를 위한 무엇이 있지?'라고 말해야 합니다."

경력 초반에 돈을 버는 것에 대한 경험을 늘리는 것이 얼마나 중요한지 강조했지만 그런 계산은 시간이 지남에 따라 달라질 수도 있다. 경험과 전문성이 늘수록 자신이 직장에 가져다주는 부가가치와 수입이 비례하도록 해야 한다.

드 메세네어는 지금까지도 연봉의 중요성을 강조한다.

"지금도 눈과 귀를 열어놓고 있어요." 그는 말했다. "상황을 보고 듣지요. 저는 연봉에서 두 가지가 충족되어야 한다고 생각합니다. 먼저, 시장에 공정해야 합니다. 비슷한 일을 하는 다른 사람들이 받는 만큼은 받아야 합니다. 그리고 두 번째로, 연봉은 당신을 계속 배고픈 상태로 유지시키면서 당신의 배를 채울 수 있는 수준이 되어야 합니다. 집에 가서는 대출 걱정을 해서는 안 됩니다. 하지만 지나치게 현실에 안주하려고 해서도 안 됩니다."

그가 경력에서 진보를 하면서 네 가지 중요한 판단 기준이 더 나타났다. 그는 "차가 열 대 있을 수도 있지만 결국 몰 수 있는 것은 한 대뿐입니다"라고 말했다. 시간이 지나면서 그의 직업의 비물질적인 측면이 더 중요해졌다. 위치, 산업, 회사, 상사다. 그는 "이 넷 중 어느 것과도 결코, 결코 타협하지 않았습니다"라고 말했다.

상사를 좋아하지 않는다고 상상해보자. 당신의 역할이 아무리 크다고 해도 당신은 곤경에 빠지게 될 것이다. 또는 산업 자체에 열정을 못 느낀다고 치자. 얼마 안 가서 지치게 될 것이다.

"그렇게 되면 돈으로도 자신의 삶과 경력을 보상받을 수 없게 됩니다." 그는 말했다.

| 한 발자국 물러나는 것을 두려워 말라 |

애플에서 5년을 보낸 후 드 메세네어는 갈림길에 섰다. 애플은 5년이 지나면 모든 직원은 안식기를 갖고 자신만의 경력을 뒤돌아봐야한다는 내규가 있었다. 의무적으로 5주의 안식기를 갖고 5주의 추가 휴가를 갖는 것으로 구성돼 있다.

"사람들에게 압력을 가하지 않고 회사를 떠나게 할 수 있는 시스템입니다." 그는 말했다. "어떤 사람들은 배를 타고 여행을 하고, 또 어떤 사람들은 자신만의 기술회사를 창업하기도 합니다. 선택에 만족한다면 매우 우아하게 회사를 떠나는 방법입니다. 그렇지 않다면 다시 돌아올 수도 있습니다."

드 메세네어와 몇몇 동료들은 창업 프로젝트를 진행하기로 결정했다. 서른네 살 때인 1992년이었다. 결혼해서 두 아이가 있었고 저축도 꽤 해둔 상태였다. 비즈니스 파트너들과 함께 가구회사를 매입했다. 회사 직원은 스무 명이었고, 운영시설도 있었으며, 전망도 밝았다. 하지만 이런 긍정적인 신호들에도 불구하고 계획은 실패했다.

"기업가로는 내가 형편없었다는 것을 알았습니다." 그는 말했다. "가구에 대해서는 아무것도 몰랐고 파트너들도 그랬습니다."

게다가 직원들에게 도움을 요청해도 그들은 도와주지 않았다. 그들은 "당신이 사장이잖아요. 당신이 알아서 해야지요"라고 그들은 말했다. 그는 벽에 부딪혔다. 그는 "내게 아이디어를 주고 내 의견에 반박할 동료들이 주변에 필요했어요"라고 말했다. 그런 환경이 아닌 상태에서는 어떤 것도 이뤄낼 수 없었다. 사업체를 인수한 지 몇 달 만에 다시 팔아버렸다. 하지만 그 일을 두고두고 생각하진 않았다.

"일은 잘 안 되었죠. 안타깝지만 우리는 앞으로 나갔어요."

성공한 사업가가 되는 대신 그는 다시 직원으로 돌아가야만 했다. 위치로 보자면 기업가의 위치에서 한 계단 내려온 것일 수도 있지만 그에게는 문제가 되지 않았다.

"저는 경력을 계획하는 사람은 아니었습니다. 그것을 계획하면 확신할 수 있는 것은 상황이 계획대로 안 갈 것이라는 사실뿐입니다. 신경 써야 하는 유일한 것은 트랙 레코드를 만들어 놓는 겁니다."

그의 경우에는 애플이라는 트랙 레코드track record가 있었고 새로운 기회를 찾기 위해 오래 기다릴 필요가 없었다. 친구를 통해 그는 벨기에의 성공한 여행업체인 선에어Sunair의 창립자를 소개받았고 총괄매니저로 임명되었다. 이번 이직에는 여러 가지 이익이 있었다. 우선, 그는 왕 컴퓨터와 애플 시절에 얻은 IT라는 꼬리뼈를 떼고 자신이 전천후 매니저라는 것을 증명할 수 있었다. 두 번째, 성공한 기업가로부터 직접 배울 있는 기회를 얻었다. 세 번째로, 새로운 사장의 강력한 네트워크를 소개받을 수 있었다. 위치로 보면 사업가에서 매니저로 내려온 것이지만 다른 면에서 보면 한 발 전진한 것이었다.

드 메세네어가 직진이 아니라 옆길로 간 것은 이번이 처음이었다. 몇 년 후 선에어를 떠날 때 그는 유럽의 대형 TV회사 이사 자리를 제안 받았다. 매력적이고 연봉 조건도 훌륭한 자리였다. 그의 모든 판단 기준을 충족했지만 하나가 문제였다. 바로 상사였다. 데 메세네어는 직장은 다섯 가지 조건을 모두 만족시켜야 생각을 굳히게 되었다. 1년 반 만에, 3~6년 이라는 자기 기준보다 훨씬 더 떨어지지만, 그는 다시 한 번 회사를 떠나서 한 발자국 뒤로 물러섰다. 이번에는 연봉이었다. 그는 세계 최대의 인력공급 회사인 아데코의 매니저가 되었다.

| 충분히 준비하라 |

아데코에서 드 메세네어는 처음에는 벨기에 담당 매니저였다. 1년이 조금 넘어서 베네룩스 3국을 총괄하는 매니저로 승진했다. 다시 2년이 지나서는 인생에서 그는 처음으로 글로벌 CEO로 승진했다. 처음 승진을 하게 된 이유는 본사에서 진행한 프레젠테이션에서 대주주와 의장을 감동시켰기 때문이다. 의장이 어떤 성격인지 확실하게 알아낸 것이 주효했다. 예를 들어, 답을 잘 모를 때는 즉석에서 꾸며대지 않고 "잘 모르겠습니다. 내일 다시 연락드려도 될까요?"라고 말하는 법을 배웠다. 그는 "그 반대 행동을 보여준 한 네덜란드 동료 한 명은 해고됐습니다"라고 말했다.

개인적인 인상을 좋게 남기는 것이 중요하다는 것은 어떤 독자들에게는 공정하지 않은 것처럼 들릴 수도 있다. 하지만 그건 포인트를 놓치는 것이다. 무엇보다도 드 메세네어가 실적을 좋게 내지 않았다면 결코 승진하지 못했을 것이다. 하지만 준비를 잘하고 정직했던 것은 의장에게 드 메세네어가 결과 이상의 무엇이 있을 것이라는 생각을 심어줬을 것이다. 그는 고등학교 시절 자신이 속한 팀이 주 1위, 국가 1위를 차지하기 위해 경쟁하고 있을 때 이 교훈을 배웠다. 브뤼셀 외곽의 작은 마을인 알스트에서 온 그의 팀은 훨씬 더 경험이 많은 젠트팀, 브뤼헤 팀과 싸워야 했다. 예상을 뒤엎고 그의 팀은 두 경기 모두에서 승리했다. 그는 지금까지도 그때 승리가 준비 때문이라고 생각하고 있다.

"결승전을 준비하기 위해 합숙 훈련을 했기 때문에 멋지게 이길 수 있었습니다." 그는 말했다. "준비를 잘하는 것이 결과의 90%를 결정한다는 것을 거기서 배웠습니다."

그가 미팅 준비를 한 것은 그가 일반적으로 도전에 대해 어떻게 대처를 하는가를 잘 보여준다. 준비된 상태로 오려고 했던 것이다. 아마도 가장 중요한 것은, 질문의 답을 모른다고 인정할 수 있는 용기를 가지는 것은 상황이 어떻든 당신이 정직하다는 것을 보여준다. 의장이나 CEO에게 예스맨은 필요 없다. 그들은 믿을 수 있는 사람, 아픔을 주더라도 진실을 말할 수 있는 사람이 필요하다.

| 양보다 질, 강력한 관계가 중요하다 |

정상으로 가는 마지막 과정에 있던 2002년 드 메세네어는 바리 칼레보의

CEO 자리를 제안 받는다. 네슬레, 몬델레즈, 마스 같은 회사에 초콜릿을 공급하는 회사로 연 수익이 60억 달러를 넘는다. 지배주주가 그를 지목했기 때문에 얻은 자리였다.

"나는 네트워크를 만드는 사람이 아닙니다." 그는 말했다. "리셉션장보다는 회사, 현장에서 보내는 시간이 더 소중합니다. 그래도 어떤 사람들은 저를 알게 되고, 저도 그들을 알게 됩니다."

바꿔 말하면 그의 네트워크는 작지만 강력하다.

바리칼레보 CEO로 그를 선택한 사람은 아데코에 드 메세네어를 승진시킨 사람과 동일인이다. 전 세계에서 가장 성공한 비즈니스맨 중 한 명인 클라우스 제이콥스Klaus Jacobs다. 그는 2008년에 사망했고 그의 이름을 한 번도 들어보지 못했을 수도 있다. 그건 그가 눈에 띄지 않게 행동했기 때문이다. 하지만 그는 해당 분야에서 최고인 아데코와 바리칼레보를 경영한 인물이다. 그전에는 가족회사인 제이콥스 서처드Jacobs Suchard라는 회사를 세워 커피와 초콜릿 분야에서 세계적인 기업으로 키워냈다. 제이콥스 커피를 모른다면 토블러원Toblerone은 분명히 알 것이다. 그가 한때 생산했던 유명한 스위스 초콜릿 브랜드다. 라이벌인 토블러와 서처드를 합병한 후의 일이다. 이 합병으로 제이콥스는 돈과 영향력을 모두 얻었다.

우리가 보았듯이 드 메세네어는 199년 벨기에 아데코에서 첫 번째 프레젠테이션을 할 때 제이콥스의 레이더에 포착됐다. 하지만 제이콥스가 세상을 떠난 지 8년이 지난 지금도 드 메세네어는 제이콥스의 충실한 직원이다. 그가 제이콥스의 회사인 아데코에서 일한 기간은 1998년부터

2002년까지다. 그때 또 다른 제이콥스의 회사인 바리 칼레보의 CEO로 승진을 해 2009년까지 일을 했다. 2009년 그는 CEO로 아데코에 복귀했고 2015년까지 일했다. 그리고 그 이후에는 제이콥스 가족의 재산을 관리하는 제이콥스 홀딩의 CEO를 맡아 일을 하고 있다. 여기서 우리가 배울 수 있는 것은 관계의 폭 보다는 깊이가 훨씬 중요하다는 것이다. 그리고 일단 한 번 깊은 관계를 맺으면 상대방을 실망시키지 말아야 할 하나의 측면이 있는데, 단순하고 중요한 것이다. 그것은 바로 신뢰다.

브루클린 출신이든, 벨기에 출신이든, 자리를 물려받든, 제로(0)에서 시작했든 우리가 이 책에서 알게 된 사람들은 경력과 가계가 말해주는 것보다 더 많은 공통점이 있다는 것이 드러났다. 인터뷰를 진행하면서 공통적인 특징, 결정, 행동 패턴이 떠오르기 시작했다. 이러한 공통점들은 발견하는 것은 많은 이유들로 인해 쓸모가 있다. 하지만 특히 두 가지 이유에서 더 그렇다. 첫째, '성공의 레시피' 같은 것이 분명히 존재한다는 것을 보여준다. 모든 이야기가 다르겠지만 리더들로부터 배운 교훈들을 잘 익히고, 모방하고, 적용할 수 있다. 둘째, 중요한 것은 CEO가 되는 것이란 그곳에 도달하기까지의 여정이라는 것이다. 하지만 그 공통점들이 무엇인지를 말하기 전에 어떤 것들이 공통점이 아닌지를 짚어보는 것도 가치가 있을 듯하다.

그들이 필요로 하지 않았던 것

이 책에서 다룬 인생 이야기들을 통해 알게 되었듯이 CEO가 되려는 사람이 반드시 부유한 가족 출신일 필요도, 하버드나 스탠퍼드의 MBA 졸업장을 가질 필요도, 심지어 CEO가 되겠다는 야심을 가질 필요도 없다. 이 책을 위해 인터뷰한 열다섯 명이 넘는 CEO들 중에서 이런 특징들을 모두 갖춘 사람, 아니 그중 하나라도 가진 사람은 몇 안 된다.

그런 전형적인 이미지에 가장 가까운 사람은 아마 리처드 에델먼일 것이다. 그의 부모는 현재 그가 이끌고 있는 회사의 원래 창업자였다. 하버드에서 학위를 받았고, 20대에 가족기업에서 매우 뛰어난 역할을 할 수 있다는 것을 이해하기 시작했다. 이 점에서 그는 우리들, 특히 정상에 이르는 데 필요한 특별한 이력서가 없는, 그러니까 99.9%가 겉으로 볼 때 범접할 수 없을 것처럼 보이는 타입의 CEO이다. 그러나 무엇보다도, 에델먼은 아주 겸손한 사람이라는 인상을 주었다. 기회가 될 때마다 그는 조부모와 부모가 자신의 성공에 어떻게 주춧돌을 마련해주었는지 이야기했다. 그리고 대화 내내 그들 모두가 그에게 이런 특혜 받은 환경을 제공하기 위해 얼마나 희생을 했는지 아주 잘 의식하고 있었다. 경력 초반부에 그가 잡은 기회는 우리 대부분이 상상하기 힘든 것일 것이다. 하지만 그의 라이프 스타일은 누구든지 쉽게 따라할 수 있는 것이다.

오릿 가디쉬 같은 사람들도 하버드대 경영대학원을 다녔다. 가디쉬의 뛰어난 성적이 거기까지 가게 하는데 핵심적인 역할을 한 것은 분명하다.

그리고 고등학교에서 우등생이 아니었다면 정상까지 갈 수 있는 기회가 없어지는 것처럼 보일 수도 있다. 가디쉬의 배경에도 같은 것이 적용된다. 모든 사람의 부친이 이스라엘 군대의 장군일 수 없으며, 그 지위에 따르는 사회적 인간관계를 가지고 있지도 않다. 하지만 가디쉬의 인생에서 결정적인 순간은 그녀가 어느 학교에서 공부한 것인지와 무관하다. 그녀가 모르는 나라, 문화, 언어 환경에서 공부를 하겠다고 불안한 결정을 한 것과 관계가 있기 때문이다. 그것은 우리도 할 수 있는 선택이다. 꼭 하버드 같은 데서 유학을 하지 않더라도 한 학기 교환학생을 가거나 등록금이 없는 것으로 유명한 애리조나 주립대 같은 데서 MBA를 따면 된다.

하지만 우리가 이 책에서 만난 대부분의 사람들은 중산층 가정 출신이다. 적당한 교육을 받았지만 결코 엘리트 교육을 받지는 못했다. 그리고 그들 중 누구도 경력의 아주 후반부까지 CEO가 될 야심을 가지지 않았다. 다시 안도하게 된다. 한편으로 보면, 점점 더 불평등해지고 있는 사회에서 최정상에 있는 사람들이 사다리 아랫부분에 있는 것이 어떤지 경험으로 알고 있다는 점을 보여주기 때문이다. 또 안도할 수 있는 이유는, 공부를 잘하고 돈이 많은 것이 정상에 오르기 위해 '반드시 가져야 하는' 조건이 아니라는 것을 알 수 있기 때문이다.

성공하기 위해서 왕실 족보가 필요하지 않다는 것은 이제 안다. 이제 이들 CEO들의 삶에서 중심 주제는 무엇이며, 그들로부터 무엇을 배워 우리 자신이 정상에 오를 수 있는지 알아보자.

관심에 기초한 경력 구축하기

이 책에서 다룬 대부분의 리더들은 특정한 깨달음의 순간이 있었다. 자신의 관심 분야가 무엇이며 어떻게 그것을 추구해야 할지를 알게 되는 순간이었다. 피터 헨리와 제프리 개럿의 경우 그들의 처음 관심은 운동이었다. 나중에는 나라들이 성공하고 실패하는 이유에 호기심이 갔다. 그리고 결국에는 학교를 운영하는 것이 관심을 끌었다. 알베르토 비탈레에게는 처음에는 미국 문화에 대한 동경이었고, 나중에는 출판이었다. 크리스 버그레이브에게는 국가적, 세계적 브랜드를 구축하는 것이었다. 이 모든 사람들은 일단 그들의 관심이 무엇인지 알아낸 후에는 레이저처럼 집중했다. 그들은 일을 하는 모든 순간을 즐겼으며, 자신이 무엇을 잘하는지 알았기 때문에 자신들에게 긍정적인 결과가 나올 것이라는 믿음이 있다.

그런 특정한 관심 영역을 찾아내는 것의 중요성은 절대 과소평가될 수 없는 것이다. 우리가 관심의 대상을 발견하고 의미 있는 공헌을 할 수 있다고 믿기 시작한다면 우리는 모두 리더가 될 능력을 가지고 있을 수도 있다. 우리가 만난 어떤 리더들은 자신만의 관심과 믿음을 발전시킨 사람들이다. 하지만 다른 많은 사람들한테는 교사, 부모 혹은 매니저로부터의 긍정적 보강의 결과로 나타난다. 사실상, 이 책에 나온 거의 모든 리더들은 그들이 가진 '물꼬가 터진 순간들' 중 하나는 어떤 한 사람이 자신의 능력을 깨닫는 것을 도와주었을 때였다고 말했다. 이것은 꼭 이 책에서 다루지는 않았어도, 많은 성공한 사람들의 공통점이다.

가령, 벨기에의 전 총리이자 유럽의 정부수반 중 처음으로 자신을 동성애자라고 선언했던 엘리오 디 루포Elio Di Rupo의 경우를 보자. 그는 그의 물꼬가 터진 순간을 뉴욕에서 열린 풀브라이트 학생과 졸업생들을 위한 모임이었다고 말했다. 디 루포는 이탈리아 이민자 가정 출신이다. 그의 부친은 석탄 광산에서 일을 했고, 모친은 아이들을 키우고 살림을 했다. 부모 둘 다 대학을 나오지 않았고 교육이 사람을 앞으로 나아가게 하는 데 도움을 줄 수 있는지는 경험이 없어 몰랐다. 디 루포는 가족 최초로 대학에 진학했고 화학으로 박사학위를 땄다. 여기에 대해 물었을 때 잠시 회고하는 눈빛을 보이고는 미소를 짓더니 말했다. 어렸을 때 한 교사가 그에게 "엘리오, 너는 뭔가 가치가 있어"라고 말한 적이 있었다는 것이다.

그러므로 자신만의 경력을 구축하고 지팡이를 미래의 세대에게 물려줄 준비를 한 후에 우리는 우리가 재능을 깨닫게 하고 앞으로 나아갈 수 있도록 도와주면서 다른 사람들에게 끼친 긍정적인 효과에 대해 깨달아야 한다. 누군가에게 그가 재능이 있으며 그 재능을 잘 활용하면 성공할 수 있다고 말해주는 것은 어려운 일이 아니다. 그것은 사람을 변화시킬 힘이 있으며, 그것이 우리가 이 책에서 배울 점이다.

사다리 오르기

이 책에 나온 CEO들은 서른다섯 살이 될 때까지는 기업에서 사다리를 오르기 위해 서두르지 않았다. 서두르기보다는 호기심, 관심, 또는 능력에 기초해 그 시점에서 그들에게 맞는 직장과 삶을 찾는 데 집중하는 경향이 있었다.

예를 들어, 와튼스쿨의 개럿 학장은 20대의 상당 부분을 사우스캐롤라이나에서 박사학위 연구과정을 밟으며 보냈다. 당시 그는 자신이 세계에서 가장 오래되고 권위 있는 경영대학원들 중 하나에서 학장이 될 것이라고는 상상도 못했다. 농업 도시 더럼의 더운 날씨를 작은 연구실에서 버티면서 논문을 위해 유럽 국가들의 데이터를 손으로 고르느라 바빴기 때문이다. 당시에 그는 오직 연구 주제에만 매료되어 있었다. 배경에 있는 모든 것은 사라졌다.

나중에 타파웨어의 CEO가 되는 릭 고잉즈는 군대에서 몇 년 복무를 한 후 직접 세일즈의 길에 들어섰다. 그는 몇 년이 지나서야 중역이 되기 위한 궤도에 오를 수 있었다.

이 젊은 리더들은 끝날 것 같지 않은 도전들을 견뎌냈다. 그들은 도전을 사랑했고, 굴곡을 통과해야 한다는 것을 알았다. 단순히 그 과정이 재미가 있었기 때문이다. 그들은 그 도전들이 언젠가 돈과 명예를 가져다줄 것이라는 것을 모른 채 3년, 5년 또는 최대 10년을 같은 직장에 있었다. 그들이 하고 있는 일에 목적의식이 있었기 때문이다. 부와 CEO의 명예를 추구하는 사람들에게는 중요한 교훈이다. 나중에 결국 리더가 되는 사람은 항상 결승점 근처에 제일 먼저 도착하는 사람이 아닐 수도 있다.

실패를 관리하는 법

결국 CEO가 되는 많은 사람들은 인생에서 역경과 실패를 겪었다. 이런 실패는 너무나 다양한 모양과 형태를 가지고 있다. 개인적, 직업적, 외부적인 실패(닷컴 버블 붕괴와 9·11테러)가 있다. 어떤 경우에, 반응은 실패를 받아들이고 처음부터 다시 시작하는 것이다. 크리스 고팔라크리슈난이 경우가 그랬다. 의대 진학에 실패했을 때 그것은 개인적인 실패였다. 또 어떤 경우에, 반응은 맞받아치고 싸우고, 조정하고, 실패를 받아들이지 않는 것이다. 디지타스의 데이비드 케니가 이 경우다. 닷컴 위기라는 외부적 충격을 받은 후 회사를 살리기 위해 갖은 애를 다 썼다. 그리고 또 다른 경우에는, 반응은 가만히 있으면서 상황이 호전되길 기다리는 것이다. 가디쉬의 경우가 이에 해당한다. 그녀는 미국 생활과 경영대학원에서의 삶에 적응하려고 노력했다.

중요한 점은 이렇다. 이 책에서 우리가 만난 거의 모든 사람들에게 CEO가 되는 길은 도전과 후퇴로 포장되어 있다는 것이다. 인생이나 직업에서 성공한 사람은 누구나 역경을 마주한다. 그리고 실패란 그냥 실패일 뿐이다. 실패가 찾아와도 절망하지 않아야 한다. 후퇴를 겪을 수도 있다. 몇 년 동안 경력은 진전되지 않을 수도 있다. 하지만 희망을 포기하거나 더 나은 결과를 위해 노력하는 것을 멈춰서는 안 된다. 그것이 우리가 만난 리더들이 한 일이다. 어떤 사람들은 실패를 다루는 법을 배우는 것이 성공을 불러오는 중요한 능력이 된다고 믿는다. 케니가 "후퇴를 어떻게 다루느냐가 그 무엇보다 중요하다"고 말한 것을 기억해보라. 그는 내게 심지어는 입사 지원자들도 이 기준으로 판단한다고 말했다. 실패를 겪었는지 아닌지 말이다.

"실패를 두려워하지 않아야 한다고 생각합니다." 그는 말했다. "실패하는 동안 배우지 않는 것을 두려워해야죠."

—

안락한 세상과의 이별

내가 만난 많은 CEO들은 젊은 나이에 세상으로 과감하게 나왔다. 장 프랑수아 반 복스미어는 아프리카 여러 곳에서 경력의 처음 10년을 보냈다. 스티브 데이비스는 위스콘신 집을 떠나 대도시에서 공부하고 아시아를 누볐다. 그리고 조나스 프라이싱은 고향 스웨덴을 떠나 중국으로 가서 집집마다 방문하며 물품을 팔았다. 외국으로 나가거나 집을 떠나 경력을 시작한 CEO들은 일부일 뿐이다. 거기에는 이유가 다 있고, 이 책에서 만난 CEO의 거의 대부분이 같은 접근 방법을 따랐다는 것은 우연히 아니다.

외국에서 살면 다른 문화에 어쩔 수 없이 적응해야 한다. 사람들은 다른 언어를 말하고, 다른 사회적 법칙을 따르고, 시간에 대해서도 다르게 이해를 한다. 인력관리 전문가들에 따르면 이 모든 도전들을 헤쳐나가는 법을 배우는 것은 문화지수(문화지능), 즉 CQCultural Quotient를 높여준다. 이 CQ는 '교과서 지능'을 측정하는 IQ와 감성 지능을 측정하는 EQ처럼, 조직을 이끌기를 원하는 사람들에게는 필수적인 도구가 된다. 실제로 많은 CEO들의 얘기를 들어보면, 조직을 이끈다는 것은 재무관리나 전략적 사고만큼이나 중요한 것이 인력관리다. 그리고 속성상 많은 대기업들은 여러 나라와 대륙에서 활동을 펼치고 있다. 이런 회사의 리더가 되기 위해서는 하나만이 아닌 많은 문화를 이해해야 한다.

문화적인 측면을 넘어서서 국제 경험은 경력의 후반에서도 겪어보지 못할 도전을 다루는 법을 거의 확실하게 가르친다. 크리스 버그레이브의 인생 선택을 생각해보자. 터키에서의 임무는 최근에 지진 피해를 입은 나라에서 성공을 거두는 것이었다. 폴 볼케는 페루가 '빛나는 길'의 테러 공격에 시달리고 있을 때 그곳에서 일을 했다. 반 복스미어는 그전에 르완다와 콩고에서 일을 했고 오랫동안 지역을 불안정하게 만든 르완다 내전 후에도 그곳에서 일을 했다. 그 선택들이 무섭고 위험천만했을 수 있으나 그들은 프런티어 시장에서 일한다는 문화적, 정치적, 경제적 도전을 통해 그들과 달리 멀리 떨어져 런던-뉴욕 축에서 머물러 있는 동료들을 뛰어넘었다.

우리가 본 것처럼, 가능한 일찍 세상으로 나가야한다는 법칙에 하나의 예외가 있다. 딜로이트의 배리 샐즈버그다. 그의 경우는 그가 뉴욕 브루클린에 살았다는 점에서 특이하다. 세계의 경제 중심이 지하철 한번 타면 접근이 가능한 거리다. 그에게 다양한 직업을 거치며 뉴욕에서 머문다는 것은 살기 위한 선택이었다. 그가 일하기로 한 회사 딜로이트의 본사가 그곳에 있기 때문이었다.

알고 선택하기

모든 CEO가 완벽한 가정이나 부유한 사회 출신은 아니다. 릭 고잉즈 같은 사람들은 결손 가정 출신이다. 피터 헨리 같은 사람은 열악한 가정환경 출신이다. 상황이 아주 우호적이라고 할지라도 이 CEO들은 그 상황에서 벗어났다. 스티브 데이비스의 예를 보자. 그는 마을 농부의 생활을 하면서 사람들과 조화를 이루기에는 너무 힘들었다. 앤드류 리키어먼의 경우를 생각해보자. 그는 근면했던 부모님보다 다른 관심이 많아 인생에서 다른 길을 선택했다. 게일 맥거번이나 수전 캐머런을 생각해보자. 그들은 모친을 존경했지만 직업적인 경력을 선택한 첫 세대 여성의 일원이 되기를 원했다.

이 모든 리더들의 이야기들을 연결시키는 것은 그들 모두 어떤 예를 따를 것인가, 어떤 예를 무시할 것인가에 대한 선택을 적극적으로 했다는 것이다. 그리고 각각의 경우 그들은 자신만의 길을 개척했다. 그들이 부모의 발자취를 따를지 말지에 대해 생각했을 때, 그들은 가족들을 행복하게 하거나 상황을 고려했을 때 무엇이 정상적일까보다는 그들 자신이 원하는 것에 기초를 뒀다. 많은 사람들에게 그런 적극적인 선택을 하는 것은 인생의 아주 초반부에서였다. 예를 들어, 대학에 들어갈 때나 첫 직장을 구할 때다. 하지만 확실히 그것은 마지막이 아니었다. 많은 CEO들은 내게 그들이 어떤 직업이나 어떤 나라에 머물 것인지, 혹은 어떤 파트너와 함께할 것인지, 어떤 회사와 함께할 것인지 등의 어려운 결정을 결국 어떻게 했는지 말해줬다. 결과는 항상 달랐다. 하지만 생각하는 패턴은 같았다. 그들은 그들이 아직 행복한지 아닌지, 현재의 길에 머문다면 왜 머물러야 하는지 살펴보았다. 인생과 경력을 통틀어 그들은 이 나침반을 지녔고, 이 나침반은 어려운 결정을 피하지 않도록 도왔다.

우리만의 인생과 경력을 생각해볼 때 사회나 가족이 우리에게 원하는 것보다는 자신이 원하는 것을 생각해볼 가치가 있다. 대부분의 경우 성찰의 시간을 갖고 그것을 바탕으로 행동하는 것은 그렇지 않았을 때보다 더 만족스럽고 행복한 삶을 살게 해준다.

일과 삶의 균형

거의 예외 없이, 이 책에 나온 CEO들은 가족을 어떤 사람들은 자신의 경력 보다 더 위쪽으로 올릴 정도로 중요한 우선순위에 뒀다. 많은 사람들이 회사에서 성공하기 위해서는 가정생활을 희생해야 한다고 믿고 있지만, 그 반대라고 믿는 사람들도 있다. 가족이 줄 수 있는 안정성, 안전, 지원이라는 중추가 없이는 어떤 노력을 하더라도 결국에는 실패할 가능성이 높다. 그 반대로 이 책에 나오는 리더들은 인생을 다양한 시점에서 배우면서 자녀, 부모, 형제 등 가족을 최우선 순위에 놓았다.

예를 들어, 반 복스미어, 샐즈버그, 불케, 드 메세네어를 비롯해 우리가 알게 된 많은 리더들은 배우자를 인생에서 매우 일찍 만났다. 졸업 후에 바로 결혼을 했고 그때부터 성공적인 경력을 쌓았다. 오릭이나 맥거번 같은 사람들은 20대 후반이나 30대 초에 재혼을 해서 그때부터 수십 년 간의 결혼생활을 유지했다. 사람들이 젊은 나이에 결혼하는 것은 과거로부터의 유산인가? 이 모든 리더들을 인터뷰한 뒤에도 나는 그런 것인지, 그래야만 하는 것인지 확신하지 못하고 있다.

드 메세네어는 아내와 함께 참석한 회사 만찬에서 "내 집은 내 아이들이 있는 곳입니다"라고 말했다. 거기서 그는 아데코에서 가장 친한 동료들에게 가족과 팀이라는 생각을 다시 심어주기를 어떻게 원했는지 말했다. 1년 후 비슷한 만찬에서, 사람들이 이미 많이 집으로 돌아간 상태에서, 그는 나와 그의 동료에게 부친과의 유대관계에 대해 자세히 말했다. 그는 몇 달 후 CEO 자리를 사임했다. 그날 만찬장에서 그의 개인적인 이야기를 들어주었던 바로 그 동료에게 자리를 넘겼다.

다양한 경우에서 딜로이트의 배리버그는 승진 제의를 거절했다. 승진을 하면 이사를 가야 하는데, 그렇게 되면 그의 가족은 뉴욕에서처럼 잘 살기 힘들 것이기 때문이었다. 특히 병 치료를 받고 있는 그의 아들에게 더 그랬다. 내가 알기로는 직원들에게 요구하는 것이 매우 많은 컨설팅이라는 부문에서 오릭은 딸의 졸업식에 가기 위해 파트너 미팅에서 어떻게 빠져나왔는지 말해준 적이 있다.

이 모든 사람들의 이야기는 일-삶 균형이란, 존재한다면, 가족의 일을 제일 우선시하는 것이라는 사실을 내게 확신시켰다. 그렇게 하면 우리는 더 행복해지고, 가족이 더 행복해지고, 결국에는 자신을 더 성공하게 만들 것이다.

역사의 파도타기

현대사는 이 책에 붙은 관련기사 같은 것이다. 제2차 세계대전에서 베트남전과 9·11 테러까지, 식민지를 벗어나 인도와 콩고에서부터 공산주의 몰락 후의 동유럽, 중국 문자로 집필된 사회주의까지 이 책에서 다룬 리더들의 이야기 속에 등장하지 않은 적이 없다. 왜 그럴까? 사람들이 역사 속에서 살기 때문이다. 뉴욕 9·11 테러처럼 결코 연관되고 싶지 않은 역사의 부분이 있다. 콩고 내전이나 페루에서의 '빛나는 길' 테러 위협처럼 할 수만 있으면 도망가고 싶은 역사의 부분도 있다. 그리고 역사적 사건은 계속 일어난다는 사실을 우리가 생각하지 못하기 때문에 수동적으로 겪는 역사의 부분도 있다. 인도가 거칠게 세계적으로 부상하는 것은 그런 사건들 중 하나다.

사실 역사 형성에 진짜 적극적으로 개입하는 사람은 거의 없다. 이 책에서 다룬 리더들 중 누구도 아니다. 그들은 그들의 인생에서 역사가 했던 역할을 알고 있다는 것을 보여줬을 뿐이다. '운'이 개입하는 것은 이 지점이다. 코팔라크리슈난은 그의 성공을 이룬 주요 요소에 대해 그가 인도의 독립 직후에 태어났으며 마침 IT 혁명이 탄력을 받을 때 전문가가 되었다는 사실이라고 생각하고 있었다. 내가 인터뷰한 많은 유대인 CEO 들은 자신들의 연장자들에게 엄청난 감사를 표시했다. 그 연장자들은 힘겹게 노력한 세대였으며 생계를 유지하기 위해 고생을 한 사람들이었다. 그들은 자신들보다 먼저 산 사람들이 성공의 씨를 뿌려놓은 상태에서 그들의 어깨 위에 서는 '운'을 가진 세대라는 것을 인식하고 있었다. 그리고 피터 헨리는 그의 부모가 그를 미국에 데리고 온 것에 감사하고 있었다. 그가 자란 자메이카는 불확실한 시대에 직면하고 있었기 때문이다.

그것은 내가 만난 CEO들이 역사적인 변화의 일부가 되는 것을 적극적으로 추구하고 있지 않았다는 것을 뜻하지는 않는다. 오히려 그 반대로 비탈리, 버그레이브, 오릭을 비롯한 이 사람들 중 몇몇은 미국으로 왔다. 이들은 미국이 최고의 시절을 앞두고 있다고 믿었다. 스티브 데이비스는 1980년 이후 중국에서 일어나고 있는 사회적, 경제적 변화에 매료되었고, 시애틀로 돌아와 그곳에서 결국 빌 게이츠와 일할 수 있게 되었다. 케니가 디지타스에 합류하고 라프 쿠스터만스가 시가넷에 합류한 것은 인터넷이 곧 대세가 될 것이라고 믿었기 때문이다. 이들의 예는 역사가 펼쳐질 때 역사를 다루는 올바른 방법이 하나만이 아니라는 점을 보여준다. 하지만 어쨌든 시도해보는 것은 가치 있는 일이다. 최악의 경우 잘못될 수도 있고 인생을 바꾸는 또 한 번의 경험을 할 수도 있다. 최선의 경우, 제대로 되면 남들보다 먼저 새로운 나라나 산업에 들어간다는 이점을 활용할 수 있다.

책을 쓰고 있을 때 케니가 흥미로운 기사를 보내줬다. 더 웨더 채널의 경쟁업체들 중 하나가 최근 들어 시작한 90일 일기예보는 정신 나간 짓이라고 과학자자들이 말했다는 내용이었다. 설명에 따르면 어떤 작고 예측 불가능한 날씨 현상이 '나비 효과'를 일으켜 날씨 패턴을 완전히 바꿔버리기 때문이다. 그러나 역사는 약간 다르다. 어떤 정치적인 변화는 주식시장이 매일매일 요동치는 것처럼 예측하기 힘들지만, 중기적인 경제

변화는 더 쉽게 예측할 수 있다. 이 점에서 가장 강력한 지표는 인구학이다. 인구학은 미래에 어디서 긍정적인 베이비붐 효과가 경제에 나타날지, 아니면 효과가 전혀 없을지 말해준다. 자원의 발견, 정치적 변화 후의 개방은 또 다른 예측 도구다. 경력에 대해 생각할 때 (경제적) 역사의 파도를 탈 것인지 혹은 겪을 것인지는 생각해볼 가치가 있다. 그전에도 말했던 것처럼, 정답이란 없다. 하지만 이것을 전혀 고려하지 않으면 그로부터 이득을 볼 가능성도 별로 없을 것이다.

― CEO란 야망은 중요하지 않다

이 책으로서는 실망스러운 결말이나 모순처럼 처음에는 보일 수도 있지만 CEO들로부터 배울 수 있는 마지막 큰 교훈은 CEO가 되기 위해서는 CEO가 되겠다는 야심을 가져서는 안 된다는 것이다.

"'나는 CEO가 되고 싶다'고 말하는 것은 거만한 태도라고 생각합니다." 네슬레의 CEO인 불케는 내게 말했다. "앞으로의 삶에서 그러한 목표를 추구하다가 스스로를 불행하게 만들 가능성이 있죠. 또한 현재의 지위에서 일을 잘 해내려는 자세가 부족하다는 것도 의미합니다."

"제가 원했었다면 제가 지금 있는 자리를 얻는 것을 목표로 하지 못했을 것입니다." 내 멘토인 버그레이브는 다른 표현으로 요약했다. "제가 마지막으로 갖게 된 기능(최고마케팅책임자)은 아직 존재하지 않았고, 제가 결국 일하게 될 회사(ABI)도 존재하지 않았습니다."

다른 많은 CEO들도 비슷한 감정을 가지고 있었다. CEO가 되는 것은 경력의 아주 후반부에도 생각하지 않았다는 것이다. 아데코의 전 CEO 드 메세네어는 서른에서 서른다섯 살이 되기 전까지는 나중 경력을 생각하면 안 될 것으로 생각한다고 말했다.

"20대는 매우 많은 변화가능성이 있습니다." 그는 말했다. "그리고 당신은 그 특성을 이용해 다른 경험들을 많이 해야 합니다."

랜덤하우스의 전 CEO인 비탈레는 CEO가 될 생각은 없었다고 말했다. 스물여섯 살의 나이였지만 그는 올리베티의 중역이 됐다.

회의적인 독자들은 이 시점에서 인터뷰 대상들이 CEO가 되기를 원하지 않았다고 말한 것이 과연 진심이었는지 물어보고 싶을 수도 있다. 이들은 처음부터 기업체라는 사다리의 맨 위를 노리는 야망이 많은 사람들이 아니었던가? 내 평가는 그들이 그렇기도 하고 아니기도 하다는 것이다. 그들은 항상 야망이 있었다. 하지만 그들은 그 야망을 주로 각각의 단계에서 성취가능한 것들로 향하게 했다. 그들은 스물다섯 살에 CEO가 되는 것을 목표로 하지 않았다. 그들은 최고의 주니어 상품 매니저, 최고의 자금담당자, 최고의 박사학위 과정 학생이 되려고 최대한 노력했다. 그들이 정상의 자리에 눈을 돌린 것은 이른바 'C-스위트(C-Suite, CFO, CIO, CMO 등 기업 최고경영진을 의미한다)'라고 불리는 회사의 상위 경영진의 위치에 이르렀던 인생의 후반부에서였다. 그들이 마지막 상승을 목표로 했을 때 그들은 평균 20~30년 정도의 경력이 있는 상태였다. 성공에 이르는 유일한 길이 서른 살에 백만장자가 되거나 억만장자 벤처기업 창업자가 되는 것밖에는 없어 보이는 요즘 같은 때 기억해야 할 사실이다.

정상에 가기 위해서는 시간이 있어야 한다.

기억하기

마지막으로, 리더들에게 그들이 배운 교훈에 대해 물어보았을 때, 그들은 보통 그 교훈들이 무엇이었는지 매우 분명한 생각을 가지고 있었다. 그들은 지켜야 할 원칙, 외우고 있는 캐치프레이즈, 프레젠테이션에서 사용되는 교훈들을 가지고 있었다. 그들은 모두 기억 속에 교훈들을 새기고 있는 것처럼 보였다. 이 책을 쓸 목적으로 물론 나는 이런 것이 보편적인 것이기를 기대했다. 하지만 아직도 이것은 특이한 것 같다. 이유는, 이 모든 리더들에 있어서, 그들만의 과거 경험은 그들의 현재 삶과 직업에 방향을 찾아주는 궁극적인 핸드북이 되고 있었다는 점 때문이다. 어떤 전략이 좋은 효과가 있으면 그들은 기억해뒀다가 다음에 그 전략을 되풀이할 것이다. 실패했다면 그것도 잊지 않고 있을 것이다.

우리 자신의 삶을 살아가면서 이런 전략을 복사해놓았다가 다시 붙여 사용하는 것이 바람직하다. 우리는 미래의 삶을 위한 가이드로 과거의 삶을 돌아본다. 언제 우리가 행복하고, 성공적이었고, 고마운 존재였던가? 어떤 것은 잘했고, 어떤 것은 다르게 했어야 했나? 어떤 것이 '운 좋은' 성공이었고, 어떤 것이 특정한 게임 플랜을 따른 결과였나? 이런 질문들을 우리 자신에게 하고 어떤 행동들이 성공에 필수적인지 우리만의 실용적인 리스트를 써내려가면서 또한 이것도 기억해야 한다.

인생에서 가장 행복한 시간, 가장 많이 앞으로 나아가는 시간은 보통 우리가 하는 일을 즐기는 순간이다. 2000년 전 로마인들이 이미 '카르페 디엠Carpe diem(현재를 즐겨라)'에 대해 얘기했다는 것은 우연이 아니다. CEO가 되기를 원한다면 현재로서는 그 목표를 잊는 것이 가장 좋은 방법일 수도 있다. 대신 대체적으로 무엇이 자신을 행복하게 만드는지 우리는 이미 알고 있다고 자신에게 매일매일 일깨워야 한다. 그리고 자신은 안으로부터의 지식에 기초를 두고 행동해야 한다. 자신의 인생이자 곧 경력인 마라톤에서 가장 좋은 파트너가 그것이 될 것이기 때문이다.

CEO의 이력서

1판 1쇄 발행 2017년 6월 26일
1판 2쇄 발행 2017년 7월 18일

지은이 피터 반헴
옮긴이 김정한
펴낸이 여종욱

책임편집 장정운
디 자 인 〔★〕규

펴낸곳 도서출판 이터
등 록 2016년 11월 8일 제2016-000148호
주 소 서울시 영등포구 선유로33길 2-2 아테네 101동 602호 (07268)
전 화 02-2679-7213 **팩 스** 02-2679-7214 **이메일** nuri7213@nate.com

한국어 판권 ⓒ 이터, 2017, Printed in Korea.

ISBN 979-11-960074-1-6 03320

이 도서의 국립중앙도서관 출판시도서목록(CIP)은 e-CIP 홈페이지
(http://www.nl.go.kr/cip.php)에서 이용하실 수 있습니다. (CIP제어번호:CIP2017012869)

값은 뒤표지에 있습니다.
잘못 만들어진 책은 구입처에서 교환해 드립니다.